Die Sprache der Liturgie

Die Sprache der Liturgie

Eine Veröffentlichung des Ateliers Sprache e. V., Braunschweig

Herausgegeben von Michael Meyer-Blanck

EVANGELISCHE VERLAGSANSTALT
Leipzig

Bibliographische Information der Deutschen Nationalbibliothek
Die Deutsche Nationalbibliothek verzeichnet diese Publikation in der Deutschen Nationalbibliographie; detaillierte bibliographische Daten sind im Internet über http://dnb.dnb.de abrufbar.

Printed in Germany · H 7538

Das Buch wurde auf alterungsbeständigem Papier gedruckt.

Cover: Kai-Michael Gustmann, Leipzig
Satz: Steffi Glauche, Leipzig
Coverabbildung: Der Schriftzug stammt aus Friedrich Hölderlins Gedicht »Mnemosyne« (2. Fassung)
Druck und Binden: Druckhaus Köthen GmbH

ISBN 978-3-374-03079-8
www.eva-leipzig.de

Denn nicht vermögen
Die Himmlischen alles. Nämlich es reichen
Die Sterblichen eh an den Abgrund. Also wendet es sich, das Echo,
Mit diesen. Lang ist die Zeit
Die Zeit, es ereignet sich aber
Das Wahre.

Friedrich Hölderlin, Mnemosyne

Die Wiederholung von »die Zeit« findet sich nur in der Handschrift und ist in den gedruckten Werkausgaben fortgelassen. Man kann darin einen doppelten Zeitbegriff erkennen, wie er dem Titel »Mnemosyne« (Gedächtnis) entspricht.

Inhalt

Dieter Rammler
Geleitwort 9

Michael Meyer-Blanck
Die Sprache der Liturgie zwischen Fremdsprache und Muttersprache
Einführung 11

Reflexionen

Hans-Martin Gutmann
Die Sprache der Milieus und ihre (un)mögliche Überwindung in der Liturgie 25

Jochen Arnold
Eucharistia und promissio!?
Die Sprechakte in der evangelischen Abendmahlsliturgie mit einem Seitenblick in die Ökumene 47

Alexander Deeg
Zwischen Kunst und Bildung, Regression und Progression
Die Spannung von Predigtsprache und liturgischer Sprache 95

Impulse

Erich Garhammer
»Introibo ad altare Dei«
Stimmen von Literaten zur Sprache in der Liturgie 121

Andreas Mertin
Reading the popular
Oder: Was kann die Sprache der Liturgie von der Massenkultur lernen? 139

Holger Milkau
»Zum Beten und zum Zählen braucht man die Muttersprache«
Kulturgeschichtliche Impulse zu Sprache und Liturgie
in der Evangelisch-Lutherischen Kirche in Italien 155

PRAXIS

Ilona Nord
»Simple, fresh, relevant, not too doctrinal in tone or unreal in expression.«
Über die Sprache des Gebets im Reformierten Gottesdienstbuch
und über betendes Sprechen am Beispiel von Slam Poetry 171

Siegfried Eckert
Mein Sprachlehrer Fulbert Steffensky 192

Hiltrud Stärk-Lemaire
Die Sprache der Liturgie
Bausteine für eine liturgische Schreibwerkstatt 206

Autorenverzeichnis 223

Geleitwort

Im Atelier Sprache in Braunschweig geht es meistens um die Predigt. Diesmal haben wir uns mit einer wissenschaftlichen Tagung zur liturgischen Sprache auf Neuland gewagt. Das fiel uns umso leichter, als wir Prof. Dr. Michael Meyer-Blanck aus Bonn an unserer Seite wussten. Seiner wissenschaftlichen Leitung war es zu verdanken, dass sich ein zahlreiches, auch international besetztes, Auditorium mit hervorragenden Referenten und Referentinnen zum dritten Bugenhagen-Symposium vom 22.–24. September 2011 in Braunschweig versammelte.

Was soll die liturgische Sprache in unseren Gottesdiensten ausstrahlen? Wie erlernen wir die liturgische Sprachkunst? Und wie führt man künftige Liturgen und Liturginnen in den rechten Gebrauch dieser Kunst ein? – Fragen, auf die das Symposium, wie wir finden, bedenkenswerte Antworten fand. Dabei hat gerade die Internationalität den Diskurs geprägt. Wir sind als Christen in unterschiedlichen Liturgien zuhause; und nur, wo wir wirklich zuhause sind, schlägt das Herz und alle Sinne wirken mit. So kann liturgische Sprachkunst wie eine Muttersprache Heimat geben; verwurzelt in der Tradition und belebt durch den Geist, entfaltet sie Freiräume des Daseins. Und zugleich erwärmen wir uns für die Fremdsprache Liturgie, wo wir dem Eigenen in nicht vertrauter Weise neu begegnen dürfen. Liturgische Gastfreundschaft auf Zeit – das hat unser Symposium auch über die wissenschaftlichen Beiträge und Diskussionen hinaus bereichert.

Den Autorinnen und Autoren und dem Herausgeber, Michael Meyer-Blanck, sagen wir als Atelier Sprache herzlichen Dank. Ebenso danken wir der Stiftung Braunschweigischer Kulturbesitz für die großzügige Förderung des Symposiums und dieser Publikation.

Atelier Sprache e. V. im Theologischen Zentrum Braunschweig

März 2012 *Dieter Rammler*

Die Sprache der Liturgie zwischen Fremdsprache und Muttersprache

Einführung

Michael Meyer-Blanck

In der Braunschweiger Kirchenordnung von 1528 gibt Johannes Bugenhagen das Motto allen liturgischen Sprechens und Handelns so vor: Christus befiehlt uns,

> »to dohn dat allerlefflikeste, dat me ock gerne op erden begeret, als dat getrüwe brödere tosamende kamen unde eten unde drinken dat allerbeste unde reden tosamende van saken, darvan öre herte sick fröwe«.[1]

Das Allerlieblichste gilt es zu tun, dass man gerne auf Erden begehret, dass getreue Brüder und Schwestern zusammenkommen, vom Allerbesten essen und trinken und zusammen reden von Sachen, auf dass ihre Herzen sich freuen. Die Liturgie wird von Johannes Bugenhagen als ein Festbankett beschrieben, als ein Gelage oder Symposium, bei dem es von allem nur das Beste gibt. »Für unsere Gäste nur das Beste« – das ist die Liturgie. Ein kleines Fest der liturgischen Sprache war auch das »3. Internationale Bugenhagen-Symposium« vom 22.–24. September 2011 in Braunschweig, dessen Beiträge in diesem Band dokumentiert werden. Es stand unter dem Thema »Fremdsprache oder Muttersprache? Die Sprache der Liturgie«. Damit wurde sowohl der großen internationalen Beteiligung Rechnung getragen als auch der Tatsache, dass bei der Liturgie und ihrer Sprache Exklusion und Inklusion, Befremden und Beheimaten

1 *Johannes Bugenhagen*, Der erbarn stadt Brunswig christlike ordeninge. Dorch Joannem Bugenhagen Pomeren bescreven (1528), in: Erich Sehling (Hrsg.), Evangelische Kirchenordnungen (EKO), Bd. VI / I / 1, Tübingen 1955, 413; vgl. dazu *Waldemar Leege*, Bugenhagen als Liturgiker, Schneidemühl 1925, sowie *Gregor Etzelmüller*, … zu schauen die schönen Gottesdienste des Herrn. Eine biblische Theologie der christlichen Liturgiefamilien, Frankfurt a. M. 2010, 178, Anm. 148.

nahe beieinander liegen. Was eng zusammenbindet, schließt andere aus, und was grenzenlos offen ist, verliert an Bindekraft. Positiv formuliert: Die Liturgie sollte so vertraut sprechen, dass man sich in ihr wohlfühlt, und so anziehend, dass man sich ihrer Fremdheit auszusetzen wagt.

Liturgie ist mehr als Sprechen. Liturgie ist auch Darstellung und Spiel, Musik und Bewegung, Essen und Trinken. Vor allem ist Liturgie in evangelischer Tradition Verstehen und Sich-Selbst-Verstehen, aber auch Gesang und Gefühl. Martin Luther und Friedrich Schleiermacher, Paul Gerhardt und Johann Sebastian Bach, aber auch Ernst Lange und die Kirchentagsbewegung der letzten Jahrzehnte markieren das Nachdenkliche wie das Emotionale des evangelischen Gottesdienstes. Der vorliegende Band sucht diese doppelte Prägung, Verstehen und Empfinden, von der verbalen Sprache her aufzuschlüsseln, ohne damit die anderen Aspekte in irgendeiner Weise geringachten zu wollen.

1 Sprechen, Handeln und Beten

Sprechen ist Handeln, ist die elementare Handlungsform von Menschen, von feiernden Menschen und damit auch von Menschen, die ihren Glauben feiern und vor Gott kommen. Der umgangssprachlich durchaus hilfreiche Gegensatz von Reden und Tun kann leicht die Tatsache verdecken, dass Sprechen als solches immer schon Handeln ist.[2] Sprechen ist Spielen

2 Dies ist durch die Sprechakttheorie ganz neu deutlich geworden: *John L. Austin*, Zur Theorie der Sprechakte, Stuttgart ²1972, engl.: How to do things with words [1955]. – Der katholische Theologe und Philosoph Richard Scheffler machte anders als Austin nicht die performativen Handlungen im Gottesdienst, sondern die Gottesanrede selbst als die ursprüngliche Sprachhandlung geltend: »Während Austin das sakramentale Wort (›Ich taufe dich‹; ›ich spreche dich los‹) als das ausgezeichnete Beispiel für solche sprachlichen Äußerungen benutzte […], hat Jahrzehnte zuvor Hermann Cohen die Namensanrufung im Gebet ausdrücklich als ›Sprachhandlung‹ bezeichnet und theoretisch erörtert. Durch diese Namensanrufung nämlich wird (18/19) niemandem etwas mitgeteilt […]. Vielmehr besteht der Sinn der Namensanrufung darin, dass der Sprecher mit dem, den er beim Namen ruft, in eine wechselseitige Beziehung eintritt (Cohen spricht von ›Korrelation‹) und fortan sich selbst und seine Erfahrungen von dieser Beziehung her versteht.« (*Richard Scheffler*, Kleine Sprachlehre des Gebets, Trier 1988, 18f.); vgl. ebd. 22: »Die Namensanrufung stiftet nicht nur eine Wechselbeziehung zwi-

und Darstellen, Schaffen und Erschaffen, Poiesis – Poesie. Die Sprache ist nach Martin Heidegger die tiefste Schicht menschlichen Existierens, sie ist »das Haus des Seins«.[3] Poesie ist die mit Willen zur Gestaltung des Daseins erfüllte Praxis des Menschen. Im Sprechen erschließt sich die Welt als die meine. Im Sprechen mit anderen erfahre ich meine Welt als belebte, und im Sprechen mit Gott wird die Umwelt zur lebendigen Schöpfung.[4]

Liturgie ist eine sehr spezielle Rede- und Handlungsform, und deren Kern ist das Gebet. Zwar enthält die Liturgie auch andere Sprechakte und Handlungsformen als das Gebet. Doch das Gebet ist die Grundform. Auch Predigt und Glaubensbekenntnis, ja selbst Begrüßung und Abkündigung erfolgen in einer betenden Grundhaltung, wenn sie auch von ihren Sprachformen her kein Gebet sind. Aber sie geschehen »im Namen des Vaters, des Sohnes und des Heiligen Geistes«.

Liturgie hilft gerade als *ritualisiertes Sprechen* zum situationsbewussten Verwenden der Sprache, weil die gewusste Ritualität im Sprechen immer vorausgesetzt wird. Liturgie als *elementares*, auf die Bedingungen des Sprechens überhaupt zurückgeworfenes *Sprechen*, hilft zum Sprachverstehen generell.

Was Leben und Schöpfung sind, erschließt sich im Gebet – und vorzüglich gilt das für das öffentliche Gebet der Liturgie. Das Gebet macht darum nicht nur kundig für die spirituelle Praxis, sondern auch für die Praxis des Menschen schlechthin als eines poetisch seine Welt erschaffenden »animal symbolicum« (Ernst Cassirer).[5] Der Mensch, das zeichenhafte Wesen, schafft sich täglich seine Welt neu. Die Liturgie, so kann man sagen, ist die poetischste aller poetischen Handlungen, weil sie auf die Frage zurückwirft, was man denn sagen kann, wenn man überhaupt etwas sagen kann, welche die Bedingungen der Möglichkeit menschlichen Sprechens sind und welche die Grenzen des Sinns.

---

schen dem Rufenden und dem, der ihm aktuell begegnet. Sie stiftet zugleich Kontinuität im eigenen Leben des Grüßenden / Rufenden.«

3 *Martin Heidegger*, Über den Humanismus, Frankfurt a. M. 1949, 5.

4 Dazu vgl. *Oswald Bayer*, Schöpfung als Anrede. Zu einer Hermeneutik der Schöpfung, Tübingen ^{2}1990.

5 *Ernst Cassirer*, Versuch über den Menschen. Einführung in eine Philosophie der Kultur, Frankfurt a. M. 1990, 51 [amerikanisch: An Essay on Man. An Introduction to a Philosophy of Human Culture, New Heaven / London 1944].

Beten ist Sprechen in der Gegenwart im Namen einer erfüllten Vergangenheit und Zukunft. So gesehen hat das Beten auch eine allgemein anthropologische Bedeutung. Richard Scheffler bemerkt dazu in seiner »Kleinen Sprachlehre des Gebets«:

> »Wer nämlich im Gebet die Erfahrung gemacht hat, [...] der hat Kriterien gewonnen, an denen er auch außerhalb religiöser Zusammenhänge das ›Sprechen von vergangenen Ereignissen‹ werten, bloßes Erinnern von aktuell aneignendem Gedenken unterscheiden und – ohne dabei einer philosophischen Begrifflichkeit zu bedürfen – ermessen kann, inwieweit aus einem bloßen ›Reden über vergangene Ereignisse‹ die Sprachhandlung geworden ist, durch die die Gemeinsamkeit einer Geschichte gestiftet wird.«[6]

2 Liturgisches Sprechen

Liturgie entautomatisiert das Sprechen, indem sie auf den Anfang des Sprechens zurückwirft. Sprechen ist nicht selbstverständlich. »Herr, tue meine Lippen auf« (Ps 51,17) beginnt darum die Mette, und das Kyrie bedeutet eine liturgische Schrecksekunde: Nimm die Geschwätzigkeit von deinen Lippen, denn der Ort, darauf du stehst, ist das Land, da du wirst, was du bist: Gottes Ohr und der Menschen Wort. Darum muss noch vor den Lippen das Ohr geweckt werden, was nach Jochen Kleppers Dichtung der Anfang von allem ist: »Er weckt mir selbst das Ohr« (EG 452,1).

Die Liturgie ist Kunst – und die Kunst ist so schwer, weil in ihr nur das menschlich Elementare *Geltung* und alles Blendwerk einen *schalen Beigeschmack* besitzt. »Zeichnen heißt wegnehmen«, so habe ich es einmal in der achten Klasse von meinem Kunstlehrer gelernt. Liturgische Poesie ist die schwere Kunst des schlichten Wortes, das die Herzen in Resonanz versetzt. Das Auftun der Lippen ist dabei keine Frage der richtigen Worte, sondern die Frage der rechten Haltung. »Rem tene – verba sequentur«, das wusste schon Cato der Ältere (234–149 v. Chr.): Halte dich an die Sache, dann folgen die Wörter von selbst. Darum geht es bei der Bitte um

---

6 *R. Scheffler* (Anm. 2), 75; vgl. ebd. 9: Wer betet, »ist überzeugt, dass Gott in vollkommener Weise gut ist; wenn also das, worum er bittet, gut ist, dann will Gott es immer schon, ob er darum gebeten wird oder nicht. Also hat das Gebet evidentermaßen keinen Informationsgehalt und keinen Motivationsgehalt.«

das Auftun der Lippen: um die Sache, um die Ermöglichung des Sprechens coram Deo. Bei der Sprache der Liturgie geht es mithin nicht um die äußere Form, sondern um die Sache. Der Kölner Schriftsteller Hanns-Josef Ortheil spricht in diesem Zusammenhang vom Beten als einer »Oase der Stille« und erinnert sich an seine Kindheit:

> »In dieser Hypnose begann ich zu beten, aber nicht so, dass ich mir bestimmte Worte ausgedacht hätte, sondern eher, indem ich zunächst zuhörte, wie das Beten in mir selbst begann. Das Beten begann, wenn mir die bekannten, großen Gebete einfielen, eins nach dem andern kam mir ganz von allein in den Sinn, und ich dachte und sprach sie im Kopf dann von Anfang bis Ende.«[7]

Die angemessene Liturgiesprache ist demnach nicht methodisch operationalisierbar, so wahr man sich in ihr üben und für sie Kunstregeln aufstellen kann.[8] Grundsätzlich geht es aber nicht um das Befolgen von Regeln, sondern um ein Verhältnis zu sich selbst und zur Sache der Liturgie, das im Nachhinein mit Regeln beschrieben wird.[9] Gutes Formulieren und Sprechen ist regelbewusst gerade in dem Sinne, dass bisweilen regelgerecht gegen die Regeln verstoßen werden muss, um sie anzuwenden. Kunstregeln enthalten ihre Anwendung nicht schon in sich selbst. Die Kunst besteht im produktiven, im handelnd-»poietischen« und nicht im mimetischen Anwenden, nicht im Exekutieren von Regeln.[10] Indem wir

---

7 *Hanns-Josef Ortheil*, Die Erfindung des Lebens. Roman, München [5]2009 [2006], 54f. Den Roman könnte man auch als »Die Erfindung des Sprechens« betiteln. Ich erinnere mich an kein Buch, das mich in den letzten Jahren derart berührt hat. Die alte Gattung des (autobiographischen) Bildungsromans begegnet hier in einer behutsamen Variante des Sprach-Bildungs-Romans von ungeheurer Dichte und Spannung.

8 Vgl. dazu den Beitrag von Hiltrud Stärk-Lemaire in diesem Band, mit dem die Schreibwerkstatt während des Symposiums dokumentiert wird.

9 Anders als mechanische Regeln (wie in der Arithmetik) enthalten Kunstregeln nicht die Anwendungen in sich selbst (*Friedrich Schleiermacher*, Pädagogik. Die Theorie der Erziehung von 1820/21 in einer Nachschrift, hrsg. von Christiane Ehrhardt und Wolfgang Virmond, Berlin / New York 2008, dort in der 12. Vorlesung [98]).

10 Ausführlicher dazu s. *Michael Meyer-Blanck*, Bibel und Predigt aus homiletischer Sicht, in: Alexander Deeg / Martin Nicol (Hrsg.), Bibelwort und Kanzelsprache. Homiletik und Hermeneutik im Dialog, Leipzig 2010, 31–46: 43, im Anschluss

uns der eigenen Sprache bedienen, merken wir, dass sie uns vorausliegt, dass wir unsere eigene Sprache nicht nur selbst sprechen, sondern dass wir dabei von ihr gesprochen werden. Die Sprache lässt uns unsere Passivität erfahren, gerade indem wir sie aktiv ausüben. Das gilt nicht nur für die Liturgie, aber eben auch für sie. Das ist der Grund dafür, warum es um Bibelübersetzungen Streit geben kann und warum sich neue Agenden nur schwer einführen, bisweilen aber noch sehr viel schwerer wieder abschaffen lassen – wie das etwa bei der Preußischen Agende 1895 der Fall war.

Um diesen Zusammenhang von Aktivität und Passivität, von Fremdheit und Vertrautheit in den Blick zu bekommen, wurde für das Symposium der Vergleich mit der Fremd- und Muttersprache gewählt, der jedermann vertraut ist. Die Liturgie ist (im metaphorischen Sinne) immer zugleich Muttersprache und Fremdsprache – auch wenn sie im linguistischen Sinne in der Muttersprache gefeiert wird. Denn Beheimatung ist mehr als intellektuelles Verstehen. Das ist u. a. der Grund für die Auseinandersetzung um die katholische Messreform nach dem II. Vatikanum: Für so manchen bietet die spröde Fremdsprache Latein bis heute mehr spirituelle Heimat als das deutsche Messbuch.[11]

Der Titel des Braunschweiger Symposiums beschrieb die Alternative »Fremdsprache oder Muttersprache?«. Man wird dazu sagen können, dass die Liturgie immer in der Dialektik von beidem erfolgt. Sie ist Muttersprache, indem sie das Sein vor das Handeln stellt. Liturgie, so eine meiner bevorzugten Formeln, ist *kontrollierte Regression*. Sie lässt uns als das »Sistieren der Geschäftstätigkeit«[12] zurückfallen auf den Status, da für uns immer schon gesorgt *ist* und da wir nicht von unserem eigenen Tun abhängig sind. Aber andererseits ist es höchst schwierig, in diesen menschlichen Zustand der Einfachheit zu gelangen – angesichts der zur Gewohnheit gewordenen Haltung des Machens. Insofern ist die Liturgie eine Zumutung, eine Umkehr zur Zukunft, ein Überwinden des Verste-

an *Friedrich Schleiermacher*, Die praktische Theologie nach den Grundsätzen der evangelischen Kirche im Zusammenhange dargestellt, hrsg. von Jacob Frerichs, Berlin / New York 1983 [Reprint von ¹1850], 30f.

11 Am bekanntesten dazu wurde das Buch des Schriftstellers *Martin Mosebach*, Häresie der Formlosigkeit. Die römische Liturgie und ihr Feind, München ⁴2007.

12 Dazu vgl. die bekannte Formulierung »Die eigentlich produktive Tätigkeit ist im Fest sistiert, eine andere ersetzt sie.« (*F. Schleiermacher*, Die praktische Theologie [Anm. 10], 70).

hens selbst – auf dem Wege des Verstehens. Die Sprache der Liturgie ist »Über-Verstehen«, »Meta-Noia«, der Auszug des Menschen aus den selbst verschuldeten Risiken und Nebenwirkungen eigener Mündigkeit. Insofern ist die Regression nur zu erreichen auf dem Wege der Progression, durch das mühsame Erlernen der Fremdsprache aktivischer Passivität.

Die gottesdienstliche Sprache dient der kontrollierten Regression, der Rückkehr in ein Zuhause, das die Vergangenheit wie die Gegenwart überschreitet. Nun kann man noch psychologisch differenzieren: Es geht um eine benigne Regression und nicht um eine maligne; denn das Ziel der kontrollierten Regression ist ein Zuwachs an Kraft und Einsicht, keine Schwächung der Lebensmöglichkeiten, eine Überschreitung der Wirklichkeit auf Zeit, kein Wirklichkeitsverlust auf Dauer.

Damit hat gerade das Regressive etwas Progressives. Die Sprache des Gottesdienstes überschreitet die Gegenwart als Berufung auf die Tradition in der Hoffnung auf eine andere Zukunft. Die Gegenwart wird eine Zeitlang einmal nicht zum Ort der Bewährung, sondern zum Exil mit einer verheißenen Heimat. Gerade das Traditionelle der liturgischen Sprache markiert ihren besonderen Ort zwischen den Zeiten.

Es ist nach meiner Einsicht darum auch nicht das Fremde oder das Ungewohnte der liturgischen Sprache, das Menschen abstößt. Nicht der Mangel an Gewohnheit, sondern der Mangel an religiöser Beheimatung lässt Unwohlsein aufkommen, ein Mangel an Ruhe zur Regression und Progression zugunsten von bloßer Routine oder Aktionismus. Das Heimatlose enttäuscht, während das Fremde auch das Besondere repräsentieren und Neugier wecken kann.

Die Sprache ist das Haus des Seins, und man kann hinzufügen: »Sein, das verstanden werden kann, ist Sprache.«[13] So gesehen dient der Mensch im Gottesdienst nicht nur Gott, sondern sich selbst: Er realisiert sein Menschsein, indem er die Welt verstehend aneignet. Liturgische Sprache ist die Sprache der *conditio humana*, bezogen auf deren Ursprung, Grund und Ziel. Man muss diesen Gedanken konfrontieren mit einem neuen Mechanismus[14] und Operationalisierungswahn, der die Gegenwart durchwirkt. Danach ist das Sein messbar in Masse, Kraft und Weg, in Bits, Rankings und Ratings. Das alles ist bekanntlich notwendig für die Ge-

---

13 *Hans Georg Gadamer*, Wahrheit und Methode, 3. Teil; zitiert von *Christoph Schwöbel*, Gott im Gespräch, Tübingen 2011, 433.

14 Ebd. 431.

schäfte der funktional differenzierten Gesellschaft. Theologen sollten das alles nicht in billiger prophetischer Attitüde schlechtmachen, schließlich leben sie selbst nicht schlecht davon. Die Liturgie ist nicht notwendig Protest gegen die Geschäftstätigkeit – aber sie ist deren Unterbrechung. Die »Geschäftsthätigkeit geht allemal auf einen Effekt aus, der außer der Thätigkeit selbst liegt«[15]. Liturgie dagegen verhilft zum Sprechen ohne Effekte. Der Mensch will nicht wirken, sondern er darf sein, verstehen und sprechen. Im liturgischen Sprechen kommt er zu einem anderen Bewusstsein – und eben dies ist jetzt seine Tätigkeit. Noch einmal Schleiermacher: »Das erhöhte Bewußtsein ist nichts anderes als die Thätigkeit selbst.«[16]

In diesem Sinne ist die liturgische Sprache Kunst. Sie dient dem Ausdruck des Seins in der Welt. Die liturgische Kunst erschafft damit keine Sonderwelt, keine Scheinwelt, keine andere heile Welt – aber sie erschafft diese Welt als eine andere, als eine Welt allein aus dem schaffenden Wort. Liturginnen und Liturgen – ob professionell oder ehrenamtlich – sind in diesem Sinne Sprach-Künstler. Sie erschaffen diese Welt als eine andere. Sie gestalten damit dasselbe wie die Literaten und die Schauspieler – nur dass sie beides auf einmal tun: Sprache *schaffen* (in der Vorbereitung) und Sprache *aufführen.* Macht man sich das klar, dann kommt das äußerst Anspruchsvolle liturgischer Kunst zum Ausdruck.

Es muss außerdem neben diesem Künstlerischen – Schaffen und Aufführen – ein dritter Punkt genannt werden. Bei liturgischer Poesie und liturgischem Theater muss die spezifische liturgische Seins-Lehre hinzugedacht werden. Im Gottesdienst geht es nicht nur um Wortschöpfungen, sondern zugleich um das Wort des Schöpfers, das am Anfang war und dann selbst Sprache, Vernunft, Logos wurde. Joseph Ratzinger hat immer wieder gern auf das philosophisch Ungeheuerliche von Joh 1 hingewiesen: Für die *Sprache*, die *Vernunft* und den *Rabbi aus Nazareth* verwendet der Johannesprolog dasselbe Wort – »Logos«, das weder mit »Wort« noch mit »Vernunft« oder »Logik« zureichend wiedergegeben ist.[17]

Die liturgische Sprache – das Haus des anfänglichen Seins, das alle Morgen neu wird, ist jene archaische Poesie, da der Mensch nichts ist als

---

15 *F. Schleiermacher,* Die praktische Theologie (Anm. 10), 71.

16 Ebd.

17 *Joseph Ratzinger (Benedikt XVI.),* Jesus von Nazareth. Zweiter Teil: Vom Einzug in Jerusalem bis zur Auferstehung, Freiburg 2011, und schon viel früher *Joseph Ratzinger,* Der Gott des Glaubens und der Gott der Philosophen. Ein Beitrag zum Pro-

das lebende, verstehende, künstlerische Wesen, das sich zu unterscheiden weiß von seinem wirksamen Handeln. Wir wissen, was passiert, wenn der Mensch diese Unterscheidung verlernt: Er überschätzt sein Wirken, wird abhängig von seiner eigenen Bedeutsamkeit und brennt aus, da die Wirklichkeit die eigene Bedeutsamkeit immer einmal wieder in Frage stellt.

3 Sprachliches Gestalten

Wie lernt man Poesie, liturgische Kunst? Das geschieht sicher am besten durch den organischen Rhythmus von Übung und Unterbrechung der Übung durch theoretische Symposien, wie das hier dokumentierte Symposium des »Atelier Sprache«. Liturgische Kunst ist eine Art von gebildeter Routine. Sie folgt bestimmten Regeln, die man von anderen hört und dann als Kunstregeln für sich selbst entwickelt. Die Anwendung der Regeln ist eine besondere Kunst. Die Weiterarbeit an der liturgischen Sprache, so das Ergebnis dieses Symposiums, wird sich an zwei Fragen orientieren können, nämlich *erstens*: Was kann die liturgische Kunst von der Dichtung lernen? Und *zweitens:* Welche sprachlichen Modelle und Muster sollten für künftige gottesdienstliche Bücher, für die weitere agendarische Arbeit gelten?[18]

Beim ersten Bugenhagen-Symposium (2009 in Pullach über das Verhältnis von Bibelwort und Kanzelsprache) hatte ich sieben Merkmale einer guten Predigtsprache benannt: Eine geeignete Sprache, so hatte ich es damals formuliert, ist künstlerisch, ästhetisch, einfach, situativ, traditional, pädagogisch und vulnerabel.[19] Ich denke, dass das in modifizierter

---

blem der theologia naturalis (= Bonner Antrittsvorlesung 1959), neu hrsg. von Heino Sonnemanns, Leutesdorf ²2005 [2004].

18 Einen allmählichen Verzicht auf gedruckte Agenden zugunsten von benutzerabhängigen qualitätskontrollierten Internet-Liturgieportalen hat jüngst vorgeschlagen *Frank Peters*, Agende und Gemeindealltag. Eine empirische Studie zur Rezeption des Evangelischen Gottesdienstbuches, Stuttgart 2011 (PThHe 117), 278–286. Peters rechnet damit, »dass sich in einer sich zumindest teilweise selbst evaluierenden Online-Community in Kürze ein hohes Qualitätsniveau etabliert: Gut benotetes Material von positiv beurteilten Mitgliedern wird sich auf Dauer gegen schlechter bewertete Beiträge und Autoren durchsetzen.« (283).

19 *M. Meyer-Blanck*, Bibel und Predigt aus homiletischer Sicht (Anm. 10), 40–46.

Form auch für die liturgische Sprache gelten kann. Dazu möchte ich noch einmal an den großen Liturgiker Frieder Schulz (1917–2005) erinnern. Als ich mich im Jahre 1998 zur Sprachqualität der »Erneuerten Agende«, des späteren »Evangelischen Gottesdienstbuches«, geäußert und dabei die Bemühung um eine poetische »Entautomatisierung« der Sprache positiv hervorgehoben hatte,[20] da schrieb er mir – in seiner unnachahmlichen künstlerischen Handschrift Folgendes:

> »Was die Poetik der Gebete betrifft, so ist der Zugewinn frischer und Tiefen-Dimension eröffnender Sprache unverkennbar. Doch ergibt sich dabei leicht ein literarischer touch mit Aufbau einer kulturellen Schwelle. Deshalb ist die Sprachwelt der Psalmen mit ihren elementaren Bildern m. E. noch angemessener als das ›Lyrische‹ (= Individualisierende) eines religiös gestimmten ›Mystagogen‹. Wir werden nicht umhin können, gedruckte Gebetstexte nur als Sprachhilfe und inhaltliches Korrektiv zu benutzen, freilich setzt das sprachgestalterische Begabung und Einübung voraus.«

Damit ist das Spannungsfeld von Soziolekt und Idiolekt, von liturgischer Vorprägung und Individualität, von poetischer Kunst und demütiger Zurückhaltung dauerhaft gültig zum Ausdruck gebracht. Das Schlichte ist die größte Kunst.

In diesen Zusammenhang gehört auch die Diskussion um eine in letzter Zeit als »leichte Sprache« bezeichnete gottesdienstliche Redeweise. Diese ist zunächst auf die Predigt bezogen und zeichnet sich durch kurze Sätze (mit weniger als 15 Wörtern), verbale statt nominale Formen sowie durch die Vermeidung von Nebensätzen, Konjunktiven, Negationen und Abstrakta aus – ohne dass man dabei in Kindersprache verfällt.[21] Interessant im Hinblick auf die Gebete ist es, dass die »leichte Sprache« auch mit dem Metapherngebrauch zurückhaltend ist, der ja allgemein als das Kennzeichen poetischer Sprache gilt. Metaphern, so zeigt es die Theorie der »leichten Sprache«, können nicht nur einer positiv zu verstehenden

---

20 *Michael Meyer-Blanck,* Zur Sprachqualität des Entwurfs Gottesdienstbuch, in: Jörg Neijenhuis (Hrsg.), Erneuerte Agende im Jahr 2000? (= Beiträge zu Liturgie und Spiritualität, Bd. 2), Leipzig 1998, 53–64.

21 *Anne Gidion,* Selig bist du, wenn du weißt, wie du sprichst. Leichte Sprache als Anregung für die Predigtrede, in: Alexander Deeg / Dietrich Sagert (Hrsg.), Evangelische Predigtkultur. Zur Erneuerung der Kanzelrede. Hrsg. im Auftrag des Zentrums für evangelische Predigtkultur, Leipzig 2011, 125–130.

poetischen Offenheit dienen, sondern auch der Verschleierung von Unklarheit in der Gedankenführung. Statt von Steinen, Felsen, Türen und Wegen wird von konkreten Lebensgeschichten erzählt. Aus verdeckten Appellen können in Gebeten auf diese Weise wirkliche Bitten werden. Statt »Gott, mach, dass die Mächtigen ihre Macht nicht missbrauchen, und hilf uns, dass wir niemanden unterdrücken« heißt es dann: »Gott, wir bringen vor dich alle, die Macht und Verantwortung haben. Schütze und behüte sie. Gott, wir bitten dich auch für uns. Sei bei uns, wenn wir mit anderen Menschen leben und arbeiten. Schenk uns ein weites und gelassenes Herz für andere Menschen.«[22]

4 Zu diesem Buch

In den letzten Jahren sind im Hinblick auf den evangelischen Gottesdienst besonders die nicht-verbalen Zeichensprachen, also Raum und Bild, Bewegung und Symbolik stärker beachtet worden, und das ist – im Sinne einer erneuten »liturgischen Bewegung«[23] auch gewiss sinnvoll so. Dennoch bleibt es auch dabei: Der protestantische Gottesdienst hat ein wesentliches Qualitätsmerkmal in seiner verbalen Kraft. Die schlichte Bemerkung Schleiermachers hat weiterhin Geltung: »*Der Zwekk des Cultus ist die darstellende Mittheilung des stärker erregten religiösen Bewusstseins.* Was hat nun der Geistliche hier zu tun? Im wesentlichen hat er es mit der Sprache zu tun.«[24] »Sprache« im liturgischen Sinne ist mehr als Lexik und Grammatik. Unter zeichentheoretischer Perspektive ist die verbale Sprache immer auch Präsenz und Klang, Resonanz und Performanz. »Bedeutung« und »Sinn« gibt es niemals auf dem Papier, sondern immer nur in der Präsenz von Sprachzeichen verwendenden (lesenden, sprechenden,

---

22 Ebd. 129. – Zu Recht zitiert *Alex Stock*, Liturgie und Poesie. Zur Sprache des Gottesdienstes, Kevelaer 2010, darum den russischen Literaturwissenschaftler Viktor Sklovskij: »Um das Empfinden des Lebens wieder herzustellen und die Dinge zu fühlen, um den Stein steinern zu machen, existiert das, was man Kunst nennt.« (56).

23 *Michael Meyer-Blanck*, Gottesdienstlehre, Tübingen 2011, 174–178.

24 *F. Schleiermacher*, Die praktische Theologie (Anm. 10), 75, dort hervorgehoben. Unmittelbar nach diesem Satz findet sich die bekannte These, dass »die religiöse Thätigkeit« des Liturgen »das Mittel sein soll, die religiöse Thätigkeit aller anderen zu erhöhen«.

reagierenden) Menschen. Um dies besser verstehen zu können, sind auch Milieu, Konfession, Medienkultur, Sakrament, Heimat, Hör- und Schreibgewohnheiten, Literatur, liturgische und ästhetische Gewohnheit zu berücksichtigen.

Mit alledem beschäftigen sich die Beiträge dieses Bandes. Sie suchen das liturgische Sprechen nicht nur aus homiletischer und liturgischer Sicht im engen Sinne zu erfassen. Gerade damit soll nicht nur die Praxis, sondern auch die Fachdiskussion angeregt werden.

Ich danke den Autorinnen und Autoren für die Erstellung der Manuskripte, den beim Symposium anwesenden Kolleginnen und Kollegen für die nachdenklichen Diskussionsbeiträge in gelöster Atmosphäre und besonders dem »Atelier Sprache« in Braunschweig für die Ausrichtung. Ingrid Drost von Bernewitz und Dieter Rammler haben das *Dritte Internationale Bugenhagen-Symposium* angeregt, es mit großem Engagement unterstützt und persönlich begleitet und schließlich auch die Publikation dieses Bandes gefördert. Bei der verlegerischen Gestaltung hat sich das Team der Evangelischen Verlagsanstalt, besonders Dr. Annette Weidhas und Mandy Schüller, wiederum verdient gemacht.

Reflexionen

Die Sprache der Milieus und ihre (un)mögliche Überwindung in der Liturgie

Hans-Martin Gutmann

1 Annäherungen ans Thema

Es gibt nicht »die« Sprache der Milieus, vielmehr ist angemessener von »den Sprachen« der Milieus zu reden. Seit Gerhard Schulzes bahnbrechender Untersuchung »Die Erlebnisgesellschaft« vor mittlerweile einer Generation[1] – Schulze nennt fünf Milieus, nämlich das Niveau-, Harmonie-, Integrations-, Selbstverwirklichungs- und Unterhaltungsmilieu – ist in praktisch-theologischen Diskussionsbeiträgen und empirischen Untersuchungen wie den kirchlichen Mitgliedschaftsuntersuchungen[2] die Bedeutung der Milieuwahrnehmung für die kirchliche Arbeit und auch für die Wahrnehmung des Gottesdienstes herausgestrichen worden. Über die bis dahin in empirischen Untersuchungen zur kirchlichen Arbeit vorherrschende Orientierung an den Dimensionen Alter und Bildungsstand hinausgehend und präziser als bei der terminologischen Orientierung an »Kirchenferne« oder »Kirchennähe« erlaubt die Wahrnehmung von Milieus eine »mittlere« Annäherung – zwischen der Orientierung auf individuelle Lebensgeschichten einerseits und großgesellschaftlichen Ordnungsmustern andererseits –, die zugleich bemüht ist, der Selbstthematisierung der Subjekte Rechnung zu tragen und eine größere Nähe zu tatsächlichen Lebensorientierungen zu eröffnen, als dies mit den tradi-

---

1 *Gerhard Schulze*, Die Erlebnisgesellschaft. Kultursoziologie der Gegenwart, Frankfurt a. M. / New York 1992. Vgl. zum Folgenden die instruktive Darstellung der Debatte zu Milieuanalysen und Gottesdienstgestalt bei *Michael Meyer-Blanck*, Gottesdienstlehre, Tübingen 2011, 245 ff.

2 *Wolfgang Huber / Johannes Friedrich / Peter Steinacker* (Hrsg.), Kirche in der Vielfalt ihrer Lebensbezüge. Die vierte EKD-Erhebung über Kirchenmitgliedschaft, Gütersloh 2006.

tionellen Kategorisierungen von »Klassen«- oder »Schichtzugehörigkeit« möglich war. Michael Meyer-Blanck weist darauf hin, dass mit den beiden Bänden »Milieus praktisch«[3] von Eberhard Hauschildt, Eike Kohler und Claudia Schulz eine integrierende Zusammenschau und Zusammenfassung der bisherigen Milieuforschungen in praktischer Absicht vorgelegt wurde.[4] In Anlehnung an die sechs Lebensstiltypen evangelischer Kirchenmitglieder in der vierten EKD-Mitgliedschaftsstudie werden hier sechs Milieutypen unterschieden: die Hochkulturellen (hochkulturell-traditionsorientiert) – Altersdurchschnitt: 63 Jahre; die Bodenständigen (gesellig-traditionsorientiert) – Altersdurchschnitt: 65 Jahre; die Mobilen (jugendkulturell-modern) – Altersdurchschnitt: 29 Jahre; die Kritischen (hochkulturell-modern) – Altersdurchschnitt: 44 Jahre; die Geselligen (von Do-it-yourself geprägt, modern) – Altersdurchschnitt: 42 Jahre; die Zurückgezogenen (traditionsorientiert, unauffällig) – Altersdurchschnitt: 53 Jahre.

Es geht bei der Wahrnehmung von Milieueigentümlichkeiten um das Achthaben auf Vielfältigkeit und Differenz, auch und gerade mit Hinblick auf Artikulationsformen in den Weisen, wie Menschen sprechen, sich selbst inszenieren, insbesondere in Hinblick auf ihre Körperlichkeit, wie sie ihr Leben führen im Zusammenleben mit ihren nächsten und fernen Mitmenschen, wie sie am kulturellen, politischen und kirchlichen Leben partizipieren, was sie mögen oder blöd finden oder was ihnen an der Nase vorbeigeht und vieles andere mehr. Mit den Autoren und Autorinnen von »Milieus praktisch«, aber auch der Interpretation bei Michael Meyer-Blanck geht es mir in diesem Beitrag darum, den begrenzten Wert der Milieuuntersuchungen für die Wahrnehmung der gottesdienstlichen Liturgie wahrzunehmen, und zwar in beiden Bedeutungen dieser Formulierung: ihren Wert wahrzunehmen, ihn aber nicht zu überschätzen.

Wenn über »die Sprache« bzw. die »Sprachen« der Milieus nachgedacht wird, macht es – und hier liegt eine erste Differenzierungsperspektive – unbedingt Sinn, auf das Verhältnis von »Sprechen« und »Sprache« Wert zu legen. Hier liegt ein wichtiger Clou, den ich aus der Lektüre von Manfred Frank oder Jean Paul Sartre gelernt habe:[5] Das Verhältnis von

3 *Claudia Schulz / Eberhard Hauschildt / Eike Kohler*, Milieus praktisch. Analyse- und Planungshilfen für Kirche und Gemeinde, Göttingen 2008.

4 *M. Meyer-Blanck*, Gottesdienstlehre (Anm. 1), 251.

5 Vgl. *Manfred Frank*, Das Sagbare und das Unsagbare, Frankfurt a.M. 1980; zu

Sprache und Sprechen hat zuinnerst zu tun mit dem Verhältnis von Allgemeinem und Individuellem. Sartre würde sagen: Was ich *von einem Menschen* wissen kann, gehört einem fundamental anderen Typus von Wissen zu als das, welches im Bereich naturwissenschaftlicher Erkenntnis von den Objekten der Forschung zu gewinnen ist. Der entscheidende Punkt ist: Das »Individuelle« eines Menschen ist streng vom »Besonderen« zu unterscheiden, welches als Teil einem »Allgemeinen« untergeordnet werden kann. Um einen Menschen zu verstehen, ist es notwendig, aber nicht hinreichend, sein Allgemeines – beispielsweise die historische und gesellschaftliche Lage, die Zugehörigkeit zu bestimmten Milieus und Lebenswelten, Bildungsweg, Arbeitsplatz, wichtige Beziehungen u. Ä. m. einschließlich der jeweils vorherrschenden Interaktionsregeln – zu kennen. Das Allgemeine, hier: das Gesamt der Zugehörigkeiten, erlaubt nicht, die Gestalt des Individuellen aus ihm herzuleiten.

Das »Individuelle« und das (gesellschaftliche) »Allgemeine« stehen vielmehr in einem komplizierten Spannungsverhältnis zueinander.[6] Die Regel (als das Allgemeine) erlaubt nicht, die Spontaneität des Subjekts aus ihr selbst zu deduzieren. Es kommt noch etwas Entscheidendes hinzu. Das Individuelle hat *für* das Allgemeine unaufgebbare Bedeutung. Das *Allgemeine* – beispielsweise gesellschaftliche Regeln, die »Grammatik« der gesellschaftlichen Ordnung, die Charakteristika von Lebensstilen und Milieus – könnte selbst überhaupt keinen »Sinn« gewinnen, wenn es nicht im Durchgang durch das Individuelle artikuliert und damit immer wieder modifiziert würde, und zwar auf eine vorher nicht bestimmbare Weise. In Hinblick auf das Verhältnis vom »Sprache« und »Sprechen« formuliert: Sprache gewinnt nur darin Sinn, dass sie gesprochen wird, also *von den Individuen artikuliert* wird, wobei ihr jeweils ein Teil *unableitbar Neues* zugefügt wird.[7]

Mit Blick auf die Milieu-Diskussion in Kirche und Praktischer Theologie plädiere ich für Gelassenheit und Desensibilisierung gegenüber ri-

---

Jean-Paul Sartre, Der Idiot der Familie, Reinbek 1977 ff. (= L'idiot de la famille, 3 Bde, 1971 ff.) vgl. *Traugott König*, Sartres Flaubert lesen. Essays zu ›Der Idiot der Familie‹, Reinbek 1980. Vgl. zum Folgenden auch: *Hans-Martin Gutmann*, Sich einsetzen, sich hingeben, sich nicht hergeben. Protestantische Einwürfe zu umstrittenen Lebenshaltungen, Berlin 2011, 86 ff.

6 *J.-P. Sartre*, Der Idiot der Familie, Bd. 1, 7, zit. nach *M. Frank*, Das Sagbare und das Unsagbare (Anm. 5), 45.

7 *M. Frank*, Das Sagbare und das Unsagbare (Anm. 5), 48 f.

giden Wahrnehmungsrastern.[8] Ich finde es befreiend, wenn Claudia Schulz und Eberhard Hauschildt in Hinblick auf Milieus von einer »Brille« sprechen, also einer Wahrnehmungseinstellung, die Interpretationen konkreten Sprechens, Sich-Verhaltens, Sich-Orientierens von Individuen erleichtern sollen. So weit, aber auch nicht weiter. Wenn man Menschen in ihrer Individualität unter die Eigentümlichkeiten von Milieus subsumieren wollte, würde man, denke ich, den notwendigen Respekt und die Achtung vor den Einzelnen vermissen lassen. Wir müssen und dürfen immer damit rechnen, dass individuelle Menschen anders sprechen, sich anders verhalten und orientieren, als wir dies nach ihrer Milieuzugehörigkeit erwarten. Hier muss, finde ich, eine heilsame Trennung in der Wahrnehmung von Milieus gegenüber der Weise liegen, wie einige unter uns, mich selbst eingeschlossen, in den Siebzigern die Charakteristika von Klassenanalysen aufgesagt haben und wie wir auf dieser Basis Einzelnen bestimmte »objektive« Interessen, Vorlieben und dementsprechend nötige Lebensorientierungen zugemessen haben.

Die Erinnerung an die Klassenanalysen der Siebziger Jahre hat für unseren Gesprächszusammenhang aber noch einen weiteren, jetzt positiven Sinn. Meine Wahrnehmung ist, dass in der Milieuinteressiertheit der vierten kirchlichen Mitgliedschaftsuntersuchung die soziale Problematik unserer Gesellschaft, insbesondere die Armutsproblematik, zu wenig in den Blick kommt – Armut vor allem als Ausgrenzung aus gesellschaftlichen und kulturellen Partizipationsmöglichkeiten für die betroffenen Menschen. In der EKD-Mitgliedschaftsuntersuchung *Kirche in der Vielfalt der Lebensbezüge*[9] beispielsweise ist vieles zu lernen über Mitgliedschaftstypologien in Hinblick auf Nähe und Distanz zur Kirche, über Lebensstile und Weltsichten, aber m. E. zu wenig über ökonomische Konflikte, vor allem über die Verarbeitung erwerbsbiographischer Unsicherheiten und prekärer Lebenslagen und den damit verbundenen Verlust an Lebensgewissheit, die mit Armutserfahrungen in Zusammenhang

---

8 Entsprechend formuliert *M. Meyer-Blanck*, Gottesdienstlehre (Anm. 1), 252: »Insgesamt kann man die Milieutheorien treffend als ›Schubladendenken auf Zeit‹ charakterisieren (Schulz / Hauschildt / Kohler 45) … Sie geben Hilfe bei Entdeckungen, solange ihr Charakter als hilfreiches Konstrukt bewusst und solange mit Gal 3,28 der Wunsch nach einem ›Jenseits der Milieus‹ vom Evangelium Jesu her lebendig bleibt (Schulz / Hauschildt / Kohler 278–280)«.

9 Vgl. *W. Huber* u. a. (Hrsg.), Kirche in der Vielfalt der Lebensbezüge (Anm. 2).

stehen.[10] Damit unterschreiten die Milieuanalysen in der Mitgliedschaftsuntersuchung den Diskussionsstand, der mittlerweile in den Sozialwissenschaften in diesem Feld erreicht ist. In der sozialwissenschaftlichen Diskussion wird mit Blick auf die soziale Realität und ihre Wahrnehmung in unserem Lande die Problematisierung von vertikalen Ordnungskonzeptionen (z.B. »Klasse«, »Schicht«) durch die Individualisierungsthese und die damit einhergehende Konzentration auf Milieus, Lebensstile zwar nicht gänzlich zurückgenommen, aber doch einer kritischen Revision unterzogen. Die Konzepte »Lebenslage« und »Lebensfeld« erlauben, individuelle, an Selbsttätigkeit der Subjekte gebundene Perspektiven ernst zu nehmen und zugleich die Grenzen zu thematisieren, die durch gegebene oder verweigerte Partizipationsmöglichkeiten und Beteiligungschancen gezogen werden, welche wiederum eng mit den jeweils verfügbaren Haushaltseinkommen und der damit verbundenen Einbindung in die sozialen Zuweisungen von Armut bzw. Reichtum verbunden sind. Lebensfelder werden nur zugänglich durch die Weise, wie Subjekte diese wahrnehmen und thematisieren, und zugleich gehen in diese Thematisierungen die Grenzbedingungen sozialer Lagen mit ein. Ich habe den Eindruck, dass diese Fragerichtung nach Ausgrenzung von Menschen aus gesellschaftlichen Partizipationsmöglichkeiten auf Grund von Armut als Lebenslage auch von Kolleginnen und Kollegen mittlerweile ernster genommen wird, die an Milieus mit Blick auf kirchliche Arbeitsmöglichkeiten interessiert sind – deutlich beispielsweise im zweiten, von Claudia Schulz und Eberhard Hauschildt herausgegebenen Band von »Milieus praktisch«, der auf diakonische Handlungsmöglichkeiten konzentriert ist.[11]

Eine Schwierigkeit mit meinem Thema muss ich noch ansprechen, bevor ich auf Antwortversuche auf die hier formulierte Frage dennoch loszugehen versuche: »Die Sprache(n) der Milieus und ihre (un)mögliche Überwindung in der Liturgie«. Wieso steht hier das Stichwort »Überwin-

---

10 Im Abschnitt ›Die sozialkulturelle Verortung der Kirchenmitglieder‹ lässt sich eine kurze Einlassung zur ökonomischen Integration finden: »Von den Mitgliedern mit hoher Kirchenbindung und hoher Religiosität sind 23,1% stark integriert, im Mitgliedschaftstypus mit der größten Distanz sind es 48,6%. Die religiösen Mitglieder mit starker Distanz zur Kirche (Typ 2) sind mit 36,2% ökonomisch stärker integriert, als dies für den umgekehrten Fall, den dritten Typ, mit 23,9% gilt.« Ebd. 157.

11 *Eberhard Hauschildt / Claudia Schulz / Eike Kohler*, Milieus praktisch II: Konkretionen für helfendes Handeln in Kirche und Diakonie, Bd. 2, Göttingen 2011.

dung«? Was soll gemeint sein, die Sprache – in meiner Lesart: die Sprachen (im Plural), die von den beteiligten Menschen zudem auf nicht aus ihnen deduzierbare Weise gesprochen werden – der Milieus zu »überwinden«? Die Themenformulierung lässt offen, ob eine solche Überwindung möglich oder unmöglich ist. Die m. E. entscheidendere Frage ist doch: Was soll dieser Gedanke überhaupt? Ich würde die Idee für eine Größenphantasie halten, die Sprechweisen von Milieus überwinden zu sollen (falls dies gemeint ist). Ich möchte außerdem heute an einigen Beispielen zeigen, dass die Sprachen der Milieus nicht überwunden werden *können*, sondern dass die spezifischen Weisen des Sprechens die Wahrnehmung von Wirklichkeit prägen und, teilweise verändernd, den Selbstverständlichkeiten der milieutypischen Weisen des Sprechens anvermitteln.

Genauso wichtig ist mir von Anbeginn eine Gegenüberlegung. In einer Studie des Sozialwissenschaftlichen Instituts (SI) der Evangelischen Kirche in Deutschland (EKD) mit dem Titel »Hier ist nicht Jude noch Grieche, hier ist nicht Sklave noch Freier …«[12] (Gal 3,28) wollen die Autorin Petra-Angela Ahrens und der Autor Gerhard Wegner den Sinn der neuen Milieu-Aufmerksamkeit in der Kirche keinesfalls bestreiten, aber auf ihr evangelisches Potential hin fokussieren. Man kann Menschen nur dann durch ästhetische Anmutungen, durch milieuspezifische Inszenierungen zwischen Musikgeschmack und Mediennutzung zur Teilnahme an kirchlichem Leben gewinnen, wenn diese eine offene und tendenziell positive Haltung zum Glauben *schon mitbringen*. Ahrens und Wegner schließen: Theologische Aufgabe ist eine neue Gewichtung zwischen »Mission« und »Milieu«. Der Glaube an das Evangelium selbst hat von Anbeginn milieubildende Kraft. Auch die Liturgie des evangelischen Gottesdienstes schafft sich das Milieu, das ihm angemessen ist, und modifiziert die Sprachen und das Sprechen in den unterschiedlichen Milieus.

---

12 *Petra-Angela Ahrens / Gerhard Wegner*, »Hier ist nicht Jude noch Grieche, hier ist nicht Sklave noch Freier …«. Erkundungen der Affinität sozialer Milieus zu Kirche und Religion in der Evangelisch-lutherischen Landeskirche Hannovers, Hannover 2008. Vgl. in der Konklusion ähnlich *M. Meyer-Blanck*, Gottesdienstlehre (Anm. 1), 256.

2 Der Käse und die Würmer

Die Sprache der Liturgie – ihre Symbole und Klänge, ihre Worte und ihre Struktur – wird in der Sprache und insbesondere in der Weise des Sprechens von unterschiedlichen Milieus verändernd aufgenommen und wiedergegeben. Das ist historisch kein neues Phänomen und keinesfalls erst eine Frage der spätmodernen Gesellschaft. Dass Menschen »Hokuspokus« verstehen, wenn sie die lateinischen Formeln in der Wandlung der gottesdienstlichen Messe in ihr Wirklichkeitsverständnis übersetzen, hat seinen Sitz in Weisen der Lebensführung, Wirklichkeitswahrnehmung und sozialen Einbindung früherer historischer Situationen, über die wir einiges wissen können, selbst wenn das vor einigen Jahren rege Interesse an der Lebensweise der Volkskultur des Spätmittelalters und der frühen Neuzeit aktuell etwas abgeflaut scheint. Die Entfernung zwischen der Alltagskultur der Leute und dem kirchlichen Leben hat *immer* existiert und in spezifischen gesellschaftlichen und historischen Kontextbedingungen so und so Gestalt gewonnen – und ist keineswegs Spezifikum der aktuellen Moderne.

Der englische Historiker Peter Burke hat ein umfassendes Werk über die europäische Volkskultur in der frühen Neuzeit geschrieben.[13] Die Kultur der einfachen Leute in dieser Zeit ist eine mündliche Kultur, dennoch gibt es Zugänge: beispielsweise Zeugnisse von Reisenden,[14] Versuche von staatlichen und kirchlichen Autoritäten, sie einzudämmen,[15] oder auch Geschichtensammlungen, Werke von volkstümlichen Dichtern (z. B. François Rabelais) oder Predigten von Bettelmönchen. »Die Mönche waren weder Fisch noch Fleisch, bikulturell, Männer der Universität und Männer des Marktes.«[16] Sie wurden teilweise von einem sehr großen Publikum angehört, unterlagen in ihren Texten der ständigen Kontrolle, ob sie den Menschen tatsächlich aufs Maul geschaut hatten – eine genügende Materialbasis für Burke, eine Phänomenologie der Kultur der einfachen Leute in der frühen Neuzeit nachzuzeichnen. Ihre Protagonisten sind Randgestalten: in den dörflichen Kulturen Hirten, Schäfer, Schmiede, Bergleute;

13 *Peter Burke*, Helden, Schurken und Narren. Europäische Volkskultur in der frühen Neuzeit. Stuttgart u. a. 1981.

14 Vgl. ebd. 78.

15 Vgl. ebd.

16 Ebd. 82

in der Stadt Spielleute, Gaukler, Bettler, Scharfrichter und Totengräber, so genannte »unehrliche« Berufe, aber auch manche Zünfte und religiöse Bruderschaften, die die zahlreichen Heiligenfeste und Stadtfeste ausrichten, manchmal aber auch – wie die Zünfte der Schuster und Weber – nicht nur als Vorhut der populären Kultur, sondern auch von politischen Aufstandsbewegungen agieren.

Zentrale Orte der populären Kultur der frühen Neuzeit sind beispielsweise die Schenke, wo Gaukler auftreten, wo Feste gefeiert und Streiks und andere Unbotmäßigkeiten ausgeheckt werden; der Marktplatz, vor allem im südlichen Europa wichtigster Ort für Theateraufführungen, Stierkämpfe, Rennen und Turniere, Balladensänger und Hinrichtungen, Schaf- und Pferdemärkte, Heiligen- und Stadtfeste. Und ein weiterer zentraler Ort der populären Kultur, in unserem Zusammenhang besonders interessant, sind die Kirchen, oft gegen den Protest der römischen, später auch der protestantischen Geistlichkeit.

Auf dem Kirchhof tanzen während des Karnevals der »Herr der Misswirtschaft« und seine Narren. Am Vorabend des Patronatsfestes herrscht an manchen Orten die Gewohnheit, dass die Gemeinde die Nacht in der Kirche verbringt, isst, trinkt, singt und tanzt. Besonders auf dem Lande, in den weit voneinander abgelegenen Dörfern, gibt es wenig andere Orte, wo Menschen sich versammeln können. Und es sind die Gottesdienste, die Messen mit ihren für die Leute vertrauten, in ihren sprachlichen Inszenierungen allerdings weitgehend unverständlichen Liturgien, halt: Hokuspokus.

Bis zur Zeit von Reformation und Gegenreformation gibt es einen intensiven Austausch zwischen Hoch- und Volkskultur. Die Feste der Volkskultur wie der Karneval waren auch die der oberen Stände. Narren sind als Protagonisten der Volkskultur an den Höfen ebenso beliebt wie in den Schänken, und oft treten an beiden Stätten die gleichen Narren auf. Zumindest in den Städten nehmen Arme und Reiche, Adel und gemeines Volk an den gleichen Gottesdiensten teil und hören die gleiche Predigt. Die Angehörigen der ländlichen und städtischen Unterschichten haben Messen besucht, sie haben die Bauwerke, Bilder und Skulpturen als Manifestationen der gebildeten Kultur gesehen und auf ihre Weise interpretiert, haben, wenn sie dazu in der Lage waren, auch einige Bücher oder eigens für sie produzierte Traktatheftchen gelesen.

Wir finden Hinweise darauf, dass Angehörige der Volkskultur die Liturgien und Theologien, die sie auf diese Weise mitbekommen haben, auf verändernde Weise »gelesen«, also in die Selbstverständlichkeiten ihrer

Lebenswelt verändernd übersetzt haben. Nehmen wir ein schönes Beispiel, das der italienische Historiker Carlo Ginzburg untersucht hat. Gegen Ende des 16. Jahrhunderts gerät der Müller Domenico Scanderello, genannt Menocchio, aus Montereale, einem Bergdorf in der italienischen Landschaft Friaul, in die Mühlen der Inquisition, wird mehrere Male angeklagt, gefoltert und zum Schluss hingerichtet.[17]

Der Müller wurde von Mitbewohnern aus seinem Dorf angezeigt. Er hat Meinungen vertreten, die, wie er behauptet, aus seinem »subtilen Hirn« entstanden sind. Menocchio ist als Müller Angehöriger der dörflichen Unterschicht, gleichwohl relativ wohlhabend. Und – dies wird ihm zum Verhängnis – seine Mühle ist Ort der Öffentlichkeit und der Kommunikation im Dorf. Hier vertritt Menocchio seine Meinungen.

Carlo Ginzburg interpretiert die Inquisitionsprotokolle aus dem Prozess gegen Domenico Scandarello. Ihm geht es um die Frage: Lässt sich der Weg rekonstruieren, auf dem Menocchio zu seinen Anschauungen gekommen ist? Ginzburg zeigt, dass Menocchio die Messe besucht, außerdem einige Bücher aus der Hochkultur kennt – er kann lesen und schreiben. Er interpretiert allerdings die gottesdienstliche Liturgie, die Predigt, ebenso die Bücher auf eine »skrupellose Art«. Ginzburg ist an dem geheimen Raster interessiert, das die Interpretation des Müllers, großenteils unbewusst, strukturiert. »Wichtiger als der Text erscheint … der Chiffreschlüssel beim Lesen, das Raster, das Menocchio unbewusst zwischen sich und den gedruckten Text legte: ein Raster, das gewisse Abschnitte beleuchtete, während es andere verdeckte …, ein Raster, das auch die Erinnerung formte, bis hin zur Verzerrung des Wortlautes des Textes. Und dieses Raster, dieser Chiffreschlüssel, verweist stets auf eine Kultur, die sich von der unterscheidet, die auf den Seiten der Bücher zum Ausdruck kommt – eine *mündliche Kultur.*«[18] Ginzburg hält die Ansichten und die Interpretationsweise des Müllers Menocchio keinesfalls für singulär, sondern für ein Indiz einer alten, gesamteuropäisch wirksamen mündlichen Unterschichtskultur, und zwar einer vornehmlich dörflich-bäuerlichen Unterschichtskultur. Welches sind nun die Ansichten Menocchios, welches die Strukturen, die das Interpretationsraster seiner Lektüre kennzeichnen?

---

17 Vgl. zum Folgenden: *Carlo Ginzburg,* Der Käse und die Würmer. Die Welt eines Müllers um 1600, Frankfurt a. M. 1979.

18 Ebd. 62.

Menocchio beschränkt Religion auf sittliches Handeln: Nächstenliebe ist wichtiger als Gottesliebe, Handeln im Alltag wichtiger als Teilnahme am Gottesdienst, erst recht wichtiger als die Ordnung der gottesdienstlichen Liturgie (diese Position teilt Menocchio übrigens mit nahezu allen häretischen Gruppen der vorausgegangenen Jahrhunderte). Beispielsweise erklärt Menocchio dem Inquisitor, dass Fluchen keine Sünde sei, »dieweil man nur sich selbst ein Übel antut und nicht dem Nächsten, so als wenn ich einen Reiserock hab, und ich will ihn zerreißen, tue ich nur mir selbst ein Übel an und nicht anderen, und ich glaub, dass wer dem Nächsten kein Übel antut, keine Sünde tut.«

Menocchio vertritt eine im Prinzip materialistische Kosmogonie, die ohne die Vorstellung eines Schöpfergottes und ohne eine klare Trennung zwischen Schöpfer und Geschöpf auskommt. Beispielsweise sagt Menocchio: »Ich habe gesagt, dass was meine Gedanken und meinen Glauben anlanget, alles ein Chaos war, nämlich Erd', Luft, Wasser und Feuer durcheinander. Und jener Wirbel wurde also eine Masse, gerade wie man den Käs in der Milch macht, und darinnen wurden Würm', und das waren die Engel. Und die allerheiligste Majestät wollte, dass das Gott und die Engel wären. Und unter dieser Zahl von Engeln, da war auch Gott, und der wurde zur selbigen Zeit erschaffen aus jener Masse, und er ward zum Herrn gemacht … Und dieser Gott machte dann Adam und Eva und das Volk in großer Meng, auf dass sie jene Sitze der ausgetriebenen Engel einnehmen sollten. Dieser Meng schickte er, dieweil sie Gottes Gebot nicht hielten, seinen Sohn, den die Juden ergriffen, und er wurde gekreuzigt.«[19]

Ebenso wie Menocchio den Schöpfungsakt bestreitet, so hat auch die Vorstellung von einem Endgericht in seinem Weltbild keinen Platz. Er leugnet die Göttlichkeit Jesu Christi: Jesus war allein ein Mensch, kein Gott. Entsprechend den Strukturen seiner Erfahrungswelt stellt Menocchio sich Gott als einen Gutsherrn vor, als einen gütigen Vater, dem seine Kinder als tendenziell Gleiche gegenüberstehen. Sein Geschichtsbild ist patriarchalisch, sein Gesellschaftsbild egalitär. Aus diesen Vorstellungen speist sich die Herrschaftskritik Menocchios. Er greift vornehmlich die kirchliche, weniger die weltliche Obrigkeit an. Beispielsweise meint er: Die Obrigkeit unterdrückt die Armen; Sakramente und Gottesdienste sind Kaufmannsware, von den Priestern zum Zweck der eigenen Bereicherung erfunden. Das Gesellschaftsbild Menocchios ist rein diesseitig,

19 Zit. nach: *C. Ginzburg*, Der Käse und die Würmer (Anm. 17), 86.

eine gute Gesellschaft wird vorgestellt als ein von Menschen herstellbarer egalitärer Zustand: »Eine neue Weise zu leben«.

3 Dies ist kein Gebet

In den Milieuuntersuchungen mit Blick auf kirchliche Verbundenheit gilt als eigentlich problematischer Milieutyp der Typ 3, bezeichnet als die »Mobilen«, jugendkulturell-modernen Menschen mit einem Altersdurchschnitt von 29 Jahren. Als Charakteristika dieses Milieus gelten: Unabhängigkeit, Lebensgenuss, Attraktivität, mit Freizeitinteressen wie Aktivsport, Kino, Computer. Menschen, die diesem Milieutyp zugerechnet werden, sind kaum in Nachbarschaftskontakte eingebunden. Ihr Musikgeschmack tendiert zur Rock- und Popmusik.

Mit Blick auf Kirchenverbundenheit gilt Typ 1 (die hochkulturell-traditionsorientierten Menschen) als der am stärksten kirchenverbundene, Typ 3 als der am schwächsten kirchenverbundene Lebensstiltypus. Die Neigung zum Kirchenaustritt liegt bei Mitgliedern des hochkulturell-traditionsorientierten Lebensstiltypus (Milieutyp1) bei unter 2%, bei Mitgliedern des jugendkulturell-modernen Typs (Milieutyp 3) bei nahe 5%. Damit repräsentieren die Jugendkulturell-Modernen mehr als die Hälfte der austrittsbereiten Kirchenmitglieder im Ganzen. Zentrale Arbeitsfelder der Kirche, z.B. Verkündigung, Lebensbegleitung durch Kasualien und Seelsorge sowie diakonische Arbeit, finden ähnlich unterschiedliche Bewertungen, ähnlich auch mit Blick auf die Wichtigkeit des Gottesdienstes und die Akzeptanz der Sprache der Liturgie: Ihre Wertschätzung liegt bei Angehörigen dieses Milieu-Typs von mobilen, jugendkulturell orientierten Menschen charakteristisch niedrig.

Ein Feld, in dem sich Lebensgefühle von unterschiedlichen Milieus voneinander unterscheiden lassen, ist der Zugang zu unterschiedlichen Stilen populärer Kultur. Mittlerweile gibt es praktisch-theologische Untersuchungen in beachtlicher Vielfalt und Differenziertheit zum Zusammenhang von populärer Kultur und Religion in der gegenwärtigen Moderne. Die deutschsprachige praktische Theologie ist hier intensiv beteiligt, bis hin zu Resonanzen in Homiletik und Liturgik (man denke an Stichworte wie »dramaturgische«, »performative« Homiletik/Liturgik[20]

---

20 Hier hat es seit *Michael Meyer-Blanck*, Inszenierung des Evangeliums. Ein kurzer

oder die Wahrnehmung von Resonanzen zwischen populärkulturellen bzw. zivilreligiösen Ritualen und der Liturgie des Gottesdienstes[21]). »Populäre Kultur« ist für die Wahrnehmung von Milieus relevant, insofern sich Lebensstile gerade auch in Hinblick auf Vorlieben und umgekehrt in ihrer jeweils eigentümlichen Abwehr gegenüber populärkulturellen Werken, Events und Inszenierungen ausprägen, und zugleich sind populärkulturelle Werke wichtig für die Gestaltfindung von religiösen Symbolen in der zeitgenössischen Moderne.

Nehmen wir die populäre Musikkultur als ein Beispiel: Die traditionell-gesellig-bodenständig orientierten Menschen aus dem Milieutyp 2 werden sich vermutlich eher Hansi Hinterseer anhören, die jugendkulturell-modernen »Mobilen« eher die Hip-Hop-Band »Fettes Brot« (Milieutyp 3), die in der Altersgruppe etwa doppelt so alten hochkulturell-modernen »Kritischen« (Milieutyp 4) eher Herbert Grönemeyer oder, wenn es hochkommt, Herbie Hancock. Die do-it-yourself-geprägten modernen »Geselligen« mit dem Altersschnitt Anfang 40 (Milieutyp 5) werden »Hölle, Hölle, Hölle« mitgrölen, wenn die Ruhrgebietsröhre Wolfgang Petri beim Schützenfest oder einer Grillparty aufgelegt wird, die traditionsorientierten zurückgezogenen »Unauffälligen« (Milieutyp 6) vielleicht Peter Alexander oder Caterina Valente, und die hochkulturell-traditionsorientierten »Hochkulturellen« (Milieutyp 1) werden dem Populärkulturellen ohnehin eher abhold sein und sich, wenn nicht Bach, Mozart, Brahms oder Schönberg, so doch wenigstens Dizzie Gillespie hingeben. Dies alles unter der Voraussetzung, dass die Milieuanalytiker so ungefähr richtig liegen – und diese milieuspezifischen Eigentümlichkeiten zeigen sich entsprechend in Vorlieben, Abwehr oder Desinteresse gegenüber gottesdienstlicher Musik von gregorianischen Liturgiestücken über barocke Gesangbuchlieder bis hin zu Taizégesängen oder populärkulturellen Adaptionen wie Neil Diamonds »Morning has broken«.

Gang durch den Sonntagsgottesdienst nach der Erneuerten Agende, Göttingen 1997, eine intensive Debatte in Homiletik und Liturgik gegeben, vgl. z. B. *Martin Nicol*, Einander ins Bild setzen. Dramaturgische Homiletik, Göttingen 2002; *Klaus Eulenberger / Lutz Friedrichs / Ulrike Wagner-Rau* (Hrsg.), Gott ins Spiel bringen. Handbuch zum Neuen Evangelischen Pastorale, hrsg. im Auftrag der Liturgischen Konferenz, Gütersloh 2007, 174 ff.; *Thomas Klie*, Liturgisches Lernen zwischen Aufmerksamkeit und Performance, in: Bibel und Liturgie 84. Jg., 1/2011, 38–42.

21 Vgl. *Peter Cornehl*, »Die Welt ist voll von Liturgie«. Studien zu einer integrativen Gottesdienstpraxis, Stuttgart u. a. 2005.

Mich interessiert an dieser Stelle der aus Sicht kirchlicher Mitgliedschaftsstudien besonders kritische Milieutyp der jugendkulturell-mobilen »Modernen«. Interessanterweise beschäftigt sich ein großer Teil der Untersuchungen zum Zusammenhang von Religion und popularerer Musikkultur ausgerechnet mit den musikalischen Helden dieses Milieus (z. B. Arbeiten von Bernd Schwarze u. a. zu Sting[22]; von Gotthard Fermor zu den Doors[23], von Matthias Lemme zu Xavier Naidoo und der Mannheimer Glashaus-Community[24]). Einige von diesen Helden sind mittlerweile genauso in die Jahre gekommen wie die Angehörigen des seinerzeitigen Milieutyps 3 mittlerweile dem Milieutyp 4 (also den hochkulturell-modernen »Kritischen«) oder, auch das kommt vor, dem hochkulturell-traditionsorientierten Milieutyp 1 zuzurechnen sein werden.

Ich will diese Untersuchungen nicht referieren, sie sind in unseren praktisch-theologischen Diskussionszusammenhängen gut rezipiert. Ich will mich stattdessen mit dem Hip-Hop-Performer Sido beschäftigen, einem exemplarischen Vertreter eines populärkulturellen Musikstils, der als Person genauso wie als Repräsentant des Hip-Hop für einen Musikstil steht, der trotz gut 20-jähriger Lebendigkeit immer noch nicht vollständig vom Musikbusiness aufgesogen wurde. Mich interessiert, wie in einem exemplarischen Song von Sido musikalische, atmosphärische und symbolische Dimensionen der gottesdienstlichen Liturgie wirksam werden – allerdings, und auf diese Spur hat mich der Müller Menocchio aus Friaul gebracht, auf eine Weise rezipiert werden, dass sie gegenüber ihrer Vorlage verändert und verändernd an den Tag gebracht werden.

Mein Gewährsmann für Hip-Hop ist Mathias Radtke, der im Jahr 2011 eine eindrückliche Examensarbeit geschrieben hat: »Religion in der populären Musikkultur. Dargestellt am Gegenstand des Hip-Hop«[25]. Mathias Radtke schildert den Lebenszusammenhang, in dem diese Musik lebendig ist: »Hip-Hop ist mehr als eine Musik, er ist eine eigene Kultur. Durch die

22 Vgl. *Bernd Schwarze*, Die Religion der Rock- und Popmusik. Analysen und Interpretationen, Stuttgart 1997.

23 Vgl. *Gotthard Fermor*, Ekstasis. Das religiöse Erbe in der Popmusik als Herausforderung an die Kirche, Stuttgart 2008.

24 Vgl. *Matthias Lemme*, Die neuen Psalmensänger. Religiosität in deutschsprachiger Popmusik (= Populäre Kultur und Theologie, Bd. 3), Jena 2009.

25 *Mathias Radtke*, Religion in der populären Musikkultur. Dargestellt am Gegenstand des Hip-Hop (Examensarbeit Fachbereich Evangelische Theologie), Universität Hamburg 2011.

enorme Außenwirkung der Rapper[26] in den Medien wird in der öffentlichen Wahrnehmung Rap – eigentlich eins von vier Elementen des Hip-Hop, neben DJing[27], Writing[28] und Breakdance[29] – mit Hip-Hop gleichgesetzt. Rap, der Sprechgesang, ist das jüngste Element der Hip-Hop Kultur, die ihren Ursprung in den frühen 70er Jahren des zwanzigsten Jahrhunderts in New York hat. Am Anfang standen die Blockparties, selbst organisierte Parties in Parks, in Hinterhöfen und verlassenen Hallen. Diese wurden aus der Not heraus, dass die schwarzen Jugendlichen aus den Armenvierteln nicht in die normalen Discos kamen, geboren … Anfänglich bestand kein musikalischer Unterschied zwischen Hip-Hop und Disco[30], bis DJ Kool Herc feststellte, dass das Publikum am meisten mitging, wenn Breaks[31] gespielt wurden. So entwickelte er die Technik, die Breaks künstlich zu verlängern, indem er sie abwechselnd von zwei Plattenspielern abspielte. Zu dieser ›neuen Musik‹, die fast ausschließlich aus den Breaks von Disco, Funk und Soul bestand, fanden sich auch bald die ersten Tänzer, die ihr besonderes Können unter Beweis stellten …« Die DJs holten nach und nach »Leute zu sich auf die Bühne, die mit lockeren Sprüchen und Reimen die Leute zum Tanzen animierten, um so von den Tricks abzulenken. Dies war die Geburtsstunde der MCs. Aus den einfachen und kurzen Anfeuerungen des Publikums wurden mit der Zeit immer längere Texte, die entweder von einfachen alltäglichen Dingen handelten, die soziale Missstände anprangerten, und der DJ rückte dabei in den Hintergrund.

Parallel zu dieser musikalischen Entwicklung existierte noch eine soziale und politische Entwicklung im Hip-Hop. Hip-Hop wurde zur Ausdrucksform der Jugendlichen und bot ihnen einen Weg aus der Gewalt und der Perspektivlosigkeit. Einerseits hatten sie eine Freizeitbeschäftigung der sie nachgehen konnten, ohne Geld ausgeben zu müssen …

Andererseits hatten die Jugendlichen einen Weg, ihre Konflikte ohne

26 Rap: Sprechgesang der MCs; MC: Master of Ceremonies.

27 DJ: Kurzform von Diskjockey. DJing: Plattenauflegen, das sich bis heute zum Turntablism weiterentwickelt. Beim Turntablism wird der Plattenspieler als Musikinstrument genutzt.

28 Writing: Anfertigen von Graffiti.

29 Breakdance: ursprünglich Tanz auf der Straße, heute oft mit einem hohen Grad an Akrobatik verbunden.

30 Disco: hier als Stilrichtung der Popmusik verstanden.

31 Stücke aus Songs, wenn der Beat nur von Schlagzeug und Bass gespielt wird.

Gewalt auszutragen, indem sie sich zu Battles trafen. In Battles gewann der bessere, kreativere und innovativere MC, Tänzer oder DJ, so dass sich die Szene stetig weiter entwickelte und immer neue Stile oder Techniken kreiert wurden. Dieser Grundgedanke des Wettkampfs und der Weiterentwicklung hält bis heute an und birgt den Ansporn, dass sich die Szene und die einzelnen Künstler stetig weiterentwickeln.«

Rapper Sido hat sich in der deutschen Hip-Hop-Kultur über lange Zeit als ziemlich schlimmer Finger inszeniert. Mathias Radtke schreibt zu seiner Person im Kontext der Entwicklung der Hip-Hop-Kultur in Deutschland: »In der Zeit von 1999 bis 2002 vollzog sich im deutschen Hip-Hop eine Wende. Nach dem großen Boom im Hip-Hop kam die Ernüchterung. Die großen Vertreter im deutschen Hip-Hop, die bei den Majorlabels in den Hochburgen Hamburg und Stuttgart unter Vertrag standen, verkauften weniger Platten …[32]

In dieser Zeit erlangt auch Paul Würdig, unter dem Künstlernamen ›Sido‹[33] … eine gewisse Öffentlichkeit. Paul Würdig wurde 1980 in Ostberlin geboren und wuchs in Prenzlauer Berg auf, bis er 1988 nach West-Berlin ausreiste. Über einen Umweg über Lübeck zog die Familie dann in den sozialen Brennpunkt Märkisches Viertel. Nach abgebrochener Schule und abgebrochener Ausbildung zum Erzieher landet er schließlich bei der Musik.

Sido bediente die Nachfrage nach Liedern mit Gewalt verherrlichenden, Frauen verachtenden Texten. Er und sein musikalischer Partner Robert Edward Davis (B-Tight) werden als Drogendealer, Vergewaltiger und Ghetto-Rap-Gangster vorgestellt[34]. Mit seinem Wechsel zu dem Berliner Label Aggro Berlin wird Sido regelrecht zur Marke. Der Mann mit der Maske, halb Mikrophon, halb Totenkopf, aus dem Märkischen Viertel ist bald auch außerhalb der Szene kein Unbekannter mehr.« Nach mehreren Alben in diesem Stil veröffentlicht Sido sein vorerst letztes Soloalbum »Aggro Berlin«. Hier findet sich auch der Song »Danke«.

Das hier ist Dein Song.
Ja, ich weiß ich hab oft gesagt, ich glaub nicht, –
doch jeder Mensch braucht Dich. Ja, auch ich.

---

32 Vgl. *Sascha Verlan / Hannes Loh*, 25 Jahre Hip Hop in Deutschland, Innsbruck 2006, 20.

33 Kurz für: »Superintelligentes Drogenopfer«.

34 Vgl. Royal TS, Yippiekyo, Back in Dissness. Sekten Musik, Berlin 2000.

Es wird Zeit, dass wir beide mal miteinander reden.
Oder dass zumindest ich mal mit Dir rede.
Hör Dir an, was ich zu sagen hab:

Das letzte Mal, als ich gebetet hab, ist lange her.
Ich komm mir komisch vor.
Beim letzten Mal hab ich Dich angebettelt: Bitte hol mich fort!!!
Doch du hast Dich mir nicht gezeigt,
deshalb nahm ich mir Dich als Feind.
Es tut mir Leid – Verzeih mir.
Ich hab Dich ausgelacht, Dich kleingeredet und verachtet.
Ich war ständig auf 180. Du sagst: Na und, das macht nichts.
Doch ich muss Buße tun. Ich weiß, das geht nicht.
Nichts mehr gut genug. Alles wär' zu wenig.
Ich hoffe Du verstehst mich und das hier ist nicht vergeblich.
Ich hoff auch nicht wirklich auf'n weltbewegendes Ergebnis.
Kein grelles Licht, kein Zeichen. Ich will mich nur nicht mehr streiten.
Vergiss die alte Zeit, wenn diese Zeilen dich erreichen.
Amen.

[Refrain]

Das hier ist kein Gebet, ich will nur Danke sagen.
Dafür, dass du mir 'nen Engel schickst an manchen Tagen.
Dafür, dass Du mir das Leben zeigst. Für Dein Vertrauen dank ich auch – Danke, dass du an mich glaubst.
Das ist kein Schlüssel zum Himmel, ich will nur Danke sagen.
Dafür, dass du mir zeigst: Ich brauche keine Angst zu haben.
Dafür, dass du mir das Leben zeigst.

Bitte halt mir einen Platz frei in der Ewigkeit.

Danke für Deine Güte. Ich bin das gar nicht wert.
Warum werde ich und nicht Du wie ein Star verehrt?
Ich weiß: Da, wo ich bin, wär' ich nicht ohne Dich.
Mach dafür, was du willst mit mir – Schon' mich nicht.
Alles hat seinen Grund. Alles hat zwei Gesichter.
Alles passiert, weil es passieren soll. Ich mein guck mich an.
Ich war ganz unten. Ich war der letzte Scheiß.
Doch nur damit ich mein neues Leben zu schätzen weiß.
Ich hab mein Sohn wieder. Ich bin gesund – Mama auch.

Ich fühl mich wie in Mamas Bauch.
Schlecht gelaunt sieht anders aus.
So soll es bleiben.
Ich will mich nicht mehr mit dir streiten.
Ich bin ein neuer Mensch, wenn diese Zeilen Dich erreichen.
Amen.

[Refrain]

Wenn es Probleme gibt tauchst Du auf und hältst die Hand an.
Danke, für Deine Hilfe. Doch jetzt geh und helf den ander'n.
Ich fahr alleine weiter. Wenn' s sein muss lauf ich.
Ich schaff das schon. Hau ab – Los. Die Welt braucht Dich.
(Hau ab.)
Denn für viel zu viele Menschen hält der Winter ewig.
Der nette Nachbarssohn hält sich 'n kleines Kind im Käfig.
Im nahen Osten nix Neues. Im Westen auch nich' besser.
Vater missbraucht die Schwester, Bruder geht und klaut ein Messer.
Überall nur Hass, Hunger und Langeweile.
Mama steht für die Familie die ganze Nacht an der Meile.
Du musst handeln – Tu' was dagegen.
Rette ihr Leben. Gib ihnen Deinen Segen.
Guck doch nicht einfach zu. Nimm's in die Hand, so wie bei mir.
Du musst die Zügel halten, das erwarten sie von Dir.
Ich kann sie laut hör'n. Sie woll'n sich mit Dir streiten.
Kümmer' Dich um sie, damit auch ihre Zeilen Dich erreichen.

[Refrain 3 x]

Mathias Radtke weist in seiner Interpretation dieses Songs darauf hin, dass Sido mit seinen beiden vorherigen Platten viel Geld gemacht hat und sozial relativ gesichert ist. Darauf wird in diesem Song »Danke« auch immer wieder angespielt. In der musikalischen Atmosphäre nimmt der Song deutlich Elemente aus der gottesdienstlichen Liturgie auf: Das Intro beginnt mit einem Glockenschlag, im Hintergrund ist ein synthetischer Chor zu hören. Bei einem der folgenden Glockenschläge setzt ein Chorensemble mit deutlicher Anmutung an gregorianische Mönchsgesänge ein, irgendwann auch eine Solo-Geigenstimme.

Inhaltlich ist der Song ein Gebet, in der Zeitordnung Vergangenheit-Gegenwart-Zukunft aufgebaut. Mit Blick auf seine Vergangenheit artikuliert der Sänger Reue und will Buße tun. Die zweite Strophe ist ein Dankgebet für seine gegenüber früheren Lebensphasen glücklichere Gegenwart. In der letzten Strophe drängt er Gott in intensiven sprachlichen Bildern, sich genauso für Menschen einzusetzen, die durch ihre soziale Situation oder auf dem Hintergrund von – teilweise sexuellen – Gewalterfahrungen im Elend leben müssen. Der Text ist voll von Symbolen aus der jüdisch-christlichen Religionstradition: Engel, Himmel, Licht, Buße usw., die Sido teilweise positiv für sich aufnimmt – dies gilt insbesondere für die Engel-Vorstellung –, mit denen er teilweise aber auch seine Distanz artikuliert (»grelles Licht«).

Durchgehend charakteristisch ist, dass Gott als direktes Gegenüber, als Du angesprochen wird, in Alltagssprache, die gesättigt ist mit alltäglichen Erfahrungen von Bedrohung und Elend, aber auch – in religiöser Terminologie – von Rettung und Heil (»Ich hab mein Sohn wieder. Ich bin gesund – Mama auch. Ich fühl mich wie in Mamas Bauch. Schlecht gelaunt sieht anders aus«).

Insgesamt ist dies ein intensives Gebet, eine dichte, die eigene Existenz im Tiefsten einbeziehende intime Zwiesprache mit Gott – immer wieder unterbrochen durch die selbstreflexive Formel: Das ist *kein* Gebet, ich will nur Danke sagen.

Ich finde dies bedeutungsvoll für die Interpretation. Hier zeigt sich eine Distanz zu ausdrücklich religiösen Formen von Interaktion auch und gerade im hier und jetzt lebendigen Vollzug der religiösen Sprechhandlung eines Gebets und seiner musikalisch ebenso wie sprachlich intensiven Inszenierung. Ich bin mir der Gefahr der Überinterpretation auf dieser schmalen Interpretationsgrundlage bewusst und möchte dennoch eine Idee für eine Spurensuche zum Besten geben. Die kirchlich interessierten Milieutheoretiker und -theoretikerinnen würden den Rapper Sido mit großer Wahrscheinlichkeit dem Milieutyp 3 der jugendkulturell-modernen »Mobilen« zuordnen. Ich hatte schon als Kritik geäußert, dass die Milieutheoretiker und -theoretikerinnen die soziale Frage und insbesondere die Armutsproblematik – Armut vor allem verstanden unter der Perspektive des Ausschlusses aus gesellschaftlichen und kulturellen Partizipationsmöglichkeiten – bisweilen zu wenig im Blick haben. Dies gilt mehr oder weniger stark für alle Milieutypen, vor allem aber auch für den Milieutyp 3, beispielsweise darin, dass die Armen (und auch die armen Jugendkulturellen) von den Chancen der Individualisierung und vor allem von Chancen sozialer und räumlicher Mobilität weitgehend ausgeschlossen sind.

Und jetzt zu meiner Überlegung für eine Spurensuche. Der Rapper Sido hat die sozialen Probleme offenkundig im Blick. Er redet auf dem Hintergrund von Ausgrenzungs- und Gewalterfahrungen, er dankt für seinen gesellschaftlichen Aufstieg. Er ist einer, der das geschafft hat, was Hartz IV-Empfänger, afrikanische Flüchtlinge, Menschen mit Migrationshintergrund aus Armutsgegenden der südlichen Weltgegenden in der Regel nicht schaffen, was aber ihr Hoffnungsbild ist. Sido singt ein Dankgebet in direkter alltagssprachlich orientierter Zwiesprache mit Gott, er inszeniert den Song im Sound gottesdienstlicher Liturgie, und er wehrt zugleich ab, dass es sich dabei um ein Gebet handelt.

Ich sehe in aller Vorsicht eine Resonanz über die Jahrhunderte weg auf die Überlegungen des ketzerischen Müllers Menocchio zur Weltentstehung. Sie nehmen in alltagssprachlicher und auf alltägliche Lebenswelten orientierter Weise religiöse Symboltraditionen auf, rechnen mit Gott und Engeln und allem Möglichen aus dem Bestand der überkommenen Symboltradition. Und doch verlesen sie diese zugleich, verändern sie nämlich in der Lektüre, in Richtung einer Weltauffassung, die sich spröde und abwehrend verhält gegenüber dogmatischen Richtigkeiten und religiöser Formensprache. Hier wie dort werden alltägliche Lebenswelten in alltäglicher Sprache artikuliert, vor allem Erfahrungen von Armut, Ausgrenzung und Gewalt, und die Hoffnung, da herauszukommen. Hier wie dort wird mit Gott gerechnet, aber wie mit einem Freund, einem Gegenüber aus der Alltagswelt, der einen enttäuschen kann, dem man etwas vorwerfen und klagen, ihn aber auch um etwas bitten und ihm für etwas danken kann, auch und gerade für das, was das Leben zum Leben macht.

4 Die Leute als Subjekte ihres Lebens wahrnehmen

Ich gebe, wie gesagt, die Gefahr der Überinterpretation zu und möchte meine Idee als Interpretationsspur dennoch ernst nehmen. Ein naheliegender Weg, sie zu überprüfen, wäre jetzt eine empirische Untersuchung. Wir haben in der Praktischen Theologie der vergangenen Jahre eine starke Orientierung in diese Richtung.[35] Es gibt viel daraus zu lernen, vor allem,

35 Vgl. die instruktive Einführung in: *Astrid Dinter / Hans-Günter Heimbrock / Kerstin Söderblom* (Hrsg.), Einführung in die empirische Theologie. Gelebte Religion erforschen, Göttingen 2007.

seitdem narrative Interviews und qualitative Untersuchungen im Mittelpunkt stehen. Ich habe aber Bedenken, dass sie für die Orientierung der praktisch-theologischen Reflexion und für die kirchliche, in diesem Fall für die gottesdienstliche Arbeit der Kirche wirklich der Königsweg sind.

Ich lese zum Beispiel die sehr schöne und gründliche Untersuchung »Gottesdienst erleben« meiner Kieler Kollegin Uta Pohl-Patalong[36], die den Forschungsstand der empirisch orientierten Praktischen Theologie ausgezeichnet zusammenfasst und die Kategorie des »Erlebens« der Menschen gegenüber den Formen und Inhalten gottesdienstlicher Liturgie mit dem Ziel in den Mittelpunkt der Untersuchung stellt, dass die Leute stärker als Subjekte ihres Erlebens, Lebens und Glaubens, aber auch als Subjekte der Inszenierung und Gestaltung von Gottesdiensten in den Blick kommen können.[37] Für den in dieser Untersuchung geleisteten theoretischen und praktischen Aufwand bleiben die Ergebnisse gerade mit Blick auf das Erleben der gottesdienstlichen Liturgie jedoch eher schmal.[38] Ich gebe einige Beispiele. So schätzt die 80-jährige Gertrud (hochkultureller Lebensstil, Milieutyp 1) die traditionelle agendarische Form und hat eher Schwierigkeiten mit neuen Gottesdienstformen, ebenso wie auch der 65-jährige Manfred (bodenständiger Lebensstil, Milieutyp 2), der sich die »gute alte Kirche« wünscht und, dass man, wenn überhaupt, Neuerungen langsam und mit Rücksicht auf alte Leute einführt. Der 64-jährige Friedrich, als ehemaliger Banker dem hochkulturellen Milieutyp 1 zugehörig, hat selber mit einer Gruppe an alternativen Gottesdienstformen gearbeitet und sein Herzblut da reingehängt, während die 65-jährige Hannelore (bodenständiger Lebensstil, Milieutyp 2) mit der klassischen agendarischen Form kein Problem hat, aber gerne zu besonderen Gottesdiensten geht, wie Frauen- Tanz- oder Tanzaniagottesdiensten, ohne eine klare Alternative zum agendarischen Gottesdienst zu sehen. Ganz ähnlich äußert sich die 25-jährige Lena (jugendkultureller Lebensstil, Milieutyp 3), die die Chance sieht, mit alternativen Gottesdiensten andere Menschen als bisher für den Gottesdienst zu engagieren.

Usw. usw. All dies ist keine Karikatur, provoziert aber mindestens diese Fragen: Was lernen wir daraus für die Weise, wie wir als Leitende von evangelischen Gottesdiensten Gottesdienste gestalten? Kommen die

---

36 *Uta Pohl-Patalong,* Gottesdienst erleben. Empirische Einsichten zum evangelischen Gottesdienst, Stuttgart 2011.

37 Ebd. 7.

38 Vgl. zum Folgenden ebd. 107 ff.

befragten Menschen wirklich als Subjekte gegenüber den Gottesdiensten vor, wenn sie sich in dieser Weise zu ihrem Erleben äußern?

Die hier erfragte Alternative von traditionell agendarischen und Gottesdiensten in neuer Form wird im Fortgang der Untersuchung differenziert (mit Blick auf das Erleben von musikalischer Gestaltung, Bibeltexten, Predigt, Gebeten, Stillephasen, Abendmahl usw.). Dennoch möchte ich am Beispiel dieser Untersuchung dafür plädieren, die Wichtigkeit solcher empirischen Untersuchungen für die Arbeit der Praktischen Theologie und der gottesdienstlichen Arbeit der Kolleginnen und Kollegen vor Ort nicht zu hoch anzusehen, auch nicht als Möglichkeiten, dass die Befragten als Subjekte ins Spiel kommen.

Empirische Untersuchungen haben dann einen guten und unaufgebbaren Sinn, wenn sie als notwendiger zweiter Blick des möglichen und notwendigen Kontakts mit Alltagsrealität und ihrem Erleben für die Gestaltung der gottesdienstlichen (vor allem liturgischen und homiletischen) Arbeit in den Blick kommen, die neben dieser empirischen Realitätskontrolle ihre theologische, ritual- und symboltheoretische, sozialwissenschaftliche, psychologische usw. Begründung und reflektierte Gestaltung unbedingt weiterhin braucht: eben all dies, was wir gelernt und getan haben, ehe der Hype der »empirischen« praktischen Theologie begonnen hat. Eine vorzügliche Verbindung beider Richtungen – der vielperspektivisch und vor allem theologisch inhaltlich begründeten und der empirischen Haltung in der Reflexion und Inszenierung von gottesdienstlichen Liturgien – sehe ich beispielsweise in einer weiteren kürzlich erschienenen Untersuchung, nämlich in der des Berner Kollegen Christoph Müller zu »Taufe als Lebensperspektive«.[39]

Ich denke, dass wir in der Gestaltung von gottesdienstlichen Liturgien die Leute in ihrem Subjektsein dann ernst nehmen, wenn wir in unseren Gottesdienstangeboten vor allem eins sind: deutlich; wenn wir selbst uns als Gottesdienstleitende und Predigende in die über Jahrhunderte lebendige Sprache der Verschiedenen in biblischen Texten, Liedern, Gebeten einleben und einüben und sie so in den von uns gestalteten Gottesdiensten hier und jetzt mit unserem Lebendigsein füllen und ebenso uns von ihnen füllen lassen; wenn wir mit der alltäglichen Lebensrealität der Leute in ihrer Milieuzugehörigkeit und vor allem ihren sozial bedingten

---

39 *Christoph Müller*, Taufe als Lebensperspektive. Empirisch-theologische Erkundungen eines Schlüsselrituals, Stuttgart 2010.

Lebenschancen und Ausgrenzungen wertschätzend und zugleich parteilich auf Seiten der Armen umgehen, und vor allem auch zugleich und mit gleicher Intensität mit der milieubildenden Kraft des Evangeliums selber rechnen.

Und wir nehmen die Leute vor allem dann und darin ernst, wenn wir sie nicht nur in ihrem Erleben befragen, sondern immer damit rechnen, dass sie mit dem ganzen Reichtum des Lebens, das ihnen begegnet, und darin auch unseren Gottesdiensten selbsttätig und darin verändernd, für ihr Lebens bedeutsam umgehen – nicht mehr mit den Lebensrisiken eines Müllers Menocchio vor einem halben Jahrtausend, nicht immer mit der musikalischen und sprachlichen Kompetenz eines Rappers wie Sido, aber immer so, dass sie – und nicht wir – es sind, die der Sprache ihres Lebens Gestalt geben.

Eucharistia und promissio!?

Die Sprechakte in der evangelischen Abendmahlsliturgie mit einem Seitenblick in die Ökumene

Jochen Arnold

Hinführung

Unsere Themenstellung zielt auf eine zentrale »Sequenz« des Gottesdienstes, die Feier des Heiligen Abendmahls. Sie impliziert zwei nicht unbedingt allgemein verständliche Hypothesen, die im Folgenden kurz zu entfalten sind.

a) Wir setzen zunächst voraus, dass die (evangelische) Abendmahlsfeier überhaupt aus *verschiedenen Sprechakten oder Sprachhandlungen* besteht oder bestehen könnte, also nicht automatisch einfach nur »Liturgie« ist.
b) Außerdem gehen wir davon aus, dass mit den beiden theologischen Kategorien *Zuspruch* und *Danksagung*, lateinisch *promissio* und *eucharistia*, eine zutreffende Beschreibung solcher Sprechakte oder Sprachhandlungen möglich sei.

Was ein »Sprechakt« überhaupt ist, wäre einer eigenen Beschäftigung würdig. Inwiefern dabei noch oder wieder an Wittgenstein bzw. an Austins oder Searles Sprechakttheorie anzuknüpfen ist, ebenfalls.[1] Ich setze im Folgenden eine vereinfachte These Austins voraus, wonach es nicht nur Sprechakte oder Sprachhandlungen gibt, die Wirklichkeit *beschreiben*

---

1 Nach Austin lassen sich folgende Akte unterscheiden, die in einem alltäglichen Kommunikationsprozess simultan ablaufen: zunächst der *lokutionäre bzw. lokutive* Akt, d. h. die Handlung des ›Etwas-Sagens‹ (»saying something«), dann der *illokutionäre bzw. illokutive* Akt, d. h. der Vollzug einer konventionellen Sprechhandlung, wie beispielsweise einer Frage, Bitte, Warnung, Empfehlung, Drohung etc., zuletzt der *perlokutionäre bzw. perlokutive* Akt. Er meint auch das *Erzielen einer Wirkung*, wie beispielsweise das Überzeugen, Umstimmen, Verärgern, Verunsichern, Kränken, Trösten etc. (»doing something by saying something«).

oder *konstatieren*, wie z. B.: »Das Wetter ist heute schön«, und damit *Welt wahrnehmen*, sondern auch solche, die Wirklichkeit schaffen bzw. *Welt verändern*, wie etwa die programmatische Formel: »Die Olympischen Spiele sind hiermit eröffnet.«[2]

Unsere Behauptung lautet nun: Im Gottesdienst gibt es eine Fülle solcher Sprachhandlungen, die Wirklichkeit schaffen. Klassische Beispiele für solche performativen Sprachhandlungen sind die trinitarische Taufformel (und die damit verbundene Handlung), das *Ego te absolvo* bei der Absolution in der Beichte und – so wäre mit Luther zu behaupten – auch das, was bei der *Einsetzung des Heiligen Abendmahls an uns passiert*, wobei in diesem Fall auch – wie bei der Taufe – noch materiale Medien im Spiel sind.

Es geht im Folgenden also nicht nur um die Sprache der Liturgie, um ihre Begriffe und Bilder, sondern auch um ihre kommunikative Ausrichtung im Sinne von liturgischen Sprechakten, die eine bestimmte Sprech*richtung* haben, was sich liturgisch nicht zuletzt in der *Kommunikationssituation des Liturgen im Kirchenraum* abbildet. Um es gleich auf den Punkt zu bringen, geht es zentral um die Frage: Spreche ich die Einsetzungsworte als *Gebet zum Altar* hin oder als *Zusage zur Gemeinde*?

Da sich Form und Inhalt bekanntlich nicht trennen lassen, geht es im Folgenden allerdings auch um konkrete Inhalte, die Gegenstand des Sprechens bzw. Singens sind.

Vielleicht könnte man in Anlehnung an die Grammatik sagen: Es geht zum einen um die Syntax, besser: um die *Struktur liturgischer Kommunikation*, und zweitens um die *Semantik, also um die darin enthaltenen Botschaften, Bilder* usw.

Versuchen wir dieser Spur zunächst im Blick auf den ganzen Gottesdienst zu folgen, ehe wir uns der Abendmahlsliturgie im engeren Sinne zuwenden.

---

2 Austin hat sein Thema *How to do things with words* in einem (im Original französischen) Vortrag mit dem Titel ›Performative und konstatierende Äußerung‹ programmatisch zusammengefasst, vgl. *Rüdiger Bubner* (Hrsg. und Übers.), Sprache und Analysis. Texte zur englischen Philosophie der Gegenwart (KVR 275), Göttingen 1968, 140–153.

1 Katabatische und anabatische Sprechakte im Gottesdienst!?

In seiner berühmten Torgauer Kirchweihpredigt von 1544 wünscht sich Luther, dass in der neuen Kirche nichts anderes geschehe »denn dass unser lieber Herr selbst mit uns rede durch sein heiliges Wort, und wir wiederum mit ihm reden durch Gebet und Lobgesang«[3]. Damit ist der Gottesdienst als ein dialogisches Wort- und Klangereignis bestimmt, das eine Innen- und eine Außenseite hat:

Äußerlich betrachtet – gleichsam auf der wahrnehmend-konstatierenden Ebene – sollen im Gottesdienst Wort, Gebet und Lied zur Aufführung kommen.[4] Zugleich – und das ist das eigentlich »Steile« – behauptet Luther im Sinne seines performativen Gottesdienstverständnisses, dass wir es hier tatsächlich mit Gott selbst, dem Schöpfer des Himmels und der Erden, zu tun bekommen. Beim genauerem Hinsehen ist die berühmte Torgauer Formel »bipolar« aufzulösen: Gott redet nicht nur, er hört auch zu. Und dasselbe gilt für die hörende bzw. antwortende Gemeinde. Dieses Verständnis findet sich erfreulicherweise vielfach auch in der katholischen Liturgiewissenschaft, wie eine berühmte Formulierung der Liturgiekonstitution des 2. Vatikanum zeigt: »In Liturgia enim Deus ad populum suum loquitur. Christus adhuc evangelium annutiat. Populus vero Deo respondet tum cantibus tum oratione.«[5]

---

3 WA 49, 588, 15ff.

4 Vgl. ähnlich *Friedrich Schleiermacher*, Die praktische Theologie nach Grundsätzen der evangelischen Kirche im Zusammenhange dargestellt (hrsg. v. J. Frerichs), Berlin 1850, 70f.: »Es ist ein Hauptpunkt, daß die Thätigkeiten in solchen Vereinigungen mehr oder weniger aus Kunstelementen zusammengesetzt sind; es ist die Rede, der Gesang, und ähnliche Elemente«. Im Folgenden (vgl. ebd. 75) werden genau wie bei Luther drei Elemente des Gottesdienstes genannt: »religiöse Rede, Gesang und Gebet«. Auffällig ist bei beiden, dass der explizite Bezug auf die Sakramente fehlt. Schleiermacher unterscheidet im Gegensatz zu Luther allerdings zwischen den beiden Sprechrichtungen nicht.

5 *Liturgiekonstitution Sacrosanctum Concilium des Vatikanum II, SC 33,* zit. nach *Peter Hünermann / Helmut Hoping* (Hrsg., verb. erw. u. übers.), Enchiridion symbolorum definitionum et declarationum de rebus fidei et morum christianorum. Kompendium der Glaubensbekenntnisse und kirchlichen Lehrentscheidungen 37, Freiburg i. Br. / Basel / Rom / Wien 1991: DH (= Denzinger-Hünermann), 4033.

Doch was meint diese Formulierung wirklich? Was ist ihr *geistlich-theologischer* Glutkern? Was passiert, wenn Gott und Mensch im Gottesdienst (und im richtigen Leben!) zueinander kommen? Für Martin Luther manifestiert und konzentriert sich hier zunächst die zentrale Korrelation von göttlichem Versprechen (*verbum promissionis*) und menschlichem Glauben (*fides*). In seiner reformatorischen Hauptschrift *De captivitate babylonica ecclesiae praeludium* heißt es zum Sakrament des Abendmahls: »Neque enim deus (ut dixi) aliter cum hominibus unquam egit aut agit quam verbo promissionis. Rursus, nec nos cum deo unquam agere aliter possumus quam fide in verbum promissionis.«[6]

Mit anderen Worten: Wo Gott zum Menschen kommt, wo ihn seine Gnade erreicht, da bekommt der Mensch etwas geschenkt, ein Versprechen von Gott selbst! Ein anderer Weg ist schlechterdings nicht denkbar, dass Gott und Mensch zusammenkommen. Ähnlich äußert sich Luther im *Sermon vom Neuen Testament*: »Nun meine ich, [...] dass die Messe [sc. das Abendmahl] nichts Anderes sei, als ein Testament und Sakrament, darin sich Gott verspricht gegen uns und gibt Gnade und Barmherzigkeit.«[7]

Was folgt daraus? Denkt Luther, dass es im Abendmahl nur um die Zusage, nur um Verkündigung und Gabe geht, dass im Abendmahl Bitte, Lob und Dank eigentlich nichts zu suchen haben? Fast will es so scheinen. Allerdings heißt es im *Sermon von den guten Werken* (1520):

»Wenn nun dieser Glaube recht geht, so muss das Herz von dem Testament fröhlich werden, und in Gottes Liebe erwarmen und zerschmelzen. Da folgt dann Lob und Dank mit süßem Herzen, davon heißt die Mess auf griechisch Eucharistia, das ist Danksagung, dass wir Gott loben und danken für dies tröstliche, reiche, selige Testament, gleichwie der dankt, lobt und fröhlich ist, dem ein guter Freund tausend oder mehr Gulden geschenkt hat.«[8]

Hier klingt deutlich an, dass das Wort nicht leer zurückkommt, dass das menschliche Herz das, was es im Glauben empfangen hat, in Lob und Dank wieder Gott zurückgibt. Damit stünde – wie in allen Liturgien des

---

6 WA 6, 516, vgl. ebd. 514: »Ubi enim est verbum promittentis dei, ibi necessaria est fides acceptantis hominis, ut clarum sit, initium salutis nostrae esse fidem, quae pendeat in verbo promittentis dei.«

7 WA 6, 364. Vgl. dazu das, was Luther auch über die Predigt äußert: »Durch die Predigt kommt er [sc. Gott] herab, so kommen wir durch den Glauben hinauf.« (WA 12, 565, 20f.).

8 WA 6, 231.

Herrenmahls üblich – zumindest der Dank am Ende, das Abendmahl wäre demnach zumindest *auch* Eucharistie.

Im Zuge der Entstehung des Evangelischen Gottesdienstbuches der 1990er Jahre kam es, stets mit Bezug auf die eine oder andere Stelle bei Luther, zu einem neuerlichen Disput um diese Frage. Die eine (»orthodox gesinnte«) Seite um Dorothea Wendebourg, Reinhard Slenczka, Oswald Bayer u. a. betonte die *Selbstunterscheidung der feiernden Kirche von dem für sie und ihr gegenüber handelnden Gott* als für die Reformationskirchen unaufgebbar.[9] Oswald Bayer bezeichnete deshalb das Abendmahl scharf als »kategorische Gabe«.[10]

Etwas entfaltet meint dies: Gott, der Heilige Geist, eignet dem Menschen im Sakrament das in Christus erworbene Heil zu, das – von der Rechtfertigung des Sünders herkommend – primär in der Gabe der Sündenvergebung besteht. Damit ist das Abendmahl *soteriologisch* – Peter Brunner würde sagen: als »Heilsgeschehen«[11] – bestimmt. Wendebourg meinte gar 1997, »Lob und Dank« seien deshalb »keine spezifischen Elemente der Abendmahlsfeier«.[12]

Die ökumenisch gesinnte Gegenposition vertraten u. a. der Dogmatiker Ulrich Kühn und der inzwischen verstorbene Liturgiker Hans-Christoph Schmidt-Lauber.[13] Sie verstehen die ganze Abendmahlsliturgie als

---

9 Vgl. dazu etwa *Melanchthons* Apologie der CA 24, BSLK 354–356, mit der klassischen Unterscheidung von ›sacramentum‹ und ›sacrificium laudis‹.

10 *Oswald Bayer*, Theologie (= HST 1), Gütersloh 1994, 400.

11 Vgl. *Peter Brunner*, Zur Lehre vom Gottesdienst der im Namen Jesu versammelten Gemeinde, in: Karl Ferdinand Müller / Walter Blankenburg (Hrsg.), Leiturgia. Handbuch des evangelischen Gottesdienstes, Bd. I, Kassel 1954, 181ff.

12 *Dorothea Wendebourg*, Den falschen Weg Roms zu Ende gegangen?, in: ZThK 94 (1997), 437–467: 465. Allerdings wird diese Position 2002, *Dorothea Wendebourg*, Noch einmal »Den falschen Weg Roms zu Ende gegangen?«, in: ZThK 2002, 399–440: 406, etwas modifiziert.

13 *Ulrich Kühn*, Der eucharistische Charakter des Herrenmahls, in: PTh 88 (1999), 255–268, und *Hans-Christoph Schmidt-Lauber*, Die Eucharistie als Entfaltung der verba testamenti. Eine formgeschichtlich-systematische Einführung in die Probleme des lutherischen Gottesdienstes und seiner Liturgie, Kassel 1957 (= Schmidt-Lauber, verba) bzw. *Hans-Christoph Schmidt-Lauber*, Das Gottesdienstverständnis Martin Luthers im ökumenischen Kontext, in: ThLZ 114, 321–338, sowie als Entgegnung auf Wendebourg: *Hans-Christoph Schmidt-Lauber / Frieder Schulz*, Kerygmatisches wider eucharistisches Abendmahlsverständnis?, in: LG 99 (1999), 93–114 (= Schmidt-Lauber/Schulz).

eine große danksagende anamnetisch-doxologische Gebetsbewegung[14] und beriefen sich neben altkirchlichen Liturgien und ökumenischen Konsenspapieren auch auf den »mittleren« Martin Luther (1530), der an einer Stelle davon spricht, »zur Eucharistia zu gehen, zu dem ampt, da man Gott danckt und lobt jnn seinem Sacrament.«[15] Kühn meint gar, von einem »Sich-Zuwenden« Gottes könne keine Rede sein, es ginge vielmehr darum, dass wir durch die Danksagung »hineingenommen werden in das Pascha des Herrn«[16]. Hintergrund dieser ökumenisch verbreiteten Position ist der Gedanke, dass alles, was im Gottesdienst passiert, zunächst einmal *menschliches Handeln* und daher *Antwort der Kirche* auf Gottes Heilshandeln in Christus sei.[17]

Eine Art Vermittlungsposition finden wir (schon vor der Auseinandersetzung) etwa in der Position des katholischen Liturgiewissenschaftlers Reinhard Meßner (1989): »Lob und Dank ist der Inhalt der menschlichen Antwort; der Gottesdienst [und darin auch das Abendmahl] ist damit in seiner Ganzheit nicht nur *testamentum, promissio,* sondern auch – in seinem Wesen – Lob- und Dankopfer«[18]. Damit wird an einer theologisch qualifizierten Sicht des Wort-Antwort-Geschehens im Gottesdienst festgehalten, wobei das Abendmahl – wie im katholischen Kontext verbreitet üblich – als *pars pro toto* des ganzen Gottesdienstes betrachtet wird.

---

14 Vgl. *H.-Chr. Schmidt-Lauber,* verba (Anm. 13), 167 f. u. ö. Vgl. auch meine Auseinandersetzung in: *Jochen Arnold,* Theologie des Gottesdienstes, Göttingen 2004 / Hannover ²2008, 528–558.

15 So *Luther* in seiner Vermahnung zum Sakrament WA 30 / II, 614, aus dem Jahre 1530. Vgl. dazu *H.-Chr. Schmidt-Lauber / F. Schulz,* Kerygmatisches wider eucharistisches Abendmahlsverständnis? (Anm. 13), 103–108.

16 Vgl. *U. Kühn,* Der eucharistische Charakter des Herrenmahls (Anm. 13), 265.

17 Ähnlich hat auch der alte Karl Barth in seiner knappen Einleitung zum Fragment von KD IV / 4 votiert, wenn er das »Abendmahl als die auf die Präsenz Jesu Christi in seinem Selbstopfer antwortende und seiner Zukunft entgegenblickende Danksagung« (KD IV / 4, IX) bezeichnet. Das dialogische Moment im Wechselspiel göttlichen Handelns wird damit derart interpretiert, dass Gott in Christus gehandelt hat und die Kirche im Gottesdienst, namentlich im Abendmahl, darauf antwortet. Damit ist das traditionelle lutherische Sakramentsverständnis deutlich konterkariert.

18 *Reinhard Meßner,* Die Meßreform Martin Luthers und die Eucharistie der Alten Kirche. Ein Beitrag zu einer systematischen Liturgiewissenschaft, Innsbruck/ Wien 1989 (= IthS 25), 178.

Diese Ansicht kann sich auf folgende Lutherstelle in *De captivitate baylonica ecclesiae praeludium* berufen, in der der Reformator das Abendmahl nicht nur als »summa et compendium evangelii«[19] bezeichnet, sondern auch drei klärende gegensätzliche Begriffspaare aufführt:

> »Non ergo sunt confundenda illa duo.
> Missa et oratio, sacramentum et opus,
> testamentum[20] et sacrificium,
> quia alterum venit a deo ad nos per ministerium sacerdotis et exigit fidem,
> alterum procedit a fide nostra ad deum per sacerdotem et exigit exauditionem.
> Illud descendit, hoc ascendit.«[21]

Praktisch-theologisch hängt an dieser Frage nicht nur – röm.-katholisch gesprochen – das Problem der »Zelebrationsrichtung« des Liturgen (zum Altar oder zur Gemeinde hin), sondern auch die Frage, was ggf. stärker in der Gottesdienstgestaltung zu gewichten ist: Lobpreis, Bitte und Dank beim Abendmahl oder der Gedanke der Einladung und Gastfreundschaft. Beides muss sich nicht fundamental widersprechen, im Gegenteil. Unter Umständen ist eine vielfach vermisste *»freudige Grundstimmung«* in unseren evangelischen Gottesdiensten (und insbesondere Mahlfeiern) von

---

19 WA 6, 525, vgl. auch WA 6, 374: »Christus hat das ganze Evangelium in einer kurzen summa begriffen mit den Worten dieses Testaments oder Sakraments. Denn das Evangelium ist nichts Anderes als eine Verkündigung göttlicher Gnaden und Vergebung aller Sünden, durch Christi Leiden uns gegeben.« Offen bleibt hier allerdings, ob für Luther das Gebet substantiell zur Theologie und Liturgie des Abendmahls gehört oder nicht …

20 Dieser Begriff wird auch im Sermon vom Neuen Testament entfaltet, wobei Luther (vgl. WA 6, 359 f.) sechs Stücke unterscheidet: Christus als Testator, die Christen als Erben, die Einsetzungsworte (»Das ist mein Leib« etc.) als Testament, Leib und Blut Christi unter Brot und Wein als Siegel, Sündenvergebung und ewiges Leben als Erbgut und die Verkündigung als »Gedächtnisauftrag«.

21 WA 6, 526. [»Diese beiden gilt es nicht zu verwechseln: die Messe (das Abendmahl) und das Gebet, das Sakrament und das Werk, das Testament und das Opfer, denn das Eine kommt von Gott zu uns durch den Dienst des Priesters und zielt auf Glauben, das Andere kommt aus unserem Glauben durch den Priester und Gott und zielt auf Erhörung. Das Eine steigt herab, das Andere steigt hinauf.«] Hier wird das in der modernen Liturgiewissenschaft geläufige Begriffspaar »katabatisch« (vgl. *descendit*) und »anabatisch« (vgl. *ascendit*) m. W. erstmals unter gleichzeitiger Zuordnung diverser liturgischer Formen klar eingeführt.

beiden Seiten her zu gewinnen. Es sei deshalb auch schon hier darauf verwiesen, dass innerhalb des Kirchenjahrs bzw. unter Berücksichtigung des jeweiligen sonntäglichen Propriums unterschiedliche Optionen denkbar sind.

2 Biblische Erkundungen zur Mahltradition

Begeben wir uns – mit geschärften Blicken – nun auf eine kurze Spurensuche in die biblische Tradition in Sachen Mahlkultur. Fragen wir, welche semantischen Brücken sich in die Liturgie der Kirche schlagen lassen, untersuchen wir aber auch die expliziten Sprechakte (z. B. von Erzählung, rituellen Formen, Anrede, Indikativ und Imperativ, Zusage und Antwort usw.).

2.1 Pesachfeier nach der Exodustradition (Exodus 12)

Eine erste Spur führt uns in das Buch Exodus, genauer: in die Nacht des Auszugs aus Ägypten – das Grunddatum jüdischen Glaubens. Der Erzähler (bzw. Redaktor) schildert in Gestalt einer großen Gottesrede die Ursituation des Pesachfestes, eine Grenzerfahrung mit Gott, in der es um Leben und Tod geht. Sie steht in ihrer jetzigen Gestalt unter dem deutlichen Vorzeichen des Gebots, ja der Warnung. Das Leben in der Nähe des heiligen Gottes ist gefährdet. Nur wer sich an seine Gebote hält, wird leben. Durch das Blut eines geopferten Tieres, das an die Pfosten der Türen gestrichen werden soll, wird die Erstgeburt der Israeliten gerettet. Dieser Erfahrung soll durch ein heiliges Essen gedacht werden, eine inszenierte *Wiederholung* in der Zukunft wird angedeutet. Damit ist das Pesachfest im Sinne einer »Kultätiologie« erklärt, in der auch eine katechetische Dimension durchscheint.

> Sagt der ganzen Gemeinde Israel: Am 10. Tage dieses Monats nehme jeder Hausvater ein Lamm, je ein Lamm für ein Haus. … Und sie sollen von seinem Blut nehmen und beide Pfosten damit bestreichen an den Häusern, in denen sie's essen … Ihr sollt diesen Tag als Gedenktag haben und sollt ihn feiern als ein Fest dem Herrn … Und wenn eure Kinder zu euch sagen werden: Was habt ihr da für einen Brauch? Dann sollt ihr sagen: Es ist das Passaopfer des Herrn, der an den Israeliten vorbeiging in Ägypten, als er die Ägypter schlug und unsere Häuser rettete. Da neigte sich das Volk und betete an. Und die Israeliten gingen hin und taten, wie der HERR es Mose und Aaron geboten hatte. (Ex 12,3.7.14.26–27)

Theologisch gesprochen *geschieht Gericht und Rettung von Gott her.* Gott zeigt sich solidarisch mit den Unterdrückten und straft die Unterdrücker. Insgesamt ist eine Struktur von göttlicher Anordnung und menschlicher Reaktion in Anbetung und Tat erkennbar, wobei das Gefälle von *Handeln Gottes in Gericht und Gnade* einerseits und *menschlichem Dank und Gehorsam* andererseits deutlich ist.

2.2 Bundesschluss am Sinai (Exodus 24,7–11)

Wenige Kapitel später folgt der explizite Bundesschluss Gottes mit seinem Volk am Berg Sinai, dem sich ein heiliges Essen in der Gemeinschaft mit Gott anschließt. Dieser zweiteilige Text ist für die Entstehung der neutestamentlichen *verba testamenti* von kaum zu überschätzender Bedeutung, weil hier der Bund zwischen Gott und seinem Volk mit einem (Blut)ritus und einem Gemeinschaftsmahl verbunden ist.

> Und Moses nahm das Buch des Bundes und las es vor ihren Ohren vor. Da antwortete alles Volk: Alle Worte, die der HERR gesagt hat, wollen wir tun und darauf hören. Da nahm Mose das Blut und besprengte das Volk damit und sprach: Seht, das ist das Blut des Bundes, den der Herr mit euch geschlossen hat auf Grund aller dieser Worte.
> Und sie stiegen auf den Berg: Mose, Aaron und die 70 Ältesten und sahen den Gott Israels. Unter seinen Füßen war es wie eine Fläche von Saphir und wie der Himmel, wenn es klar ist. Und als sie Gott geschaut hatten, aßen und tranken sie.

Wir erkennen zunächst die Struktur von *Proklamation* des göttlichen Wortes und seiner *Akklamation* durch das Volk. Darauf folgt eine Art Zeichenhandlung der Besprengung des Volkes durch das Blut der Opfertiere, die durch ein Deutewort begleitet wird. Beides zusammen, Proklamation Gottes und leibliche Handlung, konstituieren den Bund. Das dritte Strukturelement, die Antwort des Volkes, hat eher »Resonanzfunktion«. Im Anschluss findet – freilich nicht für alle, sondern nur für 70 Älteste, Aaron und Moses – eine Bekräftigung durch eine heilige Schau und heiliges Essen statt. Ein beinahe singulärer Text in der biblischen Tradition, der bis heute heiligen Schauer auslöst.

2.3 Universales Völkermahl auf dem Zion (Jesaja 25)

In gewisser Weise noch übertroffen wird diese Aussage aus Ex 24,9–11 durch die Vision des universalen Völkermahls auf dem Zion, wie es in der Jesaja-Apokalypse (Jes 25f.) vor Augen gestellt wird. Nach einem schroffen Gerichtstext (Jes 24) begegnen wir der Verheißung einer ungeahnten, von Gott selbst bereiteten Fülle:

> Und der Herr Zebaoth wird auf diesem Berge allen Völkern ein fettes Mahl machen … Und er wird auf diesem Berge die Hülle wegnehmen, mit der alle Völker verhüllt sind … Er wird den Tod verschlingen auf ewig. Und der Herr wird alle Tränen abwischen und aufheben die Schmach seines Volkes in allen Landen, denn Er hat's gesagt.
> Da wird man sagen: Siehe, das ist unser Gott, auf den wir hoffen, lasst uns jubeln und fröhlich sein über sein Heil. (Jes 25,6–9)

Nicht nur der Tisch ist reich gedeckt, alle Völker sind dabei! Gleichsam in Entsprechung der Szene auf dem Berg Sinai (Ex 24,9–11) wird dieses eschatologische Ereignis auf dem Berg Zion erwartet. Gott selbst spendet Trost. Alle Tränen und alle Schmach sind dahin. Wenn Gott so etwas tut, dann bleibt allen Anwesenden nichts als dankbare Freude und hymnisches Lob. Auch in diesem Text gibt es eine unverkennbare Struktur von Handeln Gottes (V. 6–8) und menschlicher Antwort (im Lobpreis, V. 9), Verheißung und Lob folgen aufeinander.

2.4 Einsetzungsworte (Mk 14.22–25 und 1 Kor 11,23–26 par)

Zu den bei den Synoptikern und Paulus vierfach überlieferten und in ihrer Abhängigkeit vielfach diskutierten *verba testamenti* des Abendmahls müssen hier wenige Sätze genügen. Die Berichte sind zunächst auf ihre »liturgische Struktur« hin zu befragen und ernst zu nehmen:

In allen Texten findet sich einleitend der Hinweis, dass Jesus das Brot genommen, dem Vater gedankt hat (*eulogäsas* nach Mk und Mt; *eucharistäsas* nach Pls und Lk) und es den Jüngern gegeben hat, womit sowohl der *Gabe-* als auch der *Gebetscharakter* der Handlung durchscheinen. Das *Brechen des Brotes* (nur Pls, Lk) lässt sich als zeichenhafter Hinweis auf den Tod Jesu, aber auch als Ausdruck des Teilens (Gemeinschaft) verstehen.

Unmissverständlich herausgehoben sind die Gabeworte, welche die Handlung begleiten: Christus bringt die Gaben der Schöpfung mit seinem Leben in Verbindung, er versteht die ganze Handlung als eine Vorweggabe seines Leidens, Sterbens und Auferstehens und verspricht seine Gegenwart, wo die Gemeinde sich um seinen Tisch versammelt und dasselbe wieder tut.

Ebenfalls nur bei Paulus und Lukas wird (wie in Ex 12) ein Wiederholungs*gebot* ausgesprochen, ansonsten herrscht durchgehend der *Indikativ der Verkündigung* durch die ganze Handlung. Doch was meint der Apostel, wenn er sagt, dass die Jünger den Tod Christi verkündigen (*katangellein*), bis Jesus kommt, wenn sie das Mahl feiern? Geschieht dieses Verkündigen durch den schlichten Vollzug der Mahlfeier? Oder ist dieser Vollzug konstitutiv an das Sprechen der Herrenworte gebunden? Oder ist womöglich beides dafür konstitutiv, das Danken und das verkündigende Sprechen der Herrenworte?[22]

Wolfgang Schrage schreibt dazu treffend: »Kern dieser Tradition ist die Zusage der Selbstmitteilung und Realpräsenz des gestorbenen und auferweckten Herrn in den Gaben von Brot und Wein ... Die nach dem doppelten Wiederholungsbefehl immer neue Feier des Mahles in der Gegenwart des auferstandenen Herrn ist insofern in ihrem rechten Vollzug schon als solche eine authentische Verkündigung des Todes und des endgültigen Kommens Christi«.[23]

2.5 Segnen und loben (1 Kor 10,16 f.)

Eine merkwürdig schillernde Textstelle findet sich in 1 Kor 10,16f.:

> Der gesegnete Kelch, den wir segnen bzw. über dem wir danken [*to poterion täs eulogias, ho eulogoumen*], ist der nicht die Gemeinschaft des Blutes Christi? Das Brot, das wir brechen, ist das nicht die Gemeinschaft des Leibes Christi?

Durch den Kontext wird deutlich, dass es Paulus hauptsächlich um die Andersartigkeit christlicher Mahlpraxis gegenüber der heidnischen Umwelt (»Götzendienst«) und damit um ein öffentliches Bekenntnis der Gemeinde zu Christus dem Herrn geht. Dennoch fragt man sich: Wer handelt hier eigentlich? Geht es hier um ein Danken der Gemeinde oder um ein Segnen von Gott her (vgl. *eulogein brk*)? Sicher spricht einiges für die Be-

22 Vgl. zur Diskussion *H.-Chr. Schmidt-Lauber / F. Schulz*, Kerygmatisches wider eucharistisches Abendmahlsverständnis? (Anm. 13), 105f., auch mit der weiterführenden Frage, warum Luther offenbar an lobpreisender Präfation (vgl. *eucharistäsas*) und epikletischem Vaterunser in der Abendmahlsfeier so viel lag.

23 *Wolfgang Schrage*, Der erste Brief an die Korinther, 3. Teilband (= EKK VII / 3), Neukirchen / Zürich 1999, 57.

deutung *danksagen* (vgl. *eucharistein*) als Dank und Lobpreis über dem Kelch wie bei einer gewöhnlichen Mahlzeit, womit ein synonymer Gebrauch zu den Einsetzungsworten vorläge. Der zweite Teil der Formulierung (ist das nicht …) wäre dann gleichsam die Entsprechung zum »*est*« der Gabeworte im Einsetzungsbericht. Die Formulierung zielt insgesamt auf eine Beschreibung des *Handelns der Gemeinde* (nicht bloß eines Liturgen), deren Innenseite ein göttliches Werk enthält, wobei die Gegenwart Christi »nicht bloß geistig oder symbolisch vorgestellt«, sondern tatsächlich »durch Brot und Wein vermittelt« wird.[24] Insgesamt zielen diese Worte darauf, das Verständnis dafür zu wecken, dass beim Abendmahl eine *reale Teilhabe* der ganzen Gemeinde am Geschick des Gekreuzigten und Auferstandenen geschieht und dies nicht ohne Folgen für das Leben im Alltag bleibt.

2.6 Die johanneische Zuspitzung

Bekanntlich verzichtete Johannes in der Gestaltung seines Evangeliums, sofern er ihn überhaupt gekannt hat, bewusst auf den Einsetzungsbericht und setzte an diese Stelle die Erzählung von der Fußwaschung (Joh 13), die sowohl katabatische Züge (Hinwendung Jesu zu den Jüngern, vgl. 13,8f.) als auch anabatisch-diakonische Züge (vgl. 13,14f.) aufweist.

Zentrale Inhalte eucharistischer Tradition finden sich freilich in der großen Brotrede in Joh 6 (besonders 6,51ff.). Dort lauten die zentralen Passagen so:

> Ich bin das Brot des Lebens.
> Wer zu mir kommt, den wird nicht hungern;
> und wer an mich glaubt, den wird nimmermehr dürsten.
> Wahrlich, wahrlich, ich sage euch:
> Wer an mich glaubt, der hat das ewige Leben.
> Ich bin das Brot des Lebens.
> (Joh 6,35.47f.)

Ähnlich wie in anderen *Ich-bin-Worten* wird das Bildmotiv (Brot) mit der Zusage des Heils (»Wer an mich glaubt«) verbunden, womit die *promissio*-Struktur der paulinisch-synoptischen Einsetzungsworte wiederholt,

---

24 Vgl. *Wolfgang Schrage*, Der erste Brief an die Korinther, 2. Teilband (= EKK VII / 2), Neukirchen / Zürich 1995, 438.

ja, durch die Entfaltung des Nicht-Hungerns etc. sogar übertroffen wird. Dass mit V. 47 auch die Perspektive *ewigen Heils* eröffnet wird, gibt dem Ganzen eine besondere soteriologisch-eschatologische Note (vgl. Joh 11,25f.).

Das Motiv der Danksagung findet sich übrigens in der Brotrede selbst und auch im Anschluss nicht. Allerdings löst sie gleichsam eine »gottesdienstliche Reaktion« aus: Während sich viele von Jesus abwenden (Joh 6,66), bekennt sich Petrus in hymnischem Tonfall zu Jesus als dem »Heiligen Gottes«. Die Zusage der Brotrede wird also im engeren Jüngerkreis mit einem *Credo beantwortet.*

In der vorangehenden Speisung der 5000 (vgl. Joh 6,11) steht allerdings immerhin der Hinweis, dass Jesus über den gesammelten Broten und Fischen ein Dankgebet (*eucharistäsas*) sprach. Können wir dies als eine bewusste Anknüpfung an die paulinisch-synoptische Überlieferung der Einsetzungsworte betrachten? Das mag man heute schwerlich entscheiden …

Jedenfalls ist deutlich, dass Johannes, sofern man ihm – gegen Bultmann u. a.[25] – die Absicht unterstellt, mit Joh 6 etwas Grundsätzliches zum Herrenmahl zu sagen, den verkündigenden Aspekt stärker als den doxologischen Aspekt betont.

3 Die wiederkehrenden Stücke der Liturgie

Wenden wir uns nun zunächst den Stücken der Liturgie zu, die auf biblischen Ursprung zurückgehen. Im Kontext der Messe bekommen sie eine ganz spezifische Funktion.

3.1 Sanctus und Benedictus – Lobpreis des ewigen Gottes und seines Gesandten

- *Heilig, heilig, heilig ist der Herr Zebaoth, aller Lande sind seiner Ehre voll. Hosianna in der Höhe. (Jes 6,3)*
- *Gelobt sei, der da kommt im Namen des Herren. Hosianna in der Höhe. (Mt 21,9)*

---

25 *Rudolf Bultmann*, Das Evangelium des Johannes (= KEK Bd. 2), Göttingen [21]1986, 174–177, wo Joh 6,51–58 als sekundärer Zusatz bezeichnet wird.

Der Lobpreis des Ewigen und die Rühmung des Christus, der da kommt im Namen Gottes, eröffnen die Abendmahlsliturgie nach Dialog (»Der Herr sei mit euch«) und hymnischer Präfation. Das Sanctus *proklamieren* im biblischen Original die Engel, die auch in der Messliturgie fast immer erwähnt werden. Die Vorstellung, dass sich die Liturgie der Gemeinde hier mit der himmlischen Feier berührt, ist in vielen Präfationen vorhanden. Das *Benedictus*, das beim Einzug Jesu im Munde des Volkes gleichsam als *Akklamation* für den in Jerusalem einziehenden König verstanden wird, führt den Lobpreis fort.

Ingesamt geht es um das Mysterium und den Glanz der himmlischen Gegenwart Gottes, die sich auf der Erde ausbreitet. Dieser Glanz bekommt mit dem Einzug des himmlischen Königs auf Erden ein Gesicht und einen Namen: Jeschua heißt Retter. Beiden Texten eignet somit eine performative, dynamische Tendenz, die auf ein symbolisch-rituelles Erleben drängt.

In der Liturgie werden Gott in einem doxologisch-askriptiven Sprechakt zentrale Eigenschaften zugeschrieben: Seine Heiligkeit (vgl. Jes 6) und seine Herrlichkeit (*kabod*) erfüllen die ganze Erde. Deshalb wird er gepriesen. Dem himmlischen Gesandten huldigt die versammelte Gemeinde.

3.2 Agnus Dei – Anrufung des Lammes

Im Gegensatz dazu ist die aus Joh 1,29 entlehnte Prädikation des Lammes und seines Heilswerkes eine Spur zurückhaltender formuliert. Während Johannes der Täufer nach dem Original des Johannesevangeliums im Sinne seiner Zeugenschaft (vgl. auch Joh 1,5–7) auf Jesus als rettendes Lamm hinweist (Indikativ: *Siehe, das ist Gottes Lamm …*), verwandelt die Liturgie diesen Sprechakt in ein Gebet (*Deprekativ*), das sich nach dem Erbarmen des Lammes ausstreckt und (so der spätere Zusatz um die Jahrtausendwende) konkret um Frieden fleht.

- *Christe, du Lamm Gottes, der du trägst die Sünd' der Welt, erbarm dich unser. (2x)*
- *Christe, du Lamm Gottes, der du trägst die Sünd' der Welt, gib uns deinen Frieden.*

Sowohl das *Agnus Dei* als auch das *Sanctus* der Messe sind – und dies gilt es festzuhalten – zwar aus dem biblischen Kanon entnommen, aber natürlich erst sekundär mit dem Abendmahl in Verbindung gebracht worden. Während im *Benedictus* die Christusanrufung nicht explizit ist, der Bezug durch das Zitat aus Mt 21,9 gleichwohl klar ist, lässt sich dieser im *Agnus Dei* unmissverständlich auch heute erkennen. Durch den unmittelbaren Kontext zu den Einsetzungsworten ist es höchst plausibel, sich Christus selbst dankbar und erinnernd zuzuwenden (*Anamnese*). Dogmatisch gesprochen gründet die Hoffnung der Gemeinde auf dem Erbarmen Christi in seinem Heilswerk.[26]

Insgesamt eignet beiden Stücken Anrufungscharakter, sie unterscheiden sich damit signifikant vom Einsetzungsbericht selbst, aber auch von den narrativen bzw. prophetischen Texten der alttestamentlichen Mahltradition (vgl. 2.1–2.3).

4 Sprechakte in älteren und neueren Abendmahlsliedern

Wagen wir an dieser Stelle einen kurzen Exkurs in das Kirchenlied evangelischer Prägung. Wie sind dort die unterschiedlichen Sprechakte Verheißung, Einladung, Bericht, Gebot, Bitte und Lobpreis aufgenommen?

4.1 Persönliche Einladung

Vielfach sind die evangelischen Abendmahlslieder durch den Charakter der Einladung geprägt,[27] wie im Leitlied des Evangelischen Gesangbuchs zum Abendmahl unmissverständlich deutlich wird:

Kommt her, ihr seid geladen,[28]
der Heiland rufet euch;
der süße Herr der Gnaden,
an Huld und Liebe reich,
der Erd und Himmel lenkt,

---

26 Treffender, d. h. soteriologisch zugespitzt, wäre übrigens zu übersetzen: »Der du *hinwegträgst* die Sünde der Welt.«

27 Vgl. dazu *Jochen Arnold*, Gott selber lädt uns ein. Gastfreundschaft im älteren und neueren Kirchenlied, in: Guido Fuchs (Hrsg.), Gastlichkeit. Ihre Theologie, Spiritualität und Praxis im Gottesdienst, Regensburg 2012, 46–61.

28 Auffällig ist hier, dass die Melodie bei »ihr seid geladen« sich in kleinen Schritten absenkt und damit musikalisch gesprochen eine *Katabasis*, ein Herabkommen (Christi), anzeigt.

will Gastmahl mit euch halten
und wunderbar gestalten,
was er in Liebe schenkt.

Ernst Moritz Arndt (1819) EG 213,1

Damit ist der Grundtenor der Einsetzungsworte: »Ich gebe mich für euch« mit Anklängen an den Heilandsruf (Mt 11,28f.) und das Gleichnis vom großen Gastmahl (vgl. Lk 14,17) schön expliziert.

Noch inniger klingt dies in einem häufig vertonten Abendmahlslied des 16. Jahrhunderts, entstanden in den letzten Jahren des 30-Jährigen Krieges, das mit starken Kontrasten den inneren Seelenzustand ausmalt, aber auch ein »Leuchten der Seele« ankündigt, wenn der »himmlische Besuch« kommt:

Schmücke dich, o liebe Seele,
dass die dunkle Sündenhöhle,
kommt ans helle Licht gegangen,
fange herrlich an zu prangen.
Denn der Herr von Heil und Gnaden
will dich jetzt zu Gaste laden;
der den Himmel kann verwalten,
will jetzt Herberg bei dir halten.

Johann Franck (1646), EG 218,1

4.2 Weitersagen an Andere

Zuweilen mündet die Einladung in die Aufforderung, das Erlebte auch Anderen weiterzusagen. Es wird also gleichsam eine missionarische Dimension eröffnet. Arndt (EG 213,6) dichtet, Psalmensprache imitierend, in eigentümlicher Verknüpfung von Jubel und Verkündigung:

Drum jauchze, meine Seele,
drum jauchze deinem Herrn!
Verkünde und erzähle
die Gnade nah und fern,
den Wunderborn im Blut,
die selige Himmelsspeise,
die auf verborgne Weise,
dir gibt das höchste Gut.

Eine ähnliche Aussage und Sprachgestalt – zumindest, was den Imperativ und die Semantik der Einladung und des Weitersagens angeht – zeigt das beliebte neue Abendmahlslied, das auf ein weihnachtliches Spiritual zurückgeht (EG 225,1):

> Komm, sag es allen weiter,
> ruf es in jedes Haus hinein!
> Komm, sag es allen weiter:
> Gott selber lädt uns ein.
> Sein Haus hat offne Türen,
> er ruft uns in Geduld,
> will alle zu sich führen,
> auch die in Not und Schuld.
> *Friedrich Walz (1964)*

Der drei- oder viermal wiederholte Kehrvers ist ein musikalischer »Ohrwurm«, die alte Spiritualmelodie atmet durch den ternären Rhythmus eine leichte Beschwingtheit. So kommt die Einladung nicht nur in jedes Haus, sondern wohl auch in jeden Mund und jedes Herz …

Auch in Lothar Zenettis Abendmahlslied (EG 226) ist konsequent der *Akt der Anrede* gewählt. Allerdings scheint die Gruppe der eingeladenen Gäste auf die anwesenden Glieder der Gemeinde beschränkt, die sich gegenseitig Mut machen und von der Gabe Jesu erzählen.

> Seht, das Brot, das wir hier teilen,
> das ein jeder von uns nimmt,
> ist uns von dem Herrn gegeben,
> immer will er bei uns sein,
> immer will er bei uns sein.
> *Lothar Zenetti 1969 (1972)*

4.3 Einladung und Gebot Christi

Ein weiteres Beispiel des ausgehenden 20. Jahrhunderts lässt – gleichsam als pointierte Steigerung zu EG 226 – *Jesus selbst* im Mund der singenden Gemeinde zu Worten kommen:

> Ich bin das Brot, lade euch ein,
> so soll es sein, so soll es sein,
> Brot lindert Not, brecht es entzwei,
> so soll es sein, so soll es sein.
> *Refrain*: Kyrie eleison.
> *Clemens Bittlinger (1989)*

In diesem populären neuen Geistlichen Lied sind drei Elemente enthalten: *Einladung und Gebot Jesu* sowie *Kyrieruf der Gemeinde*. Es changieren also klar zwei Sprechakte im Sinne eines dialogischen Wort-Antwort-Musters zwischen Strophe und Refrain: Mit Anklängen an das Johannesevangelium (Joh 6,35) spricht Jesus eine *Einladung* aus (vgl. auch das Gabewort der *verba testamenti*). Diese wird sofort mit einem *Imperativ* (vgl. das *touto poieite* der Einsetzungsworte) verbunden. Inhaltlich fügt Strophe 2 in Verbindung mit dem Wein das Motiv der Quelle hinzu (vgl. Joh 4 und 7) und fasst mit Strophe 3 beide Aspekte zusammen.

Die Gemeinde respondiert gleichsam mit dem *Kyrierefrain*, womit der Ruf nach Erbarmen – ähnlich wie im *Agnus Dei* – zum Modus des Empfangens wird.

Doch nun zum anderen, zum anabatischen Aspekt: Wo ist (außer im gerade erwähnten Beispiel) von Lob und Dank, Klage (!?) und Bitte in Abendmahlsliedern die Rede?

4.4 Lobpreis und Bitte

> Gott sei gelobet und gebenedeiet,
> der uns selber hat gespeiset,
> mit seinem Fleische und mit seinem Blute;
> das gib uns, Herr, zugute.
> Kyrie eleison.
> Herr, du nahmest menschlichen Leib an,
> der von deiner Mutter Maria kam.
> Durch dein Fleisch und dein Blut
> hilf uns, Herr, aus aller Not, Kyrieleis.

Unschwer ist diese vorreformatorische Leise (Wallfahrtslied), die von Martin Luther durch zwei weitere Strophen ergänzt wurde (EG 214,2.3), als Danksagung nach dem Empfang des Mahls zu verstehen. Dennoch ist sie immer noch durchdrungen vom Flehen nach Gnade. Sie bleibt konsequent in anabatischer Sprechrichtung, entfaltet aber im hymnischen Dank auch das Heilswerk Christi anamnetisch (»Herr, der du ...«).

4.5 Vergebungsbitte und Epiklese

Konsequent in der Form der Bitte bleibt Arno Pötzsch mit seinem 1947 geschriebenen Lied (EG 224). Nach einer Betrachtung der bedürftigen Gemeinde (Str. 1) und einer Vergebungsbitte (Str. 2) ist die letzte Strophe als ausdrückliche Epiklese gestaltet, die sich auf das Versprechen der Gegenwart Christi bezieht:

Nun segne, Herr, uns Brot und Wein,
deins Tisches edle Gaben!
Du selbst willst gegenwärtig sein
und wunderbar uns laben.
Gib über Bitten und Verstehn,
wie du versprachst zu geben!
In dem, was unsre Augen sehn,
gib dich uns selbst zum Leben.

Fassen wir zusammen: Bis jetzt haben wir liturgische Stücke, Traditionen und Lieder betrachtet, die uns aus dem evangelischen Gottesdienst vertraut sind. Wir konnten feststellen, dass sowohl das *Motiv der Einladung* als auch das der daran gebundenen *Verheißung der freundlichen Gegenwart Gottes* (vgl. auch Ps 34,9) bzw. Jesu prominent vertreten sind. Zugleich finden wir auch Beispiele von Lob und Dank der Gemeinde (EG 214 vgl. auch 227) bzw. ihrer Bitte um einen heilvollen Empfang (vgl. EG 214; 220; 224,3), bisweilen auch Zusage und Antwort nacheinander oder nebeneinander, jedoch (fast) immer deutlich unterscheidbar.

5 Altkirchliche liturgische Traditionen

Wenden wir uns nun, nicht zuletzt, um das Besondere römisch-katholischer und orthodoxer Liturgie zu begreifen, einigen Klassikern altkirchlicher Mahltheologie und -liturgie zu.

5.1 Didache

In der wahrscheinlich um 100 n. Chr. im syrischen Raum entstandenen Didache (Zwölf-Apostel-Lehre) heißt es in Kapitel 9:

Was die Eucharistie betrifft, sagt folgendermaßen Dank
Zuerst beim Kelch:
»Wir danken dir, unser Vater,
für den heiligen Weinstock Davids, deines Knechtes,
den du uns offenbart hast durch Jesus, deinen Knecht [*pais*].
Dir sei Herrlichkeit in Ewigkeit!«
Beim gebrochenen Brot:
»Wir danken dir, unser Vater, für das Leben und die Erkenntnis,
die du uns offenbar gemacht hast durch Jesus, deinen Knecht.
Dir sei Herrlichkeit in Ewigkeit.

Wie dieses gebrochene Brot zerstreut war auf den Bergen
und zusammengebracht eines geworden ist,
So soll zusammengeführt werden deine Kirche von den Enden der Erde
in dein Reich;
Denn dein ist die Herrlichkeit und die Macht durch Jesus Christus
in Ewigkeit.«[29]

Die agendarischen Hinweise der ebenso berühmten wie geheimnisvollen Schrift, die sich insgesamt auf apostolische Autorität beruft, lassen die Struktur von *Gebot der Danksagung und doxologischer Ausführung* erkennen. Angeredet ist Gott Vater; der Gegenstand des Danks ist sein Heilshandeln in Christus. Israel bzw. die Propheten (?) werden als *heiliger Weinstock Davids* prädiziert. Dieser Begriff ist singulär. Er beinhaltet, besonders durch die eschatologische Wendung am Ende, vielleicht eine Anspielung auf prophetische Traditionen (vgl. Jes 7; 11). Die Rede vom Knecht ist wohl auf Jes 53 zu beziehen.[30]

Für unsere Fragestellung können wir festhalten, dass in der Didache gegenüber der Tradition der Einsetzungsworte, die hier nicht (!) zitiert werden, aber auch gegenüber der johanneischen Brotrede eine deutliche Verschiebung hin zu einem *eucharistisch-doxologischen Ton* stattgefunden hat. An anderer Stelle (Did 14) taucht auch der Gedanke des Dankopfers (*thysia*) bzw. einer Reinigung von Sünden (im Vorfeld) auf.

5.2 Justins Dialog mit dem Juden Tryphon

Etwas anders verhält sich die Sache bei dem Philosophen und römischen Märtyrer Justin (gestorben um 165). In seiner an den Juden Tryphon gerichteten Apologie erklärt er, was Eucharistie – so auch seine Bezeichnung für die Feier – für die frühen Christen bedeutet[31], und schreibt:

»Die Apostel überlieferten in den Erklärungen, die von ihnen zusammengestellt wurden und die Evangelien genannt werden …, dass Jesus, nachdem er das Brot genommen und gedankt habe, sagte: Dies tut zu meinem Gedächtnis, das ist mein Leib! Und ähnlich, nachdem er den Kelch genommen

29 Didache 9,1–4, zitiert nach: Didache [Zwölf-Apostel-Lehre], übers. und eingeleitet v. Georg Schöllgen und Wilhelm Geerlings (Fontes Christiani Bd. 1), Freiburg i. Br. / Basel / Wien etc. ²1992, 25–139: 121.123.

30 Vgl. ebd. 121, Anm. 101.

31 Vgl. *Anton Hänggi / Irmgard Pahl* (Hrsg.), Prex Eucharistica. Textus et variis liturgiis antiquioribus selecti, Fribourg 1968, 72.

und gedankt habe, sagte: Das ist mein Blut, allein jenen habe ich es gegeben.«[32]

Daraus können wir schließen, dass die *verba testamenti* zumindest bekannt, ja wahrscheinlich sogar in liturgischer Benutzung waren.[33] Für die Rekonstruktion einer Liturgie kommt dieser Text aber nicht in Betracht. Dennoch können wir bei Justin sehen: Strukturelemente der frühchristlichen Abendmahlslehre sind zum einen der Dank über Brot und Wein (Gebet), zum zweiten der Wiederholungsbefehl und zum dritten der Gabecharakter der *verba testamenti.*

5.3 Hippolyt, Traditio Apostolica

Deutlich klarer entwickelt ist die für die römisch-katholische, ja die ganze westliche Tradition zentrale Kirchenordnung der *Traditio Apostolica,* die dem Presbyter Hippolyt (um 215 n. Chr.) zugeschrieben wird. Hier finden wir nicht nur das Formular einer Bischofsweihe, sondern auch eine ausgeführte Eucharistie mit *verba testamenti:*

> *Er breitet die Hände über der Gabe aus, und dabei soll er gemeinsam mit dem gesamten Presbyterium das Dankgebet sprechen* [*gratias agere …*]
> Als er sich freiwillig dem Leiden auslieferte, um den Tod aufzuheben, die Fesseln des Teufels zu zerreißen, die Unterwelt niederzutreten, die Gerechten zu erleuchten, eine Grenze zu ziehen und die Auferstehung kundzutun, nahm er das Brot, sagte **dir** Dank und sprach:
> »Nehmt, esst, dies ist mein Leib, der für euch zerbrochen wird.«
> Ebenso nahm er auch den Kelch und sprach:
> »Dies ist mein Blut, das für euch vergossen wird. Wenn ihr dies tut, tut ihr es zu meinem Gedächtnis.«[34]

Die ganze Einsetzung wird als Dankgebet verstanden und entsprechend auch bis in die Details hinein umformuliert, was z. B. an der Wendung »sagte dir Dank« deutlich wird. Es ist zutreffend, ja unstrittig, dass die *verba testamenti* hier in eine große Danksagung eingebettet sind. Der literarische Befund (Du-Form) lässt dies klar erkennen.

---

32 Iustin I, Apologie 66, ebd. 70.

33 Vgl. ähnlich *D. Wendebourg,* Noch einmal »Den falschen Weg Roms zu Ende gegangen?« (Anm. 12), Anm. 106, und *Reinhard Slenczka,* Herrenwort oder Gemeindegebet? Eine zur Klärung von dringenden Fragen notwendige Kontroverse, in: KuD 44 / 1998, 278.

34 Traditio Apostolica 4, zit. nach *W. Geerlings* (Anm. 29), 223.225.

Zentral ist außerdem folgende vielfach zitierte Passage, die darauf folgt:

> »Seines Todes und seiner Auferstehung eingedenk (*memores*) bringen wir *dir* das Brot und den Kelch dar (*offerimus*). Wir sagen dir Dank, dass du uns würdig erachtet hast, dir als Priester zu dienen. Auch bitten wir dich (*petimus*), deinen heiligen Geist auf die Gabe (*oblatio*) der heiligen Kirche herabzusenden.«

Auch hier ändert sich am *Sprechakt des Gebets* grundsätzlich nichts, es ist aber – und dies gilt es ebenso wahrzunehmen – deutlich ausdifferenziert:

Memores zielt auf das *Gedenken bzw. die Vergegenwärtigung (Anamnese)* des Heilswerks Christi, insbesondere von Kreuz und Auferstehung.[35] *Offerimus* und *oblatio* sind als doxologische Dankopferaussagen – nicht als »unblutige Wiederholung«[36] des einmaligen Opfers – zu verstehen, denen sich mit *petimus* eine Geistbitte an den Vater (*Epiklese*) anschließt. Damit ist der Weg für die Gestaltung des römischen Kanons und seiner Strukturelemente bereitet.

5.4 Ambrosius, De Sacramentis

Zuletzt sei hier auf den Kirchenvater Ambrosius verwiesen. In seiner Schrift *De sacramentis* wird im Gegensatz zu den vorher genannten Texten deutlich, dass inzwischen (bis zum 4. Jahrhundert) ein klarer Paradigmenwechsel stattgefunden hat. Ambrosius schreibt:

> »Alles, was vorher gesagt wird, wird vom Bischof gesprochen: Gott wird Lob dargebracht, es wird ein Gebet verrichtet, es wird Fürbitte geleistet für das Volk, für die Herrscher und für die Übrigen. Sobald aber der Augenblick naht, das verehrungswürdige Sakrament zu vollziehen, gebraucht der Bischof nicht mehr seine eigenen Worte, sondern verwendet Worte Christi.
> Also bewirkt das Wort Christi dieses Sakrament.« Und weiter: »Durch wessen Worte also geschieht die Konsekration? Durch die des Herrn Jesus.«[37]

---

35 Eine Trennung von Totengedenken und Auferstehungsverkündigung innerhalb christlicher Mahlfeiern ist nicht mehr zu erkennen (vgl. dagegen die klassische These von *Hans Lietzmann*, Messe und Herrenmahl. Eine Studie zur Geschichte der Liturgie, Bonn 1926).

36 So klassisch das tridentische Konzil, vgl. Kapitel 2 des Dekrets zum Messopfer, DH 1743.

37 *Ambrosius*, De Sacramentis, IV 4,14.

Dorothea Wendebourg kommentiert zur Stelle: »Während zunächst im *eucharistein*, in Lobpreis, Dank und Gedenken über Brot und Wein die Erhebung der Gemeinde zu Gott und die Selbstvergegenwärtigung Gottes ohne nähere Differenzierung ineinander gesehen wurden, tritt in dem um 400 zu einem gewissen Abschluss kommenden Prozess beides auseinander; Handeln Gottes und Handeln der Kirche in der Abendmahls-Feier werden *nicht als getrennte, aber unterschiedene* und in einem bleibenden Gegenüber aufeinander bezogene Vorgänge bestimmt.«[38]

Wie dieser Vorgang liturgiewissenschaftlich oder dogmatisch zu bewerten ist, soll hier offen bleiben. Während die einen ihn als unnötige Fixierung auf die Einsetzungsworte und als Auseinandertreten einer eigentlich zusammengehörigen Gebetshandlung begreifen, sehen Andere darin einen Klärungsprozess, mithin einen liturgischen und theologischen Gewinn. Wir können allerdings festhalten, dass es seit dem vierten, spätestens aber seit dem fünften Jahrhundert,[39] bereits ein Bewusstsein innerhalb der Kirche dafür gab, dass liturgische Sprechakte zu unterscheiden sind, ja mehr noch, dass einzelne Sprechakte mit göttlicher Autorität proklamiert werden, während andere sie als Gemeindegebet dankend und bittend gleichsam »flankieren«.

6 Der Römische Messkanon

Betrachten wir nun, durch die altkirchlichen Texte angeregt, die Liturgie des römischen Kanons in der deutschen Fassung des *Missale Romanum* (1970 von Paul VI).[40] Wir zitieren aus dem ersten Hochgebet nach der Präfation. Von besonderer Bedeutung sind dabei auch die agendarischen Anweisungen (kursiv):

---

38 *D. Wendebourg*, Den falschen Weg Roms zu Ende gegangen (Anm. 12), 453.

39 *D. Wendebourg*, Noch einmal »Den falschen Weg Roms zu Ende gegangen?« (Anm. 12), 419, meint, dies aus ihrer Exegese des Johannes v. Chrysostomus auch für die Ostkirche behaupten zu können, in der die Epiklese zum (heiligsten) Ort der Wandlung wurde.

40 Textbuch Gemeindemesse. Sämtliche liturgischen Texte aus Messbuch und Messlektionar, hrsg. v. Deutschen Liturgischen Institut in Trier, Augsburg 1997, 610 ff.

6.1 Dankopfer, Epiklese und Einsetzungsworte samt Christuslob

»Der Priester breitet die Hände aus und spricht:
L: Dich, gütiger Vater, bitten wir durch deinen Sohn, unseren Herrn Jesus Christus:
Nimm diese heiligen, makellosen Opfergaben an
Er macht ein Kreuzzeichen über Brot und Kelch zusammen.
und segne sie.
Er breitet die Hände aus: [...]
Wir bringen sie dar vor allem für eine heilige katholische Kirche in Gemeinschaft mit deinem Diener, unserem Papst N. [...]
Er streckt die Hände über die Gaben aus und spricht:
Schenke, o Gott, diesen Gaben Segen in Fülle und nimm sie zu eigen an. Mache sie uns zum wahren Opfer im Geiste, das dir wohlgefällt: zum Leib und Blut deines geliebten Sohnes, unseres Herrn Jesus Christus.
Er faltet die Hände. In den folgenden Texten werden die Herrenworte klar und deutlich vorgetragen, wie es ihr Charakter verlangt.
Am Abend vor seinem Leiden
Er nimmt das Brot, erhebt es ein wenig über dem Altar und fährt fort:
nahm er das Brot in seine heiligen und ehrwürdigen Hände,
Er erhebt die Augen
erhob die Augen zum Himmel, zu dir, seinem Vater, dem allmächtigen Gott, sagte dir Lob und Dank, brach das Brot, reichte es seinen Jüngern und sprach:
Er verneigt sich ein wenig (außer wenn er dem Volk zugewandt steht).
Nehmet und esset alle davon: das ist mein Leib, der für euch hingegeben wird.
Er zeigt der Gemeinde die konsekrierte Hostie; dann legt er sie in die Hostienschale und macht eine Kniebeuge. Er fährt fort:
Ebenso nahm er nach dem Mahl
Er nimmt den Kelch erhebt ihn ein wenig über dem Altar und fährt fort:
diesen erhabenen Kelch in seine heiligen und ehrwürdigen Hände, sagte dir Lob und Dank, reichte den Kelch seinen Jüngern und sprach:
Er verneigt sich ein wenig:
Nehmet und trinket alle daraus: Das ist der Kelch des Neuen und Ewigen Bundes, mein Blut, das für euch und für alle[41] vergossen wird zur Vergebung der Sünden. Tut dies zu meinem Gedächtnis.

---

41 Es gehört zu den aufregend modernen Formulierungen im römischen Messbuch, dass hier die Formulierung *pro multis* im inkludierenden Sinne (vgl. auch Mk 10,45 mit 1 Tim 2,6) verstanden wird, was seit den 1970er Jahren im römisch-katholischen Kontext üblich ist.

Dann spricht oder singt er (oder der Diakon):
Geheimnis des Glaubens
Die Gemeinde:
Deinen Tod, o Herr, verkünden wir und deine Auferstehung preisen wir, bis du kommst in Herrlichkeit.«

In der ersten, sehr sorgfältig geregelten, d. h. bis in kleine Gesten hinein durchgestalteten Sequenz des Hochgebets bleibt der Liturg konsequent im Sprechakt des Gebets. Bereits die offertoriale Eröffnung weist klar in eine Richtung. Dies wird durch die neuerliche Anrede Gottes des Vaters im Lobpreis über den Gaben unterstrichen, der deutlich (vgl. dazu auch Mt 11,25) ausgeschmückt ist. Auch das gestische Ausbreiten der Hände zu Beginn und das Erheben des Blicks beim Lobpreis machen klar: Es geht um das Lobopfer der Kirche. Der Priester schlüpft förmlich in die Rolle des betenden Jesu selbst hinein.

Doch dies ist nur eine Seite der Inszenierung. Liest man die einzelnen agendarischen Instruktionen genauer, so merkt man, dass er die Rolle des Vorbeters immer wieder verlässt und durch die *demonstrativen Akte* innerhalb der Handlung an die Gemeinde »andere Botschaften sendet«: Die konsekrierte Hostie wird präsentiert und der Kelch emporgehoben, der Hinweis, die Herrenworte (!) klar und deutlich vorzutragen, was sie offenbar vom Kontext signifikant unterscheiden soll, weist in dieselbe Richtung. Während des Gebets findet zeitgleich ein »zweites Programm« statt: *Schaut und hört genau hin.*

Ja wir können noch einen Schritt weiter gehen: Der Priester wird nach römischem Verständnis in den Einsetzungsworten zu einem zweifachen Stellvertreter Christi.[42] Er repräsentiert ihn nicht nur seiner menschlichen Natur nach (als Vorbeter der Kirche) – so der verbale Akt –,

42 Vgl. dies an Komplexität noch übertreffend die Liturgiekonstitution des Vatikanum II, SC 7, DH 4007: »Praesens adest in Missae Sacrificio cum in ministri persona, ›idem nunc offerens sacerdotum ministerio, qui seipsum tunc in cruce obtulisti‹ [Zitat Trient], tum maxime sub speciebus eucharisticis. Praesens adest in virtute sua in Sacramentis […]. Praesens adest denique dum supplicat et psallit Ecclesia …«. Christus ist also in mehrfacher Weise gegenwärtig: im vergegenwärtigten Messopfer, und zwar sowohl in der Person des opfernden Priesters als auch in der Heilskraft des Sakramentes, und in der singenden Gemeinde. In dieser Passage repräsentiert der Priester allerdings nicht den sich schenkenden Christus.

sondern auch seiner göttlichen Natur nach (als Heiland für die Kirche) – so zumindest der gestische Akt.

Welcher Sprechakt liegt nun also bis dahin vor? Rein semantisch natürlich der anabatische Sprechakt des Bitt- und Dankgebets. Andererseits spürt man eine »Mitteilungsintention« in Richtung Gemeinde, was durch die seit dem letzten Konzil üblich gewordene Zelebrationsrichtung *versus populum*[43] (also hinter dem Altartisch zur Gemeinde hin) noch verstärkt wird. Bitte, Dank und Verkündigung fließen also gleichsam ineinander. Betrachten wir nun die Sprechakte im zweiten Teil des Hochgebetes nach den *verba testamenti:*

6.2 Darbringung des Leibes und Blutes Christi und Gemeindeepiklese

> »*Der Priester breitet die Hände aus und spricht:*
> Darum, gütiger Vater, feiern wir, deine Diener und dein heiliges Volk, das Gedächtnis deines Sohnes, unseres Herrn Jesus Christus. Wir verkünden sein heilbringendes Leiden, seine Auferstehung von den Toten und seine glorreiche Himmelfahrt.
> So bringen wir aus den Gaben, die du uns geschenkt hast, dir, dem erhabenen Gott, die reine, heilige und makellose Opfergabe dar, das Brot des Lebens und den Kelch des ewigen Heils.[44]
> Blicke versöhnt und gütig darauf hernieder und nimm sie an wie einst die Gaben deines gerechten Dieners Abel, wie das Opfer unseres Vaters Abraham, wie die heilige Gabe, das reine Opfer deines Hohenpriesters Melchisedek.

---

43 *Joseph Ratzinger*, Theologie der Liturgie, in ders.: JRGS Bd. 11, Freiburg / Basel / Wien ²2008, 464f., schreibt dazu kritisch: »Der positive Gehalt der alten Zelebrationsrichtung […] lag in einem Zweifachen. Was wir heute ›Abwendung des Priesters vom Volk‹ nennen, war […] seinem ursprünglichen Sinn nach Gleichwerdung von Priester und Volk zum gemeinsamen Akt der trinitarischen Anbetung […]. Diese äußere Gleichrichtung hatte als ihren gemeinsamen Bezugspunkt die Zuwendung nach Osten, das heißt, sie beruhte auf einer Einbeziehung der kosmischen Symbolik in die gemeindliche Feier, und dies ist ein Vorgang von einiger Wichtigkeit. […] Der Osten – ›Oriens‹ – war bekanntlich vom Zeichen der aufgehenden Sonne her gleichzeitig Auferstehungssymbol […] wie Darstellung der Parusie-Hoffnung. […] Das Altarkreuz ist als der bis in unsere Tage verbliebene Rest der Ostung zu bezeichnen.«

44 Vgl., diese Aussagen überbietend, das IV. Hochgebet: »So bringen wir dir seinen Leib und sein Blut dar, das Opfer, das dir wohlgefällt und der ganzen Welt Heil bringt.«

Er faltet die Hände, verneigt sich und spricht:
Wir bitten dich, allmächtiger Gott: Dein heiliger Engel trage diese Opfergabe auf deinen himmlischen Altar vor deine göttliche Herrlichkeit; und wenn wir durch unsere Teilnahme am Altar den heiligen Leib und das Blut deines Sohnes empfangen,
Er richtet sich auf, macht das Kreuzzeichen und spricht:
erfülle uns mit aller Gnade und allem Segen des Himmels.«[45]

Auch wenn man evangelischerseits mit den postkonsekratorischen Darbringungsaussagen kaum mitgehen kann,[46] so bleibt dieser Teil wieder sehr konsequent im Sprechakt einer anabatischen Darbringung des Opfers Christi an den Vater.

Der Liturg steht nun (im Gegensatz zu den Einsetzungsworten?) mit Christus als opfernder Priester stellvertretend für die Kirche vor Gott.

Lediglich der letzte Satz (Gemeindeepiklese) wird durch das Kreuzzeichen (und das äußere Aufrichten des Liturgen) zu einem davon abgesetzten Sprechakt, ja beinahe zu einer kleinen Segenshandlung (oder nur Segensbitte?) an der Gemeinde.

---

45 Vgl. *Missale Romanum*, 458, Hochgebet I: »panem vitae et calicem salutis offerimus« bzw. ebd. 469, Hochgebet IV: »Sieh hier auf die Opfergabe, die du selber deiner Kirche bereitet hast, daß alle, die Anteil erhalten an dem einen Brot und dem einen Kelch, ein Leib werden im Heiligen Geist, eine lebendige Opfergabe in Christus zum Lob deiner Herrlichkeit« [»offerimus tibi eius Corpus et Sanguinem, sacrificium tibi acceptabile et toti mundo salutare«] (dt. Übersetzung, vgl. Textbuch Gemeindemesse (Anm. 40), 624.637).

46 Auch der katholische Liturgiewissenschaftler Reinhard Meßner (vgl. Anm. 18) kritisiert die offertorialen Aussagen der Hochgebete: »In diesen Darbringungsaussagen, die den kirchlichen Opfervollzug (Darbringung von Leib und Blut Christi) vom Akt der Vergegenwärtigung des Kreuzesopfers (Konsekration) trennen, liegt die Gefahr des verderblichen Mißverständnisses eines zusätzlich zum Kreuzesopfer notwendigen versöhnenden Opfers der Kirche allzu nahe. [...] Das Handeln Christi, das allein versöhnend ist, und das Handeln der Kirche, die die versöhnende Tat Christi dankend empfängt, werden nicht unterschieden. Daraus folgt der theologisch unmögliche Gedanke, die Kirche bringe das Opfer der Versöhnung dar. [...] Leider ist also zu resümieren:
Die Meßopferkritik Luthers bleibt angesichts der Darbringungsaussagen der neuen Hochgebete aufrecht, ja wird durch sie ex parte post gerechtfertigt. Die neuen Hochgebete (und zwar vor allem das 4. Hochgebet und das Votivgebet ›Versöhnung‹) sind also eine ernste ökumenische Belastung.«

Exkurs: Überlegungen zur »Inszenierung« des Abendmahls bei Joseph Ratzinger

An verschiedenen Stellen seiner Vorträge und Aufsätze äußert sich *Benedikt XVI.* zur Frage einer angemessenen Theologie und Liturgie des Herrenmahls und mahnt zugleich zu einer Neubesinnung, die den anabatisch-doxologischen Aspekt der Feier unterstreicht: Die *communio* der Gläubigen – so der Papst – sei zwar ein wesentlicher Gedanke im christlichen Abendmahl und würde durch den Altartisch, um den sich die Gemeinde versammelt, trefflich abgebildet. Allerdings sei dies nur eine Dimension der Feier. Er schreibt: »Die Gefahr besteht darin, dass das Kommunitäre die Gemeinde zum geschlossenen Kreis macht, der die aufsprengende trinitarische Dynamik nicht mehr wahrnimmt, die der Eucharistie ihre Größe gibt. [...] Die Gemeinde dialogisiert nicht mit sich selbst, sondern sie ist im gemeinsamen Aufbruch zum wiederkommenden Herrn hin.«[47] Gerade der letzte Satz lässt aufhorchen. Es geht Ratzinger um den lebendigen Dialog mit Gott im Sinne eines *katabatisch-anabatischen Wechselspiels* innerhalb der Liturgie, mithin um deren dialogische Dimension. Dieses Interesse verbindet uns. Aber wie kommt es angemessen zur liturgischen Darstellung? Dazu äußert sich der gegenwärtige Papst nicht, etwa mit der Überlegung, ob innerhalb der Sequenzen der Abendmahls-Liturgie nicht gar drei Sprechrichtungen oder Situationen zu unterscheiden wären: die erste von der *Präfation* bis zu den Einsetzungsworten *versus altarem*, dann die verba testamenti *versus populum*. Der dritte Schritt könnte dann die Feier in der *Gemeinschaft um den Tisch* des Herrn (*circumstantes*-Ordnung) sein, die ihrerseits in eine *abermalige Danksagung* (*versus altarem*) mündete.[48]

Ich meine, es sei vom römisch-katholischen Eucharistieverständnis her konsequent, dass man die Sprechrichtung gerade nicht unterscheidet, denn es geht, wie wir sahen, um eine *Darstellung des Ineinanders von Opfer Christi und Opfer der Kirche* in einem großen Dankgebet, das prinzipiell auch von Anfang bis Schluss mit dem Rücken zur Gemeinde zum Hochaltar gesprochen werden könnte. Den Aspekt der *communio* sehe ich übrigens sprachlich kaum herausgearbeitet, von einer Überbetonung kann im katholischen Kontext – zumal wenn man bedenkt, dass das Mahl in der Regel nicht im Kreis, sondern als Wandelkommunion gefeiert wird – nicht sprechen.

---

47 Ebd. 466.

48 Vgl. dazu auch *J. Arnold*, Theologie des Gottesdienstes (Anm. 14), 552–558 u. ö.

7 Orthodoxe Chrysostomus-Liturgie

Ein Seitenblick auf die der römischen und evangelischen Messe nicht unähnliche eucharistische Liturgie der orthodoxen Kirche mag hier noch eine weitere Perspektive eröffnen. Wir befinden uns, wenn es um das Eucharistiegebet geht, bereits innerhalb der sogenannten *Liturgie der Gläubigen*. Die sogenannte *Anaphora* beginnt nach dem Nizaenischen Credo mit Präfationsdialog und Sanctus und mündet in eine erste Danksagung beim Postsanctus. Die Gemeinde ist bisweilen beteiligt, es agieren vorwiegend Priester und Diakon, teilweise nur leise betend:

7.1 Postsanctus

> »*Der Priester betet mit leiser Stimme:*
> Mit diesen seligen Kräften, menschenliebender Herr, rufen auch wir und sagen: Heilig bist du und allheilig, und hocherhaben ist deine Herrlichkeit. So sehr hast du die Welt geliebt, dass du deinen eingeborenen Sohn dahingabst, damit niemand, der an ihn glaubt, verloren gehe, sondern das ewige Leben habe.
> Als er in die Welt gekommen war und den Heilsplan für uns erfüllt hatte, nahm er in der Nacht, da er verraten wurde, das Brot in seine heiligen unbefleckten Hände, dankte, segnete, heiligte, brach es und gab es seinen heiligen Jüngern und Aposteln und sprach: …«[49]

Die berühmte »Mitte des Evangeliums« aus Joh 3,16 wird hier – für uns ungewohnt – in ein Gebet umformuliert, eine Veränderung, die aber durchaus vergleichbar ist mit dem *Agnus Dei*, in dem das verkündigende Christuszeugnis des Täufers (Joh 1,29) im Munde der Gemeinde zur Anrufung Christi wird (s. o. 3.2). Die Einsetzungsworte werden umfangreich eingeleitet und teilweise durch kleine Zusätze ergänzt. Darauf kommt nun der zweite Akteur, der konzelebrierende Diakon, ins Spiel.

7.2 Rezitation und Illustration der verba testamenti

> »*Der Diakon weist mit dem Orarion auf das heilige Brot:*
> P (*laut*): Nehmet und esset, das ist mein Leib,
> der für euch gebrochen wird zur Vergebung der Sünden.
> *Alle*: Amen.

---

49 *Orthodoxer Gottesdienst* Band X,1. Die Liturgie des heiligen Johannes Chrysostomos. Für den Gemeindegebrauch zusammengestellt in Zusammenarbeit mit dem Verein für ostkirchliche Musik (VOM), Gersau i. d. Schweiz 1989, 49.

> *Der Diakon weist nun auf den Kelch:*
> P (*leise*): Ebenso nahm er nach dem Mahl den Kelch und sprach:
> (*laut*): Trinket alle davon, das ist mein Blut des neuen Bundes, das für euch und für viele vergossen wird zur Vergebung der Sünden.«[50]

In sich betrachtet ist dieser Abschnitt eine *kleine Verkündigungsszene* innerhalb des Hochgebets. Dies geschieht zum einen gestisch durch den liturgischen »Zeigestab« des Diakons und *akustisch* durch die nunmehr *laut gesprochenen Einsetzungsworte* (Priester). Sehr deutlich werden so innerhalb des Einsetzungsberichts *Herrenworte* und *erzählender Rahmen voneinander abgesetzt*, wenngleich der Sprechakt als solcher im Gebet bleibt.

7.3 Darbringung

> »*Der Priester betet leise:*
> Eingedenk also dieses heilsamen Gebotes und alles für uns Geschehenen, des Kreuzes, des Grabes, der Auferstehung am dritten Tage, der Himmelfahrt, des Sitzens zur rechten, der zweiten und glorreichen Wiederkehr,
> *laut*: bringen wir Dir das Deine von dem Deinen dar, von allem und für alles.
> *Der Diakon hebt mit gekreuzten Armen Diskos und Kelch hoch.*
> *Alle*: Dir singen, dich preisen wir, dir danken wir, Herr, und beten zu dir unserem Gott.«[51]

Das Hochgebet wird dann durch die *Anamnese* des Heilswerkes Christi weitergeführt und mündet in eine laut gesprochene *Darbringungsaussage*. Erstaunlicherweise kommt – im Gegensatz zum römischen Kanon – die Gemeinde bereits hier zum Einsatz. Ihre doxologische Akklamation bestärkt den betenden Sprechakt des Liturgen, der dann in folgende zentrale Passage einmündet:

7.4 Epiklese

> »*Der Priester betet unterdessen leise die Epiklese:*
> P (*leise*): Nochmals bringen wir dir diesen geistigen und unblutigen Opferdienst dar und rufen und bitten und flehen zu dir: Sende herab deinen heiligen Geist auf uns und auf diese Gaben.
> *Der Diakon tritt zum Priester hin; beide verbeugen sich dreimal vor dem Altar.*

50 Ebd. 49f.

51 Ebd. 50.

Der Priester fährt mit ausgebreiteten Armen und emporgehobenen Händen fort: Es folgt eine dreifache Vergebungsbitte mit den Worten:
O Herr, du hast Deinen hochheiligen Geist in der dritten Stunde auf Deine Apostel gesandt, nimm ihn nicht weg von uns, Du Gütiger, sondern erneuere uns, die wir zu Dir beten.
- *Diakon:* Schaffe in mir ein reines Herz, o Gott, und erneuere im Innern meinen Geist. [...]
- *Priester:* O Herr, Du hast Deinen hochheiligen Geist in der dritten Stunde [...]
- *Diakon:* Wende Dein Angesicht nicht von mir ab und nimm Deinen heiligen Geist nicht von mir!
- *Priester:* O Herr, Du hast Deinen hochheiligen Geist in der dritten Stunde [...]
- *Nach der dritten Bitte verneigt sich der Diakon, weist mit dem Orarion auf das heilige Brot und sagt leise:*
- Segne, Herr, das heilige Brot.

Der Priester macht dreimal das Zeichen des Kreuzes über die heiligen Gaben und spricht:
und mache dieses Brot zum kostbaren Leib deines Christus.
Diakon: Amen. Segne, Herr, diesen heiligen Kelch.
Priester: Und das, was in dem Kelche ist, zum kostbaren Blute Deines Christus.
Diakon: Amen, Herr, segne beides.
Priester: Indem du sie durch deinen Heiligen Geist verwandelst.
Diakon: Amen, Amen, Amen.
Nun fallen beide vor dem wahren Leibe und Blute des Herrn nieder. Dann verneigt sich der Diakon [...]«[52].

Es folgen die Bitte des Priesters um heilvollen Empfang und eine weitere Darbringungsaussage, an die sich das Gedächtnis der Gottesmutter anschließt.

Sprachlich und gestisch signalisiert die Anaphora der Chrysostomus-Liturgie eine kaum zu übertreffende *dramaturgisch-symbolische Verdichtung*. Der Diakon nimmt in der Inszenierung eine doppelte Rolle ein. Er verweist mit dem *Orarion* auf das heilige Brot, appliziert aber auch durch seine Bitten (aus Ps 51) das Geschehen stellvertretend für die Gemeinde. Der Priester agiert durch die *ausgebreiteten Hände* und das *dreifache Kreuzzeichen* als Vertreter Christi (vgl. Hebr 9), auch die ausdrückliche

52 Ebd. 51.

Bitte um Verwandlung ist ihm vorbehalten. Die *dreifache Verbeugung* beider Liturgen ist konsequent *epikletisch*, sie wird nur durch die Amen-Akklamationen des Diakons »unterbrochen«. Im Gegensatz zur römischen Messe werden *Gaben- und Gemeindeepiklese vor und nach den Einsetzungsworten nicht »aufgeteilt«*, sondern – wie im Evangelischen Gottesdienstbuch – in einem Atemzug gesprochen. Mehr noch als im römischen Eucharistiegebet bekommt die Gebetshandlung durch die hinzugefügten Gesten (Kreuzzeichen und Orarion) einen *impliziten Verkündigungscharakter.*

8 EVANGELISCHES GOTTESDIENSTBUCH (1999)

Nach langem Anmarschweg nun ein Blick auf die aktuellen evangelischen Agenden. Innerhalb der im Evangelischen Gottesdienstbuch vorgestellten Grundformen I und II, verbindlich für die Kirchen der VELKD (ohne Bayern) und der UEK, können wir zwei Typen unterscheiden, die hinsichtlich ihrer theologischen Tradition und auch hinsichtlich der Sprechakte deutliche Unterschiede aufweisen:

8.1 GRUNDFORM I (MESSTYP)

Zunächst ein Blick auf die evangelische Messe (Grundform I) nach dem Sanctus. Das vorgeschlagene Abendmahlsgebet ist als *fakultativ* gekennzeichnet:

> **»ABENDMAHLSGEBET I**
> Sei gepriesen, du Schöpfer aller Dinge,
> sei gepriesen für das Licht, das wir sehen,
> das uns hinweist auf Christus, unser Licht.
> Sei gepriesen für alles, was die Erde hervorbringt,
> um uns Menschen zu ernähren.
> Sei gepriesen für alles, was du uns zugute getan hast
> in Jesus Christus, deinem Sohn:
> für seine Geburt in dieser Welt,
> für sein Leiden und seinen Tod am Kreuz,
> für seine Auferstehung am Morgen der neuen Schöpfung.
>
> **EINSETZUNGSWORTE**
> Unser Herr Jesus Christus, in der Nacht, da er verraten ward,
> nahm er das Brot, dankte und brach's und gab's seinen Jüngern und sprach:

Nehmet hin und esset. Das ist + mein Leib,
der für euch gegeben wird [...]

CHRISTUSLOB
Kantor: Groß ist das Geheimnis des Glaubens!
Gemeinde: Deinen Tod, o Herr, verkünden wir und deine Auferstehung preisen wir, bis du kommst in Herrlichkeit.

ABENDMAHLSGEBET II (Epiklese)
Segne uns, Vater, diese Gaben,
dass wir Christi Leib und Blut zu unserm Heil empfangen.
Sende auf uns deinen Heiligen Geist,
den Atem, der Leben spendet,
den Tröster der Verzweifelten,
den Begleiter in alle Wahrheit;
der uns neu macht an Leib und Seele,
der uns das Leben schenkt, das nicht vergeht,
der uns Menschen versöhnt in der Kraft Jesus Christi.
Erhöre uns, wenn wir gemeinsam beten:
Vater unser im Himmel« usw.[53]

Das hymnische Abendmahlsgebet I ist in Anlehnung an die jüdische Tradition zunächst als *Berakah* gestaltet und bringt den Lobpreis des Schöpfers über den Gaben (vgl. Hippolyt, Didache) und die Erinnerung an das Heilswerk des Erlösers doxologisch zur Sprache. Die folgenden Einsetzungsworte sind *nicht eindeutig vom Gebet, z.B. durch ein Amen, abgetrennt.* Sie werden in der Regel auch von derselben Person gesprochen oder gesungen. Es bleibt also offen, ob es sich bei den Einsetzungsworten nach evangelischem Verständnis um einen *katabatischen oder anabatischen Sprechakt* handelt,[54] lediglich die Überschrift signalisiert eine Zäsur.

---

53 Vgl. EGb, 80 f. Außerdem gibt es noch eine von dieser Form deutlich unterschiedene Variante mit Noten (vgl. EGb, 113–117), die eher einen »hochkirchlichen Charakter« aufweist. Dabei ist die Epiklese vor die Einsetzungsworte gezogen, während eine ausführliche Anamnese sich an die Einsetzungsworte anschließt. An der Spitze der einzelnen Abschnitte stehen prägnante Verben: Wir loben dich – wir bitten dich – Einsetzungsworte – so gedenken wir – wir bitten dich.

54 Demgegenüber hat das Gottesdienstbuch für die Württembergische Landeskirche – auch innerhalb des Messformulars – den Sprechakt klar herausgehoben, indem es den Satz »Hört die Worte der Einsetzung des Heiligen Abendmahls« einfügt.

Durch das Kreuzzeichen wird eine Segnung bzw. Konsekration der Gaben (vgl. 1 Kor 10,16) angezeigt, wodurch die beiden Sätze, die Jesus selbst über den Gaben gesprochen hat, herausgehoben werden. In der Einleitung der Agende heißt es dazu: »Nach evangelischem Verständnis sind sie Evangeliumsverkündigung, Proklamation gültiger Gegenwart, was sie besagen. [...] Auch wenn sie innerhalb eines Abendmahlsgebetes rezitiert werden, haben sie zugleich verkündigende Funktion: Sie rühmen, was Christus den Seinen mit seinem Mahl heute schenkt.«[55]

Nach den Einsetzungsworten folgen das altsyrische *Christuslob der Gemeinde* (vgl. römischer Kanon) und ein Abendmahlsgebet II, das deutlich als Epiklese formuliert ist. Dabei wird der Geist sowohl auf die Gemeinde als auch auf die Gaben herabgerufen. Adressat des Gebetes ist wie in den bisher betrachteten Texten nicht der Geist selbst, sondern der ihn sendende Vater (also auch nicht der Sohn).

Die Gemeinde nimmt dieses Bitten organisch im Vaterunser und *Agnus Dei* auf, ehe sich daran ein wechselseitiger Friedensgruß anschließt.

Wir können bis hierher also folgende Sprechakte unterscheiden:

- Lobpreis über den Gaben und für das Heilswerk Jesu (doxologisch, anabatisch)
- Erinnerung an die Einsetzung bzw. Zuspruch der Gegenwart Christi (verkündigend, *katabatisch*)
- Lobpreis Christi durch die Gemeinde (doxologisch, anabatisch)
- Bitte um den Heiligen Geist und *Vaterunser* (epikletisch, anabatisch)
- Bitte an das Lamm Gottes, *Agnus Dei* (epikletisch, anabatisch)
- Gegenseitiger Friedensgruß in Wort und Geste (»zwischenmenschliche Interaktion«)

Insgesamt zeigt das evangelische Messformular, was die Sprechakte angeht, durchaus eine Nähe zur (reichen) römischen und orthodoxen Tradition. Das Eucharistiegebet ist eine neue Errungenschaft innerhalb der protestantischen Liturgie, auch wenn Peter Brunner schon 1954 entschie-

---

Die ganze Passage ist überschrieben mit »Eucharistiegebet und Einsetzungsworte«. Vgl. Gottesdienstbuch für die Evangelische Landeskirche Württemberg, Stuttgart 2004, 92.

55 EGb, 27. Trotz dieser klaren Sätze bleibt einiges offen. Soll der Liturg bzw. die Liturgin sich bei den Einsetzungsworten zur Gemeinde umdrehen oder in Richtung Kreuz/Altar sprechen?

den dafür plädierte und es in Agende I mit Form B schon eine Möglichkeit dazu gab.[56]

Differentia specifica ist: Die Einsetzungsworte *sollen* im evangelischen Abendmahl kerygmatisch interpretiert und inszeniert werden, ohne dass allerdings das Gebet zuvor durch ein Amen beschlossen würde. Im Gegensatz zu den orthodoxen und katholischen Formularen wird also die verkündigende Funktion kaum gestisch oder symbolisch unterstrichen.

Insgesamt dominiert der eucharistisch-epikletische Charakter der Mahlfeier, dessen *Communio*-Aspekt übrigens durch den Friedensgruß vor der Austeilung akzentuiert wird. Hier findet erstmals eine zwischenmenschliche bzw. geschwisterliche »Interaktion« statt, die sich auch in der Aufstellung zum Kreis (*circumstantes*-Ordnung) abbilden kann.

8.2 Grundform II (kerygmatischer Typus)

Betrachten wir nun den zweiten Typus der Mahlfeier, wie er im evangelischen Kontext gefeiert wird. Er kommt eher aus der südwestdeutschen Tradition (so genannte Oberdeutsche Form) und beginnt mit einer Abendmahlsbetrachtung, die historisch auf die so genannte »Abendmahlsvermahnung« – eine Art Kurzpredigt zum Abendmahl – aus der Reformationszeit zurückgeht.

»Abendmahlsbetrachtung

Gott hat uns in Jesus Christus das ewige Leben geschenkt. Er ruft alle Welt und lädt uns ein an seinen Tisch. Wir gehören zu ihm. Er verbindet uns untereinander.

Er befreit uns von der Last der Vergangenheit, lässt uns Einsamkeit und Unfrieden überwinden und einen neuen Anfang wagen.

Indem wir das Brot essen und aus diesem Kelch trinken,
warten wir voll Verlangen auf sein Reich, in dem Gerechtigkeit wohnt.

Einsetzungsworte

Unser Herr Jesus Christus, [...]

---

56 Vgl. dazu auch *P. Brunner*, Zur Lehre vom Gottesdienst der im Namen Jesu versammelten Gemeinde (Anm. 11), 359–361, mit der so genannten Eulogie des Abendmahls im Entwurf.

Abendmahlsgebet
Lasst uns beten:
Herr Jesus Christus, du bist das lebendige Brot,
das vom Himmel gekommen ist.
Du machst uns satt und schenkst uns deine Gemeinschaft.
Du bist der Weinstock, wir sind die Reben.
Erfülle uns mit deiner Kraft und ziehe uns zu dir.
Wer in dir bleibt und du in ihm, der bringt viel Frucht.
Dazu hilf uns nach deiner Verheißung.
Gemeinde: **Amen.**
Vaterunser …«[57]

In diesem Fall sind die beiden Sequenzen *Betrachtung und Einsetzungsworte* auf der einen bzw. *Abendmahlsgebet und Vaterunser* auf der anderen Seite klar voneinander abgesetzt.

Die Form ist schlicht, ja beinahe karg, es fehlen hymnische Gesänge, das Hauptgewicht liegt auf den gesprochenen Einsetzungsworten. Sie enthält aber auch theologische Perlen, so die johanneisch geprägten Wendungen »das lebendige Brot, das vom Himmel gekommen ist« (Joh 6,50) und das Weinstockbild (vgl. Joh 15,1–5).

9 Reformierte Liturgie (1999)

Die *Reformierte Liturgie* bietet ähnlich wie das fast zeitgleich entstandene Evangelische Gottesdienstbuch zwei Grundformen an, die jeweils noch einmal zwei Varianten kennen und eine Form zu besonderem Anlass (Krankenabendmahl). *Form A1 und A2* entsprechen dem kerygmatischen Typus von Grundform II des Evangelischen Gottesdienstbuches. *Form B1 und B2* folgen dem Messtypus (vgl. Grundform I des EGb).

In *Form A1* steht ein biblisches Votum an der Spitze, das eine Einladung ausspricht (vgl. Joh 6,35; Mt 11,28), ihm schließen sich bereits die Einsetzungsworte mit einer kurzen Hinführung an. Darauf folgt in der Regel die so genannte Abendmahlsbesinnung, wobei durchaus auch der »Ernst« und »kräftige Anspruch«[58] Gottes akzentuiert werden sollen.

---

57 EGb, 142 f. Es folgen nach dem Vaterunser nur noch die Einladung aus Ps 34,9 und der Friedensgruß, bevor ausgeteilt wird.

58 Vgl. *Peter Bukowski* u. a. (Hrsg.), Reformierte Liturgie, Gebete und Ordnungen für

In *Form A2* geschieht dies noch dezidierter, da unmittelbar *vor den Einsetzungsworten ein Sündenbekenntnis mit Zuspruch der Vergebung und Verheißung* eingefügt ist.

»**Beichtgebet**
Allmächtiger Gott, wir haben gesündigt gegen dich und unsere Mitmenschen in Gedanken, Worten und Taten, im Bösen, das wir getan, und im Guten, das wir unterlassen haben …
Es tut uns ernstlich leid, und wir bereuen unsere Sünden.
Um deines Sohnes Jesus Christus willen, der für uns starb, bitten wir dich:
Vergib uns alle unsere Schuld und gewähre uns, dass wir dir dienen in einem erneuerten Leben zum Ruhm deines Namens.
So frage ich euch:
Ist dies euer aufrichtiges Bekenntnis und Gebet?
So antwortet: Ja.

Verheißung
Auf dieses euer Bekenntnis verkündige ich euch
um Jesu Christi willen,
dass euch alle eure Sünden vergeben sind.
Im Namen des Vaters und des Sohnes und des Heiligen Geistes.
Der Friede des Herrn sei mit uns allen. **Amen.**

Einsetzungsworte
Der Herr Jesus, in der Nacht, da er verraten ward,
nahm er das Brot, dankte und brach's und sprach:
Das ist mein Leib, der für euch gegeben wird;
das tut zu meinem Gedächtnis … **Amen.**

Es fällt auf, dass hier im Gegensatz zur Offenen Schuld in Grundform II des EGb Beichte und Abendmahl untrennbar miteinander verschmolzen sind. Die Beichte besteht klassisch aus Sündenbekenntnis, Vergebungsbitte (mit gemeinsamem Ja), Absolution und Friedensgruß.

Daran schließt sich – gleichsam als zweite *promissio* – die Rezitation der Einsetzungsworte an. Ein gereimtes Abendmahlsgebet mit trinitarischer Struktur ist in beiden Formularen (A1 und 2) enthalten. Es schließt sich der Besinnung (A1) oder den Einsetzungsworten (A2) an:

---

die unter dem Wort versammelte Gemeinde, Wuppertal/Neukirchen-Vluyn 1999, 348.

»Du lädst uns, Herr, zu deinem Mahl,
zum Brot des Lebens und zum Trank der Freude.

Wir danken dir, Gott, Schöpfer aller Welt,
der Menschen, Tiere, Pflanzen deiner Erde,
der Leben gab und der es noch erhält,
ins Licht gerufen durch das Wort: Es werde!

Wir loben dich, Herr Christus, Gottes Sohn,
für uns gestorben und vom Tod erstanden.
Du stellst uns einst mit dir vor Gottes Thron,
Verlorene, die Rettung fanden.

Wir preisen dich, Vollender, Heiliger Geist,
vom Vater durch den Sohn für uns gegeben.
Du Gottesatem, der uns mit sich reißt,
komm nun, erwecke uns zum Leben. Amen.«[59]

Ein feierlich-hymnischer Grundton dominiert, aber auch anamnetische und epikletische (Schluss) Momente sind enthalten. Das Dankgebet nach der Abendmahlsfeier ist ebenfalls als Lobpreis gestaltet. Oft werden Worte aus Ps 103 verwendet. Die Agende schreibt dazu: »Mit dem Element der Rühmung entspricht dieses Gebet der Präfation anderer Abendmahlsformen.«[60]

Form B1 (Messtyp) kommt der Grundform I im Evangelischen Gottesdienstbuch am nächsten und bietet zwei mögliche Abendmahlsgebete samt Friedensgruß. Einsetzungsworte, Gebet und Austeilung werden deutlich voneinander abgesetzt.

Form B2 entspricht am ehesten der alten Agende I (lutherisch) mit Vaterunser *vor* den Einsetzungsworten.[61] Ein epikletisches Gebet nach

---

59 Ebd. 355 bzw. 349 f.

60 Ebd. 341. M. E. ist diese Bemerkung nicht ganz zutreffend, denn das (segnende) Lobgebet über den (Schöpfungs-)gaben (vgl. 1 Kor 10,16 f.) ist vom Sprechakt her nicht identisch mit dem Dank für die empfangenen (Heils-)gaben im Mahl. Außerdem besteht ein prinzipieller Unterschied zwischen dem Dank für etwas, was man geschenkt bekommen hat (Vergangenheit), und dem Lob, das sich (in der Gegenwart) an eine Person / Gott richtet (vgl. dazu auch Westermanns berühmte Unterscheidung von »berichtendem« und »beschreibendem Lob« (vgl. Anm. 66).

61 Vgl. EGb, 125 f.

den Einsetzungsworten gibt es hier nicht. Der Friedensgruß fehlt ebenfalls, nach dem Agnus Dei wird rasch ausgeteilt.

Das Christuslob fehlt in allen vier Formularen.

Insgesamt ist erkennbar, dass eine hohe Sensibilität für die unterschiedlichen Sprachformen und Sprechakte besteht, was bereits aus den Überschriften klar hervorgeht und vielfach durch deutlich Zäsuren (Amen etc.) angezeigt ist.

10 Verkündigung und Gebet? – Zwischenbilanz und Problemanzeige

10.1 Zwischenbilanz

Insgesamt betrachtet, haben wir im protestantischen Kontext mit den beiden agendarischen Formen sowohl einen *eher* doxologischen Typus (Messe) als auch einen eher kerygmatischen Typ der Mahlfeier vor uns. In beiden Fällen stehen *die Einsetzungsworte in der Mitte*, aber es werden auch *Gebete* vor bzw. nach *den verba testamenti* gesprochen. Die Abendmahlsliturgie geschieht, wenn man ein Dank- oder Lobgebet als stiftungsgemäß voraussetzt, in einer dreifachen, d. h. *anabatisch-katabatisch-anabatischen* Bewegung vom Eucharistiegebet zu den *verba institutionis* und von diesen zum *Christuslob* bzw. zur *gratiarum actio* nach der Austeilung (Ps 136; 103). Differenzierter betrachtet, geht es in der Messe um einen Fünfschritt: Lobpreis/Gedenken im Gebet – Zusage (Einsetzungsworte) – Bitte (Epiklese / Vaterunser / Agnus Dei) – Communio (Zusage und Gemeinschaft) – Dank (*gratiarum actio*), also gleichsam ABCB'A'.

Ebenso überzeugend ist eine stärker rechtfertigungstheologisch geprägte Form, evtl. mit vorangehender Beichte und Absolution, wobei dann ein Tischgebet nach den Einsetzungsworten und ein Dankgebet nach der Austeilung auch der Hinwendung zu Gott Raum gibt. (BABA)

Sowohl im lutherischen und unierten, mehr noch allerdings im reformierten Zusammenhang gibt es agendarisch ein deutliches Bewusstsein für Sprechakte bzw. Übergänge von Gebet und Zusage innerhalb der Abendmahlsliturgie. In Württemberg werden die Einsetzungsworte sogar eingeleitet durch den Satz »*Hört die Worte der Einsetzung des Heiligen Abendmahls*«, um sie klar vom vorangehenden bzw. folgenden Gebet abzusetzen.

Demgegenüber wird im römisch-katholischen und orthodoxen Kontext die ganze Handlung als ein *Hochgebet* verstanden bzw. als *Anaphora* gefeiert. Allerdings – dies gilt es zu beachten – werden die besonderen Momente der Einsetzungsworte bzw. der Epiklese durch zusätzliche Gesten und Symbole unterstrichen, die eine Mitteilungsfunktion (deiktischer Code) für die Gemeinde aufweisen, wodurch die reine Gebetshandlung gleichsam transzendiert wird.

Daran schließen sich nun weitere Überlegungen an:

10.2 Problemanzeige: Gibt es Mischformen von Gebet und Verkündigung?

Was ist nun von der vielfach behaupteten These zu halten, dass *Verkündigung und Gebet in der Abendmahlsliturgie »untrennbar ineinander verschränkt«* oder verschmolzen seien?[62] An welchen Stellen in der Liturgie können wir dies beobachten? Wo lässt sich im Grunde nicht sagen, ob wir mit Gott reden oder der Liturg im Namen Gottes zur Gemeinde spricht?

10.2.1 Anamnese

Betrachten wir dazu die Passagen, die als *Anamnese* bezeichnet werden[63] und von jeher eine *Doppelfunktion als Gebet und geistliche Vergegenwärtigung* einnehmen:

---

62 Vgl. *R. Meßner*, Die Meßreform Martin Luthers und die Eucharistie der Alten Kirche (Anm. 18), 181: »Das Moment der das Heil zusagenden Verkündigung (katabatische Linie) und das des Lobens und Dankens (anabatische Linie) sind hier untrennbar ineinander verschränkt; das erste hat das zweite notwendig zur Folge.« Mit dem letzten Satz wird unglücklicherweise der erste Satz dahingehend relativiert, als ob beide Größen beliebig austauschbar seien …

63 Vgl. *Luthers* Vermahnung zum Sakrament WA 30 / II, 602f.: »Willst du nun ein Gottmacher werden, so komm her, höre zu, ich will dich die Kunst lehren, […] dass du den rechten Gott zum rechten Gott machest. Nicht dass du seine göttliche Natur machen sollest, denn dieselbige bleibt ungemacht ewiglich, sondern dass du ihn kannst dir zum Gott machen, dass er dir, dir, dir auch ein rechter Gott werde, wie er für sich selbst ein rechter Gott ist. Das ist aber die Kunst, kurz und gewiss dargegeben: *Das tut zu meinem Gedächtnis.* Lerne seiner gedenken, das ist (wie gesagt): Predigen, preisen, loben, zuhören und danken für die Gnade in Christo erzeiget. Tust du das, siehe, so bekennst du mit Herz und Mund, mit Ohren und Augen, mit Leib und Seele, dass du Gott nichts gegeben habest noch mögest, sondern alles von ihm habest und nehmest, sonderlich das ewige Leben und unendliche Gerechtigkeit in Christo. Wo aber das geschieht, so hast du ihn dir zum rechten Gott gemacht und mit solchem Bekenntnis seine göttliche Ehre erhalten.«

»So *gedenken* wir, himmlischer Vater, deines Sohnes,
wir *gedenken* seines Leidens und Sterbens.
Wir preisen seine Auferstehung und Himmelfahrt
und vertrauen auf seine Herrschaft über alle Welt.
Wir bitten dich, Gott:
Wie alle, die seinen Leib empfangen, e i n Leib sind in Christus,
so bringe deine Gemeinde zusammen von den Enden der Erde
und lass uns mit allen Gläubigen voll Freude das Mahl feiern in deinem Reich.
Durch Jesus Christus sei dir im Heiligen Geist Preis und Anbetung
jetzt und immerdar und von Ewigkeit zu Ewigkeit.«[64]

Ein Ineinander verschiedener Sprechakte ist nicht wirklich festzustellen, die Gemeinde ist mit dem Liturgen gemeinsam im Gebet vor Gott, das durch eine Anrufung (himmlischer Vater) eingeleitet und auch durch eine trinitarische Doxologie (2. Pers. Sing.) abgeschlossen wird.

10.2.2 Christuslob

Das altsyrische Christuslob (9. Jahrhundert), *Deinen Tod, o Herr, verkünden wir* usw., verweist wahrscheinlich zurück auf die unmittelbar davor gehörten Worte der Einsetzung und deutet sie *als Verkündigungsgeschehen.* Es tut dies aber im Aufblick zu Gott, d. h. im Sprechakt des Gebets. Es ist auch denkbar, dass sie auf die folgende *Austeilung* und *Communio vorausweisen,* die ja ebenfalls als Verkündigungsgeschehen (vgl. 1 Kor 11,26) betrachtet werden können.

Vielleicht ist es sogar zutreffend, dass sie *das ganze Geschehen der Mahlfeier als Verkündigungshandlung* beleuchten. Formal ist das Christuslob jedenfalls Lobpreis Christi, des gestorbenen und auferstandenen Herrn, was durch die *Invocatio: Deinen Tod, o Herr* … eindeutig festgelegt ist. Die Bezeichnung *Christuslob* ist also zutreffend.

Das gilt auch für den römischen Messkanon, der so fortfährt:

»L: Darum, gütiger Vater, feiern wir, deine Diener und dein heiliges Volk, das Gedächtnis deines Sohnes, unseres Herrn Jesus Christus. Wir verkünden sein heilbringendes Leiden, seine Auferstehung von den Toten und seine glorreiche Himmelfahrt.«[65]

---

64 EGb, 116 f. mit Noten.
65 Textbuch Gemeindemesse (Anm. 40), 617.

Die Wendung »*Wir verkünden*« löst zwar eine kurze Überraschung aus; der Text bleibt aber beim Gebet und wendet sich nicht in einen wirklich kerygmatischen Sprechakt, wie er etwa in der Weihnachtsgeschichte begegnet (vgl. Lk 2,10: *Siehe, ich verkündige euch große Freude ...!*) Das Ausbreiten der Hände unterstreicht dies (so genannte *Orante*-Haltung).

10.2.3 Lob- und Dankpsalm (gratiarum actio)

Vielleicht am komplexesten stellt sich die Situation im Blick auf ein adäquates Verständnis des abschließenden Dankgebets dar, sofern ein Dankpsalm gesprochen wird. Hier werden im evangelischen Gottesdienst in der Regel Ps 136 oder Ps 103 gewählt:

Danket dem Herrn, denn er ist freundlich
und seine Güte währet ewiglich ...

Streng genommen ist dies eine imperativische Aufforderung mit anschließender Begründung an die versammelte Gemeinde und noch kein tatsächlicher Dank an Gott. Ähnliche Texte des »berichtenden Lobs« (Westermann)[66] werden aber schon seit Jahrtausenden als Dank*gebet* verstanden und selbstverständlich an Gott gerichtet.

Ähnlich liegt der Fall in Ps 103:

Lobe den Herrn, meine Seele,
und was in mir ist, seinen heiligen Namen.
Lobe den Herrn, meine Seele,
und vergiss nicht, was er dir Gutes getan hat!
Der dir alle deine Sünde vergibt
und heilet alle deine Gebrechen. ...

Hier könnte man ebenfalls von einem Ineinander sprechen: Die Selbstaufforderung an die Seele ist im Grunde eine Art von entfalteter innerer Motivation zum Loben unter Betrachtung der Taten Gottes und noch kein unmittelbares Lob wie der Satz *Gelobt seist du*!

Dennoch gibt die hymnische Entfaltung Gott selbst die Ehre, indem sie sein Handeln entfaltet: »der dir alle deine Sünden vergibt ...«.

Ähnliches gilt übrigens auch für die großen *Hymnen* des Neuen Testamentes (vgl. Phil 2,6–11; Joh 1,1–18; Kol 1,15–20). Auch hier wird Christus eigentlich nicht ausdrücklich gepriesen. Die *Eulogien* im Neuen

---

66 Vgl. *Claus Westermann*, Der Psalter, Stuttgart 1967, 61–77.

Testament (1 Petr 1,3–5 und Eph 1,3) sind dagegen unmissverständlich als Lobpreis formuliert.

II EUCHARISTIA UND PROMISSIO! LITURGIETHEOLOGISCHER UND ÖKUMENISCHER ERTRAG

Wir haben eine Fülle von liturgischen Nuancen im Blick auf die unterschiedlichen Sprechakte in der Abendmahlsliturgie wahrgenommen. Welche dieser Beobachtungen können nun in die liturgietheologische und ökumenische Diskussion eingebracht werden? Wie könnte ein protestantischer Beitrag für das ökumenische und kontroverstheologische Gespräch aussehen?

Der gegenwärtige Papst ermutigt dazu, auch liturgisch das reformatorische Proprium einzubringen, wenn er sagt: »Es beeindruckt mich immer wieder, dass unsere evangelischen Brüder bei ihrer Umwandlung der mittelalterlichen Formen ein recht ausgewogenes Verhältnis zwischen Zuwendung von Vorsteher und Gemeinde einerseits und gemeinsamer Hinwendung zum Kreuz andererseits gefunden haben.«[67]

II.1 DIFFERENZIERTES NACHEINANDER VON LOB/BITTE, ZUSAGE UND DANKSAGUNG

Am *Canon missae* haben sich in der Reformation die Geister geschieden. Die Reformatoren haben mit ihrem Einsatz gezeigt, dass hier etwas auf dem Spiel steht, was auf keinen Fall preisgegeben werden darf, dass sich nämlich Gott uns im Abendmahl in kategorischer Weise zusagt,[68] dass es also Mahl *des Herrn* ist und nicht etwa Mahl der Kirche[69]. Diese Zusage wird durch einen konkreten Sprechakt der Gemeinde mitgeteilt, durch

67 *J. Ratzinger*, Theologie der Liturgie (Anm. 43), 467, allerdings nicht mit spezifischem Hinweis auf das Abendmahl.

68 Vgl. *O. Bayer*, Theologie (Anm. 10), 400: »Das Herrenmahl ist kein ›Opfer, das Gott dargebracht würde‹. Vielmehr widerfährt uns darin die Kondeszendenz und Hingabe Gottes, in der er sich uns mitteilt. Wir *empfangen* sein Opfer.«

69 Vgl. *Ottfried Hofius*, »Für euch gegeben zur Vergebung der Sünden«. Vom Sinn des Heiligen Abendmahls, in: Ders., Neutestamentliche Studien, Tübingen 2000, 276–300: 278: »Das heilige Abendmahl ist das Mahl Jesu Christi, *nicht* das Mahl der Kirche«.

die promissorischen *Gabe*worte der *verba testamenti.*[70] Die Reformation drehte damit gleichsam »den Priester um: Er handelt nicht mehr Gott gegenüber im Namen der Gemeinde opfernd, sondern er wird zum Mund Gottes und richtet dessen befreiende Zusage der Gemeinde aus.«[71] Aus dieser Perspektive verdunkelt ein exklusiv *anabatisches* Verständnis des Herrenmahls, das *die Einsetzungsworte, ja die ganze Abendmahlsliturgie als eine große Gebetsbewegung versteht,*[72] den *Gabecharakter* des Mahles. Es ist das Verdienst von Dorothea Wendebourg[73], Oswald Bayer u. a., dass sie dies im Vorfeld der Einführung des Evangelischen Gottesdienstbuches festgehalten haben, wohl wissend, dass die ältesten liturgischen Texte aus dem 2. und 3. Jahrhundert bereits einen anderen Weg eingeschlagen hatten. Andererseits steht es außer Frage, dass Jesus selbst innerhalb der Einsetzung des Abendmahls wie bei jeder Mahlzeit (vgl. Joh 6,11; Lk 24,30 u. ö.) ein Segens- bzw. Dankgebet sprach. Beziehen wir das Wiederholungsgebot auf die ganze Handlung der Mahlfeier, dann ist ein eucharistisches *Dank- oder Segensgebet* zweifellos *stiftungsgemäß*[74], selbst

---

70 Vgl. *R. Meßner*, Die Meßreform Martin Luthers und die Eucharistie der Alten Kirche (Anm. 18), 163: »Die Messe ist also ein spezielles promissio-fides-Geschehen, ein rechtfertigendes Wortgeschehen, in dem Gott der allein rechtfertigend Handelnde ist, also ein katabatisches Geschehen, in dem Gott am Menschen handelt, nicht aber der Mensch gegenüber Gott..

71 *Hans-Christoph Schmidt-Lauber*, Eucharistie, in: Ders. / Michael Meyer-Blanck / Karl-Heinrich Bieritz (Hrsg.), Handbuch der Liturgik, Göttingen/Leipzig ^{3}2003, 207–246: 222.

72 Vgl. *H.-Chr. Schmidt-Lauber*, verba (Anm. 13), 168, bzw. *Jörg Neijenhuis*, Das Eucharistiegebet – Struktur und Opferverständnis. Untersucht am Beispiel des Projekts der Erneuerten Agende, Leipzig 1999, 190: »Liturgiewissenschaftlich ist festzustellen, daß dem Eucharistiegebet eine grundsätzlich anabatische Bewegung eigen ist, die aber in die katabatische eingeht und letztendlich auf dieser ruht.«

73 Vgl. *D. Wendebourg*, Noch einmal »Den falschen Weg Roms zu Ende gegangen?« (Anm. 12), 404: »Hier geht es um nichts Geringeres als darum, ob der Gottesdienst und speziell das Abendmahl ein dialogisches Geschehen ist, in dem die Gemeinde – hörend, essend, trinkend – immer wieder Gottes Heil empfängt und darauf antwortet, oder eine einlinige Handlung, in der die Gemeinde nicht empfängt, sondern sich – dankend, bittend, opfernd – Gott zuwendet.«

74 Vgl. *O. Hofius*, »Für euch gegeben zur Vergebung der Sünden« (Anm. 69), 298: »Zur Feier des heiligen Abendmahls gehört das eucharistische Gebet: der Lobpreis Gottes in Gestalt der Bezeugung seines Heilshandelns in Jesus Christus.« (Vgl. auch ebd. 285) Für Neijenhuis, 190, gehören dazu nach Sanctus, Benedictus,

wenn es nicht in gleicher Weise konstitutiv ist wie die Einsetzungsworte im Munde Jesu. Es ist daher falsch, wenn man abstreitet, dass die Kirche im Abendmahl auch lobend, bittend und dankend vor Gott hintritt. Es ist das Verdienst von P. Brunner, H.-Chr. Schmidt-Lauber, U. Kühn und vielen anderen, dass sie dies in ökumenischer und liturgiewissenschaftlicher Verantwortung herausgearbeitet haben.

Daher ist nach evangelischem Verständnis die Skylla einer »eucharistischen Einheitlichkeit des Herrenmahls«[75] ebenso verfehlt wie die Charybdis, wonach »Lob und Dank keine spezifischen Elemente der Abendmahlsfeier dar[stellen]«[76]. Die Untersuchung hat gezeigt, dass nur in den protestantischen Agenden eine Unterscheidung der Sprechakte gemacht wird, während die beiden großen Weltkirchen von einer einzigen »Gebetsbewegung« ausgehen, allerdings in der Inszenierung dann doch gewisse Verkündigungselemente mit ins Spiel bringen (Elevation, lautes Sprechen, Zeigen mit dem Orarion). Diese Differenz ist zunächst festzuhalten und im ökumenischen Gespräch konstruktiv-kritisch einzubringen.

II.2 Abendmahl und Rechtfertigung

Wenn es zutrifft, dass das Abendmahl *in erster Linie* »ein rechtfertigendes Wortgeschehen [ist], in dem Gott der allein rechtfertigend Handelnde ist, also ein katabatisches Geschehen, in dem Gott am Menschen handelt, nicht aber der Mensch gegenüber Gott«[77], dann ist von den ökumenischen Partnern einzufordern, dass sie an dieser Stelle theologisch und liturgisch neu nachdenken – auch gegen das Traditionsargument, d. h. die Hochschätzung altkirchlicher Liturgien wie der *Didache* oder der *Traditio Apostolica* oder anderer Liturgien.

Postsanctus und verba testamenti folgende Elemente: »Anamnese im engeren Sinn, Darbringung, Gaben- und Kommunionepiklese, Interzessionen mit dem eschatologischen Ausblick und Doxologie«. Das Kriterium, wonach ein Gebet als Eucharistiegebet gelten kann, scheint uns allerdings sehr fragwürdig, wenn der Verf. meint, es müsse ein »Opfergeschehen auf der Sprechebene ausdrücken« bzw. auf der »Verhaltensebene initiieren« (vgl. ebd. 191).

75 Vgl. *U. Kühn*, Der eucharistische Charakter des Herrenmahls (Anm. 13), bzw. *H.-Chr. Schmidt-Lauber*, verba (Anm. 13).

76 *D. Wendebourg*, Noch einmal »Den falschen Weg Roms zu Ende gegangen?« (Anm. 12), 465.

77 *R. Meßner*, Die Meßreform Martin Luthers und die Eucharistie der Alten Kirche (Anm. 18), 163.

Der Konsens in der Rechtfertigungslehre ist also auch liturgisch nochmals zu bedenken und zu fragen, ob die Geste des einladenden und vergebenden Gottes nicht in der Form der Zusage im Mittelpunkt der Abendmahlsliturgie zu stehen hat.

Was ist aus diesen beiden Aussagen konkret abzuleiten?

II.3 Kritik an postkonsekratorischen Darbringungsaussagen

Zunächst betrifft dies die auch für katholische Ohren anstößigen Formulierungen zum Messopfer mit ihren *schwer erträglichen postkonsekratorischen Darbringungsaussagen*, die auch von Stuflesser und Meßner kritisiert werden.

> *Stuflesser* kritisiert, dass der vielfach propagierte »Aussagentausch zwischen Haupt und Gliedern«, der die wesentliche hermeneutische Brücke zwischen Sühnopfer Jesu und Lobopfer der Gemeinde ausmacht, in den neueren Hochgebeten zumindest »mißverständlich« sei, ja dass dem Eindruck, »die Kirche opfere Christus erneut«, an der entscheidenden Stelle, nämlich der »postkonsekratorisch verstandenen Darbringungsaussage«, meist nicht gewehrt werde.[78]

Meßner kritisiert die offertorialen Aussagen der Hochgebete[79] noch schärfer: »In diesen Darbringungsaussagen, die den kirchlichen Opfervollzug (Darbringung von Leib und Blut Christi) vom Akt der Vergegenwärtigung des Kreuzesopfers (Konsekration) trennen, liegt die Gefahr des verderblichen Mißverständnisses eines zusätzlich zum Kreuzesopfer notwendi-

---

78 Vgl. *Martin Stuflesser*, Memoria Passionis. Das Verhältnis von lex orandi und lex credendi am Beispiel des Opferbegriffs in den Eucharistischen Hochgebeten nach dem II. Vatikanischen Konzil, MthA 51, Altenberge 1998, 430 f. Aus diesem Grund insistiert Seraphim auf der wichtigen Frage, ob präkonsekratorisch die *consecranda* (Brot und Wein) oder postkonsekratorisch die *consecrata* (Leib und Blut Christi) als Opfer dargebracht werden, und kommt zu dem (in der Liturgiewissenschaft geläufigen) Schluss, dass »nicht die altkirchliche eucharistische Überlieferung sondern die tridentinische Überlieferung« (272) zu korrigieren ist.

79 Vgl. Prex eucharistica 2, Missale Romanum, 458: »panem vitae et calicem salutis offerimus« (vgl. dagegen Hippolyt, TA 4, ebd. 226, ohne die Genitive) und Prex eucharistica 4, Missale Romanum, 469: »Offerimus tibi eius Corpus et Sanguinem, sacrificium tibi acceptabile et toti mundo salutare« (dt. Übersetzung, vgl. Textbuch Gemeindemesse (Anm. 40), 624.637).

gen versöhnenden Opfers der Kirche allzu nahe. [...] Das Handeln Christi, das allein versöhnend ist, und das Handeln der Kirche, die die versöhnende Tat Christi dankend empfängt, werden nicht unterschieden. Daraus folgt der theologisch unmögliche Gedanke, die Kirche bringe das Opfer der Versöhnung dar. [...] Leider ist also zu resümieren: Die Meßopferkritik Luthers bleibt angesichts der Darbringungsaussagen der neuen Hochgebete aufrecht, ja wird durch sie ex parte post gerechtfertigt. Die neuen Hochgebete (und zwar vor allem das 4. Hochgebet und das Votivgebet ›Versöhnung‹) sind also eine ernste ökumenische Belastung.«[80]

11.4 Verzicht auf die Rede vom Opfer im Canon missae

Ich meine, man müsse gar noch einen Schritt weiter gehen:

Die »heilige Zone« des *Canon missae*, das unmittelbare Umfeld der Einsetzungsworte, sollte von Darbringungsaussagen und Opferterminologie (egal ob sühnetheologischer oder synergistischer Art) gänzlich freigehalten werden, was in den evangelischen Agenden bereits konsequent geschieht. Auf diese Weise werden Vergegenwärtigung Christ als Gabe und der Dank dafür nicht vermischt.

Es täte uns sogar gut, auf die Rede vom Opfer in der Abendmahlsfeier ganz zu verzichten, auch wenn wir theologisch am Sachgehalt einer sühnetheologischen bzw. soteriologischen Handlung Gottes an uns im Sakrament festhalten sollten.

12 Liturgische Kompetenz

Schließen möchte ich mit einem Plädoyer zur liturgischen Kompetenz. Ich tue dies in meiner Funktion als Direktor des Michaelisklosters Hildesheim im Bewusstsein um das gemeinsame Anliegen in der Sache mit dem Atelier Sprache Braunschweig:

Liturgische Kompetenz besteht wesentlich darin, dass liturgiewissenschaftliche und systematisch-theologische Einsichten *in praxi* umgesetzt werden. Das heißt: Historische, systematische und praktische Aspekte sind bei der Konzeption einer Agende ebenso zu berücksichtigen wie bei ihrer »Anwendung« in der immer wieder neuen Inszenierung einzelner

80 *R. Meßner*, Die Meßreform Martin Luthers und die Eucharistie der Alten Kirche (Anm. 18), 211.

liturgischer Stücke. Insgesamt geht es darum, den Text (der Agende) und den Kontext (der Situation) in Beziehung zu setzen und inszenatorisch in Einklang zu bringen.

Aufgabe *der liturgischen Aus- und Fortbildung* ist es, dafür ein Bewusstsein zu schaffen, und zur differenzierten gottesdienstlichen Praxis anzuleiten. Liturgen und Liturginnen sollen ihr liturgisches Wissen und Handwerk so einsetzen, dass liturgietheologische Einsichten auch in der *liturgischen Inszenierung* transparent und plausibel werden. Dazu gehört eine möglichst *große Klarheit in der Struktur der Kommunikation mit Gott und untereinander*: Wo spricht und verspricht sich Gott (durch die Person des Liturgen hindurch) und wo sind wir es, die Gott anrufen, d. h. bitten und danken? Wo geht es um innergemeindliche Information, wo bekennt sich die Gemeinde vor Gott und der Welt zu ihrem Glauben usw.? Wo »moderieren« wir und zeigen uns auch als Person authentisch, wo treten wir zurück und sind schlicht Werkzeug des Dreieinigen?

Liturgische Qualitätsentwicklung arbeitet darauf hin, Instrumente zur Wahrnehmung und zur Sicherung der handwerklichen bzw. theologischen Qualität des Gottesdienstes bereitzustellen. Dazu gehört auch seine sprachliche Struktur, mithin die Betrachtung seiner Formen und Sprechakte in ihrem Wesen, ihrem Zusammenspiel und in ihrer Wirkung, d. h. auch im Verhältnis von Produktion und Rezeption. *Die sprachliche Qualität des Gottesdienstes und seiner Formen wird durch eine solche Aufmerksamkeit nachhaltig gewürdigt und gefördert.*

Zwischen Kunst und Bildung, Regression und Progression

Die Spannung von Predigtsprache und liturgischer Sprache[1]

Alexander Deeg

1 Eine lästige Unterbrechung – oder: Wie Liturgieliebhaber unter der Predigt und Predigtliebhaber unter der Liturgie leiden

Wenn Kulturschaffende von Predigt sprechen, erscheint diese nicht immer als kulturelle Höchstleistung. Der Schriftsteller und Liebhaber der vorkonziliaren katholischen Messe Martin Mosebach schätzt die ästhetische Ganzheit der Messe, die Vereinigung menschlicher und himmlischer Stimmen, die Atmosphäre einer »anderen Welt« – und empfindet die Predigt darin als unzumutbare Störung. Er schreibt:

> »Wenn ich in den heiligen Raum der Liturgie eintrete, dann leide ich unter jeder Unterbrechung, ich leide […], wenn das Kleid der Liturgie zerreißt. Ein solcher Riß ist die Predigt. […] Der Zelebrant tritt aus dem gewohnten Ablauf heraus und kehrt in seine Person zurück, er wird wieder der hochwürdige Herr Doktor XY.«[2]

Auch Hanns-Josef Ortheil beschreibt in seinem Roman »Die Erfindung des Lebens« eine vergleichbare Erfahrung der Unterbrechung. Er erinnert sich an den Besuch katholischer Gottesdienste in seiner Kindheit, seine Faszination vom Kirchenraum, von den Tönen zwischen leisen Glöckchen und schmetternden Orgelklängen, von dem Miteinander der Menschen

---

1 Vortrag am 24. 09. 2011 in Braunschweig; der Stil der mündlichen Rede ist in folgendem Beitrag weitgehend beibehalten.

2 *Martin Mosebach*, Häresie der Formlosigkeit. Die römische Liturgie und ihr Feind, München 2007, 45.46.

im gemeinsamen Beten, Singen, Knien, Stehen, Sitzen. Und dann schreibt Ortheil aus der Perspektive seines kindlichen literarischen Ichs:

> »Die einzige Störung des Gottesdienstes, die jedes Mal nur schwer zu ertragen war, war die Predigt. Von Anfang, vom Stürmen der Orgel und den leisen Gesängen des Chores, an, war der Gottesdienst etwas Feierliches, Festliches, wenn aber die Predigt kam, war es für eine Weile aus mit der Feierlichkeit. Die Predigt störte mich nicht deshalb, weil ich nicht alles verstand, sondern vor allem, weil überhaupt so lange geredet und alles erklärt wurde. Musste denn alles, aber auch alles, beredet und umständlich erklärt werden? [...] Nach der Predigt musste man erst wieder in den Gottesdienst hineinfinden.«[3]

Mosebach, Ortheil – die Anzahl der Stimmen ließe sich vermehren, die diese ästhetisch argumentierende Kritik an der Predigtkultur hervorbringen. Zu erinnern wäre etwa an Franz Rosenzweig auf jüdischer Seite, der zu Beginn des 20. Jahrhunderts erhebliche Vorbehalte gegen die seit dem 19. Jahrhundert im Judentum fast flächendeckend eingeführte Predigt äußerte.[4] Die Kultur der Predigt (zer)störe die liturgische Feierkultur des Gottesdienstes. Also – Mosebach, Ortheil, Rosenzweig zufolge – besser ein Gottesdienst ohne Predigt! Schärfer formuliert: *Nur* ohne Predigt ist ein Gottesdienst in seiner liturgischen Eigenart wirklich bei der Sache. So scharf formuliert würde dies bedeuten: Die Eigensprachlichkeit der Predigt zerstört die Eigensprachlichkeit der Liturgie nachhaltig.

So kritisch muss man dies, meine ich, nicht sehen. Aber als Eröffnung eines Beitrags zum Thema »Liturgiesprache« und »Predigtsprache« scheinen mir diese katholischen und jüdischen Stimmen doch interessant (die ich übrigens nicht zu schnell durch den Verweis auf ihre konfessionelle bzw. religiöse Verortung relativieren möchte).

Typisch evangelisch ist freilich eher eine andere Haltung. Die Haltung derer, die – im Gefolge Luthers, für den ja bekanntlich die christliche Gemeinde nimmer ohne Predigt zusammenkommen sollte – die Predigt hochschätzen und das ›Drumherum‹ eher nicht bräuchten. Die semantische Zweiteilung in *Liturgie* und *Predigt* – und damit die begriffliche Einengung von »Liturgie« auf all jene Teile im Gottesdienst, die die Predigt

---

3 *Hanns-Josef Ortheil*, Die Erfindung des Lebens. Roman, München ^{5}2009, 61.

4 Vgl. dazu *Alexander Deeg*, Predigt und Derascha. Homiletische Textlektüre im Dialog mit dem Judentum, APTLH 48, Göttingen 2006, 180–184.

›umrahmen‹ – ist eine Entwicklung, die sich im 19. Jahrhundert vielfach belegen lässt (und bei deren Entstehung Schleiermacher nicht ganz unschuldig war). Aber dass es eine evangelische Gottesdienstrezeption gab, für die die Predigt den alleinigen Höhepunkt markiert, lässt sich auch schon deutlich vorher greifen. So ist etwa bekannt, dass Besucher der Gottesdienste in der Messe- und Universitätsstadt Leipzig anhand einer Informationsschrift in ihren Hotels erfahren konnten, dass die »Predigt [...] ohngefehr um 8.Uhr« angehe und dann etwa eine Stunde dauere.[5] Man konnte sich also, wenn man wollte, das ›Absingen‹ der Liturgie des um 7 Uhr beginnenden Gottesdienstes ersparen und sich ganz auf das Frühstück im Hotel und die Predigt in der Thomaskirche konzentrieren.

Mit diesen Hinweisen umreiße ich episodenhaft das Problem, das mir das vielleicht gewichtigste liturgische Problem im evangelischen Kontext zu sein scheint: die Frage nach dem Verhältnis von Predigt und Liturgie, besser: die Frage nach dem Miteinander verschiedener Sprachgestalten im evangelischen Gottesdienst.

Den Titel meines Beitrags habe ich nicht selbst so gewählt. Er wurde mir vorgeschlagen – und etwas leichtfertig habe ich ihm zugestimmt. Er suggeriert eine einfache Lösung für ein evangelisches Zentralproblem. Die Liturgie ist Kunst, die Predigt Bildung, die Liturgie ist Regression, die Predigt bedeutet Progression. Dass es so einfach nicht geht, ist evident. Ich werde zunächst die Komplexität noch etwas erhöhen und von zwei Verwirrungen sprechen, bevor ich dann das komplexe Knäuel ein wenig entwirre und am Ende auf die mir vorgeschlagenen Begriffe nochmals zurückkomme.

2 Verwirrungen ... – oder: Die Homiletisierung der Liturgie und die Ritualisierung der Predigt

»Gott, wir bitten dich für die Politiker in diesem Land. Lass sie in Besonnenheit und ohne Eitelkeit regieren, damit unsere Umwelt frei wird von Schadstoffen und Verwüstung.« So zitieren Thomas Hirsch-Hueffel und Anne Gidion aus einem Fürbittgebet und kommentieren dazu: »Die Geste

5 *Wolfgang Herbst* (Hrsg.), Evangelischer Gottesdienst. Quellen zu seiner Geschichte, Göttingen ^{2}1992, 142–148: 145.

der Selbst-Begrenzung im Bitten ist zu Ende, es folgen Tipps. Ich, Beterin, weiß, wie es besser ginge. Ich gebe dem Himmel einen kleinen Hinweis: ›Besonnenheit‹ zum Beispiel. Politiker sollen also besonnen sein.«[6] Die Gebetssprache ist anfällig für ein Phänomen, das ich (mit anderen) die »Homiletisierung« des Gebets nenne.

Ein anderes Beispiel: »Gott, du schaffst die Tiere und das Gras. Du hast alles wohl bereitet, allein deine Menschen drohen alles zu ruinieren.« Gott wird auch hier gelobt – und das ist schön! Darauf aber folgen eine Ansicht und eine Einschätzung der gegenwärtigen Situation, die letztlich als Appell zur Selbstprüfung gehört werden können und müssen. Im Deckmantel des Gebets wird noch das eine oder andere der Gemeinde mitgeteilt. Die Anredesituation (eigentlich ist ja Gott angeredet) verkehrt sich in ihr Gegenteil. Gemeint ist die »Liebe Gemeinde« …

Besonders prekär werden vor allem Fürbittgebete, wenn sie sich explizit auf das »Thema« oder das »Leitmotiv« oder den »roten Faden« des Sonntags oder Feiertags beziehen. Sie führen dann nicht selten die Predigt nochmals applizierend weiter und sagen der Gemeinde das, was in der Predigt vielleicht zu kurz kam oder man sich in der direkten Anrede an die Gemeinde aus irgendwelchen Gründen nicht traute. »Gott, lass uns begreifen, dass wir die Welt nicht länger mit unseren Abgasen und Maschinen knebeln dürfen.«[7] In der Predigt am Erntedanktag haben Predigende so vielleicht nicht geredet, im Gebet wird der Appell nun nachgeholt. Warum eigentlich, so lässt sich fragen, sollten sich die bewegenden und bedrängenden persönlichen oder überindividuellen Lagen und Situationen dieser Welt an ein kirchliches Perikopensystem halten? Droht nicht die radikale Homiletisierung des ganzen Gottesdienstes, wenn das »Thema« oder der »rote Faden« von Anfang bis zum Ende die Liturgie prägen – und somit die Begrüßung schon eine kleine Predigteröffnung wird, die Eingangsgebete auf das Thema weiter einstimmen, die Präfamina zu den Lesungen Kurzansprachen darstellen, die Predigt irgendwann folgt und das Fürbittgebet diese applizierend weiterführt? Verstärkt wird das Problem sicherlich dann noch, wenn die Gebete mit dem Gesicht zur Gemeinde vorgetragen werden – und sich damit auch in der kommunikativen Situation an das Paradigma der Predigt annähern.

---

6 *Thomas Hirsch-Hueffel / Anne Gidion*, Gebetssprache im Gottesdienst [unveröffentlichtes Ms.], 3.

7 Zitat aus *T. Hirsch-Hüffel / A. Gidion*, Gebetssprache im Gottesdienst (Anm. 6), 4.

Die Gefahr ist bekannt, aber ich erlebe in der Praxis, dass das Problem keineswegs verschwindet, sondern eher immer weiter zunimmt. Und je mehr Pfarrerinnen und Pfarrer sich liturgisch alle Mühe geben, droht sich der ganze Gottesdienst in eine einzige musikalisch mitgestaltete Predigtveranstaltung zu verwandeln. In dieser Hinsicht übrigens erscheint mir der Begriff der »Liturgischen Moderation«, den Harald Schroeter-Wittke jüngst in die Diskussion brachte,[8] mindestens problematisch.

Doch – die Homiletisierung der Liturgie ist nicht das einzige Problem. Es gibt – sozusagen spiegelbildlich – auch ein homiletisches Problem, das ich die Ritualisierung der Predigt nenne und als zweite große homiletisch-liturgische Verwirrung bezeichne. Dieses Problem ist anders geartet. Die Ritualisierung der Predigt verkennt deren spezifische Kommunikationssituation. Das Phänomen hat Frank Michael Lütze vor zwei Jahren beim ersten Bugenhagen-Symposium in Pullach anschaulich beschrieben. Er erinnert an eine Erfahrung beim Lesen von Predigten. Es könne einen »das Gefühl beschleichen«:

> »Das kennst du doch irgendwie. Den Tonfall. Die Gliederung. Den Kanzeljargon. Den appellativen Unterton. Die dramatische Spannung zwischen Text und Wirklichkeit, die sich garantiert alsbald auflöst. Und jenes Gemisch aus einem leicht schlechten Gewissen – wofür auch immer, das ist am Ende der Predigt meist wieder vergessen – und diffusem Erbautsein, das die Predigt hinterlässt. […] Würde sich das Déjà-vu-Gefühl auf Predigten eines einzelnen Pfarrers beschränken, könnte man das entsprechend seinem ausgeprägt individuellen Stil oder seiner Einfalt zurechnen, und der Fall wäre geklärt. Das Rätselhafte ist jedoch die personen- und ortsübergreifende Kontinuität einiger predigttypischer Merkmale. Einige Motive begegnen nur sporadisch, andere scheinen affin zu bestimmten Frömmigkeitsstilen zu sein, wieder andere sind so verbreitet, dass ohne sie eine Predigt kaum nach Predigt klingt. Wie kommt es zu diesem Eindruck, der in der Homiletik oft geschildert, aber nur selten erforscht wurde? […] Es spricht […] vieles dafür, die Existenz zahlreicher, stillschweigend kodifizierter Regeln und Restriktionen anzunehmen, die das Schreiben und Halten ebenso wie das Hören und Lesen von Predigten steuern.«[9]

---

8 *Harald Schroeter-Wittke*, Liturgische Moderation. Praktisch-theologische Erwägungen zu einem exemplarischen Modus zeitgemäßer Verkündigung, in: PTh 99 / 2010, 449–463.

9 *Frank Michael Lütze*, Die forma formans der Predigt. Zur vernachlässigten Rolle

Das Phänomen, das Lütze in den Blick nimmt, ist die hochgradige Konventionalität evangelischer Kanzelrede, die sich in sprachlichen Wendungen, in bestimmten Begriffen, in einem sprachlichen Gestus und in bestimmten Weisen der Rezeption zeigt. Lützes Forderung an dieser Stelle ist klar. Er erinnert an Freud und an dessen Überzeugung: »Wo Es war, muss Ich werden« – und fordert genau dies von der Predigt. Das merkwürdige Gefühl, dass nicht ein »Ich« predigt, sondern »es« irgendwie predigt, müsse verschwinden. Die Individualität des Predigtgeschehens müsse sich zeigen. Denn Predigt, so Lützes und meine Überzeugung, findet zwar statt im Kontext des gottesdienstlichen Rituals, ist aber – wie ähnlich auch Michael Meyer-Blanck formuliert – selbst nicht Ritual, sondern im Gegenteil: die Unterbrechung des Rituals im Kontext des Rituals.[10]

Homiletisierung der Liturgie und Ritualisierung der Predigt erscheinen so als zwei merkwürdig gegenläufige Verwirrungen. Was wäre einfacher als die Folgerung: Lösen wir diese beiden Verwirrungen doch einfach auf, damit die Liturgie wieder Liturgie und die Predigt wieder Predigt ist! Manchmal ist Theologie eine einfache Wissenschaft, denn genau dahin geht mein Plädoyer. Zunächst aber blicke ich auf das, was liturgische und homiletische Sprache verbindet. Beide sind, so formuliere ich, *Sprachformen in der Erwartung der Gottesnähe.*

3 Sprachformen in der Erwartung der Gottesnähe – oder: Was liturgische und homiletische Sprache verbindet

Annette Pehnt, die 1967 geborene Literaturkritikerin und Autorin,[11] sagte im Kontext ihrer Bamberger Poetikvorlesungen im Sommersemester 2011: »Ich schreibe, wie ich beten würde, wenn ich es könnte.«[12] Ein herr-

der Predigttradition, in: Alexander Deeg / Martin Nicol (Hrsg.), Bibelwort und Kanzelsprache, Homiletik und Hermeneutik im Dialog, Leipzig 2010, 115–136: 115f.

10 Vgl. *Alexander Deeg / Michael Meyer-Blanck / Christian Stäblein*, Präsent predigen. Eine Streitschrift wider die Ideologisierung des freien Predigens, Göttingen 2011.

11 Bekannt geworden ist sie etwa durch ihren Erzählungsband: *Annette Pehnt*, Man kann sich auch wortlos aneinander gewöhnen, das muss gar nicht lange dauern, München 2010.

lich paradoxer Satz mit zwei Konjunktiven, der die Unmöglichkeit des Betens mit der Möglichkeit des Schreibens verbindet. Und wie schreibt Pehnt bzw. wie würde sie beten? In ihrem Roman »Mobbing«[13] schildert sie die »unfassbar, im besten Sinne bewegende Geschichte einer stinknormalen bürgerlichen Familie, die plötzlich mit dem Schreckbild Arbeitslosigkeit zu kämpfen hat. Da sitzt etwa die Familie an einem Küchentisch, ›auf dem eine Lilie explodierte‹. Diesen Einbruch der Bilderwelt bezeichnet Pehnt als vertikalen Einschnitt in die Horizontale, eine Art Stolpergraben im linearen Pfad ihres Erzählens.«[14] Das Lineare, das Bekannte, das ›Stinknormale‹ öffnet sich verstörend. Die Horizontale erhält einen Bruch. Die Wahrnehmung wird neu, wenn eine Lilie am Küchentisch explodiert.

Manchmal, so meine ich, feiern wir zu routiniert, zu abgeklärt Gottesdienst. Die Horizontale dominiert, keine einzige Lilie explodiert am Küchentisch. Theologischer formuliert: Wir zitieren die Torgauer Formel, wenn wir wissen wollen, was Gottesdienst in theologischer Perspektive ist oder sein könnte, und sie kommt uns so geläufig daher, dass wir der Abgründigkeit der 1544 von Martin Luther gemachten Aussage gar nicht mehr inne werden. Luther sagte:

> »Mein lieben Freunde, Wir sollen itzt dis neue Haus einsegnen und weihen unserm HERrn Jhesu CHRisto, Welches mir nicht allein gebürt und zustehet, Sondern ir solt auch zu gleich an den Sprengel und Reuchfass greiffen, auff das dis neue Haus dahin gericht werde, das nichts anders darin geschehe, *denn das unser lieber Herr selbs mit uns rede durch sein heiliges Wort, und wir widerumb mit im reden durch Gebet und Lobgesang.*«[15]

Es geht, so lässt sich Torgau zusammenfassen, beim evangelisch verstandenen Gottesdienst um den *theonom bestimmten Wort-Wechsel von Gott und Mensch.* Es lässt sich fragen: Wird eigentlich das Wagnis und Unerhörte gegenwärtig noch deutlich, das in dieser Beschreibung der Feier eines Gottesdienstes steckt? Gottesdienst ist – pathetisch formuliert – das größte Wagnis unter der Sonne. Gottesdienst feiern heißt, einzutreten

---

12 Zitiert nach *Matthias Waha*, Leitplanken des religiösen Hungers. Pilgern und Beten: Annette Pehnts Bamberger Poetikvorlesungen, in: SZ vom 03.08.2011, 14.

13 *Annette Pehnt*, Mobbing, München 2007.

14 *M. Waha*, Leitplanken des religiösen Hungers (Anm. 12), 14.

15 WA 49, 588 [Hervorhebung AD].

in den Wort-Wechsel mit dem lebendigen Gott! Es ist – erneut nicht ohne Pathos gesagt – die meist ganz unspektakuläre wöchentliche Praxis dessen, was uns Menschen völlig unmöglich ist und nur von Gott her möglich wird. Mose jedenfalls durfte nur alleine auf den Berg Sinai, um dort mit Gott zu sprechen (vgl. z. B. Ex 19,12f.). Und im Neuen Testament erschrecken etwa Maria (Lk 1,29) und die Hirten auf dem Feld (Lk 2,9) heftig, als der Gottesbote sich an sie wendet. Nicht weniger aber geschieht, folgt man der Torgauer Formel, im Gottesdienst.

Darum geht es – Luther zufolge – im Gottesdienst insgesamt: in den Gebetssteilen ebenso wie in der Predigt. Anders gesagt: Die Sprache der Liturgie und die Sprache der Predigt – beide sind Sprachen, die auf spezifische Weise über sich hinausweisen. Sprachen, durch die (und hier scheint mir der viel gescholtene Thurneysensche Begriff überaus angemessen) eine »Bruchlinie« geht und in, mit und unter deren Verwendung ein Bruch erwartet wird. Die Horizontale bricht auf für die Vertikale. Worte werden verwendet und gesetzt in der Erwartung *des Wortes*, das ich mir nicht sagen kann und das Gott allein immer neu spricht. Die Sprache der Liturgie und die Sprache der Predigt – beide sind unabgeschlossene Sprachen. Sprachen, bei denen die Sprecherinnen und Sprecher nicht allein einstehen können für das Gesagte. Sprachen, die auf eine andere Art von Bewahrheitung aus sind. Sprachen, die dann gelingen, wenn sie nicht nur verstanden werden, nicht nur emotional etwas bewirken, sondern wenn sie die vorfindliche Wirklichkeit auf Gottes Wahrheit hin transzendieren. Oder nochmals semiotisch gewendet: Beides sind Sprachen, deren Signifikanten immer offen sind auf ein Signifikat hin, das innerweltlich keinen Referenten hat, das nicht einholbar ist, nicht greifbar! Insofern haben beide Sprachen nichts mit Regression, sondern mit einer denkbar umfassenden Progression zu tun. – Aus dieser Beobachtung leiten sich zwei Imperative ab:

(1) Es gilt, erstens, die Erwartung groß werden zu lassen – bei Liturginnen/Liturgen und bei der Gemeinde. Gottesdienst wird als kirchliches »Angebot« niemals »the best show in town« werden. Und Pfarrerinnen und Pfarrer sind keine Moderatoren von der Qualität eines Thomas Gottschalk oder einer Michelle Hunziker. Aber der Gottesdienst steht unter einer Erwartung, die anders ist als das, was bei »Wetten dass?« erwartet werden durfte: Öffnung des Lebens und seiner eingespielten Abläufe, Öffnung der eigenen, in sich verschlossenen Existenz hin auf den lebendigen Gott. Eine Sprache dafür zu finden, macht mich bescheiden und erwartungsvoll zugleich.

(2) Es gilt damit aber auch, die Aufgabe nicht kleinzureden und es uns nicht zu leicht zu machen. Die Leidenschaft, mit der vor etwa 100 Jahren Karl Barth, Eduard Thurneysen und andere nach einer neuen theologischen Sprache und vor allem nach einer neuen Sprache der Predigt suchten, fasziniert mich bis heute. Die theologisch begründete Unzufriedenheit, die aus dem Briefwechsel zwischen Karl Barth und Eduard Thurneysen spricht, scheint mir bis heute paradigmatisch. Die Leidenschaft, mit der Karl Barth in seinen berühmten Vorträgen und Aufsätzen vor etwa 90 Jahren die Pfarrerschaft seiner Tage aufrüttelte und aus ihrer Selbstzufriedenheit riss, ist mir bis heute Vorbild. Die Machbarkeit ist uns entzogen, aber die Aufgabe ist uns nicht abgenommen. Das erinnert mich an die Aporie, die Rabbi Tarfon dereinst für den Umgang mit der Tora formulierte: »Es ist nicht an dir, die Aufgabe zu beenden, aber du bist auch nicht frei, dich von ihr loszusagen.«[16]

In dieser Spur benenne ich im Folgenden vier Spannungsfelder zweier Sprachen – der Sprache von Predigt und Liturgie.

4 Wort und Kult – oder: Vier Spannungsfelder zweier Sprachen

4.1 Prosaische und lyrische Intertextualität – oder: Der unterschiedliche Umgang mit der Bibel

David Plüss, der Berner Praktische Theologe, hat 2007 seine liturgische Habilitationsschrift mit dem Titel »Gottesdienst als Textinszenierung« vorgelegt.[17] Darin beschreibt er – für einen reformierten Praktischen Theologen nicht völlig überraschend – den »Bibeltext als Skript liturgischer Inszenierung«.[18] Keineswegs nur in der Lesung oder in der Predigt sei der Gottesdienst auf die Bibel bezogen; vielmehr habe, so Plüss, der Gottesdienst insgesamt biblische Signatur.

Interessant ist, dass diese Perspektive inzwischen keineswegs ausschließlich in evangelischen Kontexten eingenommen werden kann. Die beiden katholischen Liturgiker Albert Gerhards und Benedikt Kranemann sehen es als grundlegende Aufgabe des Gottesdienstes, das Wort in der

16 Pirke Awot. Sprüche der Väter, aus dem Hebräischen v. Annette Böckler, Berlin 2001, 69 (= mAv 2,21; Übersetzung AD).

17 *David Plüss*, Gottesdienst als Textinszenierung. Perspektiven einer performativen Ästhetik des Gottesdienstes, Zürich 2007.

18 Ebd. 225–228.

Liturgie als »komplexes rituelles Geschehen« zu inszenieren.[19] Damit ist der ganze Gottesdienst als *biblisches Wortgeschehen* im Blick, und es lässt sich mit Götz Harbsmeier vom (keineswegs nur evangelischen!) Gottesdienst als »Wortgeschehen im Mittel des biblischen Textes« sprechen.[20] Ähnlich formuliert auch Peter Cornehl:

> »Der Gottesdienst als Ort der öffentlichen Begegnung mit Gott ist auch der Ort der Begegnung mit der Bibel. [...] Der Gottesdienst dient den Menschen dadurch, dass er sie einführt in den Lebensraum der Bibel und hilft, darin zu wohnen.«[21]

Und auch für Huub Oosterhuis ist klar: »Die Bibel, in allen Tonarten gespielt und gesungen – das ist jene Kunst, die ›Liturgie‹ genannt wird.«[22] Auch hier erscheint der *ganze* Gottesdienst auf die Bibel bezogen. Wie übrigens – dies hier nur am Rande – auch die Bibel nicht ohne Gottesdienst sein kann. Genauer: Erst im Gottesdienst *wird* die Bibel zu dem, was sie in den Augen der Glaubenden *ist*: Heilige Schrift. Martin Schuck formuliert:

> »›Schrift‹ ist eine theologische Kategorie und an den Gebrauch im Gottesdienst gebunden. Zu unterscheiden davon ist die ›Bibel‹, mit deren Entstehung als selbständigem Medium ein Akt der Emanzipation aus dem gottesdienstlichen Geschehen einhergeht.«[23]

Sowohl die Sprache der Predigt als auch die Sprache der Liturgie sind daher Sprachformen einer *spezifischen Intertextualität*. Beide inszenieren sie das Wechselspiel unserer Worte mit den Worten der Bibel. Sie tun dies allerdings, so meine These, auf unterschiedliche Weise. Zur Kenn-

---

19 *Albert Gerhards / Benedikt Kranemann*, Einführung in die Liturgiewissenschaft, Darmstadt 2006, 129; vgl. 158.206.

20 *Götz Harbsmeier*, Dass wir die Predigt und sein Wort nicht verachten. Eine Aufsatzsammlung zur Theologie und Gestalt des Gottesdienstes, München 1958, 125.

21 *Peter Cornehl*, Der Evangelische Gottesdienst. Biblische Kontur und neuzeitliche Wirklichkeit, Bd. 1: Theologischer Rahmen und biblische Grundlagen, Stuttgart 2006, 298 [im Original hervorgehoben].

22 *Huub Oosterhuis*, Im Vorübergehen, Wien/Freiburg/Basel 1969, 141.

23 *Martin Schuck*, Die Kirche des Wortes. Schriftauslegung im Protestantismus, in: Pfälzisches Pfarrerblatt, hier zitiert nach www.pfarrerblatt.de/text_164.htm, 2.

zeichnung verwende ich die Begriffe *lyrisch* und *prosaisch* – auch wenn ich weiß, dass ich mich durch diese Analogie zu Formen der Literatur auf ein einigermaßen glattes Parkett begebe.

Nur ein Beispiel: Das Sanctus im Abendmahlsvollzug ist eine geprägte liturgische Sprachform (die ähnlich auch in der jüdischen Qᵉduscha begegnet) und eine komplexe intertextuelle Komposition. »Heilig, heilig, heilig, ist der Herre Zebaoth, alle Lande sind seiner Ehre voll« – Jes 6,3 wird hier zitiert. Gleich darauf fällt mit dem »Hosianna in der Höhe. Gebenedeit sei, der da kommt im Namen des Herrn« Ps 118 (V. 25f.) ein – und gleichzeitig wird Mt 21, Jesu Einzug in Jerusalem, evoziert. Die verschiedenen Texte werden schlicht montiert, nebeneinandergestellt – und dies unkommentiert. Das Sanctus singend verbindet sich die Gemeinde mit den Lobgesängen im himmlischen Thronsaal, sie verbindet sich mit den Pilgern, die sich auf den Weg nach Jerusalem machen und den Tempel erreichen, und sie verbindet sich mit jenem einen Pilger, Jesus von Nazareth, auf seinem Weg mit dem Esel in die Stadt. Das ist inszenierte biblische Intertextualität in der Liturgie – im lyrischen Paradigma!

Es ist evident, dass eine Predigt zu Jes 6 ganz anders aussehen müsste. Im Jahr 2011, im Kontext der Texte der dritten Perikopenreihe, waren evangelische Predigerinnen und Prediger dazu am Sonntag Trinitatis einmal wieder herausgefordert. Diese Herausforderung wurde – liest man etwa die dazu im Internet veröffentlichten Predigten – mit unterschiedlichem Erfolg bewältigt. Herausragend scheint mir eine Predigt, die Michael Ebener in der Reihe der »Göttinger Predigten im Internet« veröffentlicht hat.[24] Ebener verbindet (unter dem Eindruck des Dresdener Kirchentags) Jes 6 mit der Zerstörung und dem Wiederaufbau der Dresdener Frauenkirche. Die Aussagen des Propheten zu Lob und Klage, zu Verstockung und einem neuen Anfang aus dem Rest, dem übriggebliebenen Stumpf, erhalten so Welthaftung mitten in Dresden. Und am Ende heißt es:

> »Wenn diese Kirche wieder steht, kann alles wieder stehen, was jetzt in uns und unserer Welt noch *ganz wüst* daliegt!
> Immer wieder.
> Das predigen uns die dunklen Steine mit den hellen – das singt der ganze kuppelhohe Bau mit allen Serafim:

---

24 Vgl. http://www.predigten.uni-goettingen.de/predigt.php?id=2950& kennung=20110619de.

Heilig, heilig, heilig ist der Herr Zebaoth,
alle Lande sind seiner Ehre voll.
Amen.«

Das ist – sprachlich gekonnt – eine andere Art der Intertextualität mit der Bibel. Prosaisch nenne ich sie – im Unterschied zu der lyrischen Intertextualität der Liturgie. Die Liturgie kommentiert nicht die Bibel, sie nimmt deren Metaphern und Sprachformen auf und spricht sie gegenwärtig weiter. Die Predigt hingegen setzt sie bewusst, reflektiert, überlegt und kommentierend in Kontexte der Welt- und Lebensgeschichte.

4.2 Legitime und problematische Konvention – oder: Der unterschiedliche Umgang mit Geprägtem

Ein zweiter Unterschied beider Sprachen: Liturgische Sprache hat, so meine ich, ein gutes Recht auf Konventionalität. Freilich: Es fällt schwer, den Begriff der »Konvention« positiv zu hören. Das »Konventionelle« dient allzu sehr als pejorativer Begriff (etwa auch in meiner Homiletik). Vielleicht ließe sich besser sagen: Liturgische Sprache ist eine Sprache der Ritualität; sie ermöglicht »Beheimatung« in der Sprache.

Martin Nicol hat diese Eigensprachlichkeit der Liturgie in seinem Buch »Weg im Geheimnis« herausgearbeitet und als eine Sprache im Wechselspiel von Symbol und Ritual beschrieben.[25] Besonders einprägsam ist sein Bild des Pilgerweges, das er für den liturgischen Weg mit seinen Vollzügen und Texten verwendet. Immer wieder werde ein bekannter Weg begangen – von Menschen in völlig unterschiedlichen Lebenssituationen. Die gleichen alten Steine, die zeigen, wie viele Menschen bereits über sie hinweggelaufen sind, erwiesen sich dadurch auf immer neue Weise. Sprachliche Konventionen seien so nicht problematisch; Sprache sei vielmehr das, was teilweise seit Jahrhunderten erprobt ist und sich bewährt hat.

Liturgisch Sprache zu finden bedeutet für mich im Anschluss an Nicol daher *nicht*, sprachlich besonders kreativ sein zu müssen. Im Gegenteil ist für mich die homiletische Sprache viel stärker die Laborsituation. In homiletischen Sprachvollzügen erprobe ich Neues, versuche ich mich als Prediger an einer neuen Sprache, die der ständigen Innovation des Evan-

---

25 Vgl. *Martin Nicol*, Weg im Geheimnis. Plädoyer für den Evangelischen Gottesdienst, Göttingen ^{3}2011.

geliums gerecht wird. Ich versuche, Klischees und verstaubte Sprachbilder aufzubrechen. Und es ist möglich, in homiletischen Vollzügen eine »nova sprach«, von der Luther einst redete, auszuprobieren – und dann zu registrieren, wie Hörerinnen und Hörer auf diese reagieren. Die »nova sprach de resurrectione mortuorum« sollen wir suchen, meinte Luther einmal. Das Experimentierfeld ist die Predigt – und wenn es gut geht, dann können sprachliche Wendungen, neue Metaphern, kühne Bilder auch gut und gerne in die Sprache der Liturgie aufgenommen werden.

Ein Ausrufezeichen muss ich hier allerdings dann doch setzen, um nicht missverstanden zu werden. Mein Plädoyer für die geprägte Sprache bedeutet nicht, dass Liturgiesprache fröhlich Klischees und Abstrakta einer kirchlich eingeschliffenen Sprache einfach fortsetzt. Das wäre schlicht liturgische Trägheit (nach Karl Barth ist die Trägheit als eine der Formen der Sünde zu klassifizieren![26]), gepaart mit ernüchterter Erwartungslosigkeit.

Erstaunlich war es für mich doch, als ich einmal – sehr exemplarisch – die Texte der im Evangelischen Gottesdienstbuch abgedruckten Kollektengebete durchgesehen habe – nur jener vom 6. bis 9. Sonntag nach Trinitatis – und dabei gemerkt habe, wie viele der ›großen‹ (und leider manchmal: leeren!) Worte der Tradition da auftauchen und wie wenige neue Bilder gesucht werden.

> So kommen darin u. a. folgende ›große‹ Worte (hier alphabetisch geordnet) vor: »Angst«, »Ehre«, »Erbarmen«, »Fülle«, »Gaben«, »Gerechtigkeit«, »Glanz deiner Wahrheit«, »Gnade«, »Güte«, »Heil«, »Herz«, »Hoffnung« »Kraft«, »Leben«, »Licht«, »Liebe«, »Mut«, »Sehnsucht nach Leben«, »Sinn«, »Taten der Liebe«, »Trägheit«, »Vertrauen«, »Weisheit«, »Zweifel«. Bilder werden eher aus dem ›klassischen‹ Bildrepertoire aufgenommen, am siebten Sonntag nach Trinitatis mit dem Evangelium der Brotvermehrung und am achten Sonntag nach Trinitatis mit Mt 5,13–16 auch aus diesen Texten: »Brot des Lebens«, »Dunkel«, »Dunkel der Welt«, »Licht der Welt«, »Salz der Erde«, »Tor zum Leben«, »Tür zu neuen Räumen«.

Ich muss im Gebet nicht besonders brillant, kreativ oder extravagant sein wollen, um solche Konventionen immer wieder zu durchbrechen. Dabei ist allerdings auf eine weitere Besonderheit und einen wichtigen Unterschied der beiden Sprachen zu achten.

---

26 Vgl. *Karl Barth*, KD IV / 2, § 65.

4.3 Individuelle und gemeinsame Sprache – oder: Der unterschiedliche Subjekt- und Adressatenbezug der beiden Sprachen

Die liturgische und die homiletische Sprache haben grob gesagt einen unterschiedlichen Subjekt- und einen unterschiedlichen Adressatenbezug. Das ist nicht neu, weswegen ich diesen Punkt nur ganz kurz ausführe.

Natürlich ist liturgische Sprache eine Sprache, die von Rezipienten in einer öffentlichen Kommunikationssituation gehört wird und auch verstanden werden sollte. Von daher sind die zum Gottesdienst versammelten Menschen die Hörer der liturgischen Sprache. Aber das ist nur die eine Seite. Denn der erste Adressat ist Gott, der erste Hörer ist der dreieinige Gott selbst. Die hier entstehende Verwirrung habe ich oben bereits als das Problem der Homiletisierung der Liturgie bezeichnet.

Umgekehrt ist klar (trotz Rudolf Bohren, der auch für die Predigt Gott als den ersten Hörer bezeichnet[27]), dass im Predigtvollzug die erste Adressatin die »Liebe Gemeinde« ist. Die Gemeinde ist angeredet, mit ihr suche ich die Verständigung, ihr sage ich etwas Neues und Herausforderndes, Beruhigendes oder Aufrüttelndes.

In dieser Hinsicht meine ich: Mit dem Rücken zur Gemeinde betet es sich leichter. Aber ich bin mir bewusst, wie vortrefflich man sich über diese Frage der liturgischen Topographie streiten kann. Daher rede ich ganz bewusst in der ersten Person Singular: Ich bete leichter, wenn ich mich nicht fragen muss, ob ich nun über die Gemeinde hinwegsehe, auf mein Ringbuch sehe oder doch in die Gemeinde blicke. Schon beim Verfassen von Gebeten stelle ich mich in Gedanken mit der Gemeinde hin nach Osten, orientiere mich auf den, der kommt und dabei ist, wenn wir beten.

Schon Schleiermacher unterschied den »Vortrag« der Liturgie deutlich von dem Vortrag der Predigt und bestimmte diesen durch seine größere Würde, resultierend aus der »Kirchenbindung« der Liturgie:

> »Es ist ganz natürlich und leuchtet beim ersten Anblikk ein, daß die Liturgie einen anderen Vortrag haben muß als die Predigt, indem der Geistliche fremdes vorträgt und nicht sein eigenes. Weil im liturgischen Elemente die größere Kirchenbindung repräsentiert werden soll, die Liturgie zugleich einen symbolischen Charakter hat, entweder Gesinnungen oder Vorstellungen enthaltend die als der ganzen Kirchengemeinschaft mit jedem einzelnen ge-

27 Vgl. *Rudolf Bohren*, Predigtlehre, Gütersloh [6]1993, 454–459.

meinsame angesehen werden sollen: so folgt daß hier eine große Würde des Vortrages ganz nothwendig ist.«[28]

Der erste Adressat der Rede ist damit verschieden. Und natürlich auch das Subjekt. Es predigt eben nicht ein unbestimmtes »Es«, sondern ein »Ich« in seiner Individualität und Unvertretbarkeit; anders in der liturgischen Sprache, in der das »Wir« der Gemeinde das Subjekt der Gebete ist. Die dadurch gegebene Schwierigkeit, als »Ich« so zu formulieren, dass meine Worte die Sprache einer Gemeinschaft werden können, ist eines der großen Probleme liturgischer Sprachfindung. Die Lösung kann sicherlich nicht in der Flucht in Abstrakta und Gemeinplätze liegen. Zu suchen ist eine Sprache, die konkret bleibt und doch nicht zu individuell ist, die ich mit Überzeugung vortragen kann und in die doch zugleich die anderen einschwingen können. Die vielfältigen und teilweise heftig umstrittenen Versuche, eine »gerechte Sprache« im Gottesdienst zu finden, können diesen Aspekt illustrieren. So lautet das im »Gottesdienstbuch in gerechter Sprache« vorgeschlagene Gebet für die Christnacht:

»Gott des Himmels,
du hast Maria
dieses Kind in den Schoß gelegt,
damit Liebe und Frieden
zur Welt kommen
und die Menschen
Lebensfreude empfangen.
Du hast deine Erde
mit deinem Himmel
verknüpft
in diesem Kind.
In ihm kommst du uns so nah
wie nirgends sonst.
Wir loben und preisen
deine Nähe und Größe.«[29]

---

28 *Friedrich Schleiermacher*, Die praktische Theologie nach den Grundzügen der evangelischen Kirche im Zusammenhange dargestellt, aus Schleiermachers handschriftlichem Nachlasse und nachgeschriebenen Vorlesungen herausgegeben von Jacob Frerichs, Berlin 1850 [Nachdruck Berlin 1983], 167 [Hervorhebung im Original].

29 *Erhard Domay / Hanne Köhler* (Hrsg.), Gottesdienstbuch in gerechter Sprache.

Das Gebet bringt die Spannung von Himmel und Erde zusammen – und die Spannung von Größe und Nähe Gottes. Die Rolle Marias wird auf sensible Weise aufgenommen – und die Gemeinde mit diesen Worten in das Lob angesichts der Menschwerdung geführt. M. E. liegt damit ein Beispiel vor, wie eine neue Sprache jenseits kirchlicher Klischees gelingen kann.

In demselben Gottesdienstbuch lautet das für den Sonntag Septuagesimae vorgeschlagene Eingangsgebet:

»Du Gott
Ich möchte
mich loslassen
eintauchen
in deine Nähe
mich einnisten
bei dir

Du umfängst mich
zärtlich
streichelst du
meine Haut
Balsam
bist du
für meine Seele

Ich spüre dich
mit jeder Faser
meines Körpers
mit jeder Pore
atme ich dich ein

Du bist da
überall

Ehre sei dir
Du Gott.«[30]

Gebete, Lesungen, Fürbitten und Segenssprüche für die Sonn- und Feiertage des Kirchenjahres, Gütersloh 2003, 16 f.

30 Ebd. 44 f.

Schon in der zweiten Zeile wird in diesem Gebet eine Aussage gemacht, bei der ich mir nicht sicher bin, ob »ich« diese Aussage wirklich innerlich nachvollziehen kann. Das Gefühl einer leisen Bevormundung beginnt sich zu regen – und wird im Laufe des Gebets größer. Ob ich mich »einnisten« will bei Gott, ist eine Frage. Inwiefern ich sagen würde, dass Gott meine Haut streichle, weiß ich nicht. Und inwiefern meine Poren Gott einatmen – auch da bleibe ich skeptisch. Keine Frage: Die Intention ist auch hier, in das Staunen und in das Lob zu führen angesichts der Weltimmanenz Gottes. Allerdings erscheint mir die Sprache zu privat. Es ist ein Stück Lyrik – und ein starkes lyrisches Ich stellt einen zur eigenen Meditation anregenden, herausfordernden Gebetstext vor. Als öffentliches Gebet aber taugt er m. E. eher nicht.

Vielleicht – und hier nehme ich die mir vorgegebene Begrifflichkeit nochmals auf – will dieses Gedicht/Gebet zu viel »Progression«; vielleicht will es zu viel bewegen, aufbrechen, verändern, wogegen die liturgische Sprache hier eine ruhigere Gangart vertragen würde und erheblich mehr Beheimatung und Identifikation bräuchte (von Regression will ich angesichts der psychologischen Problematik des Begriffs dabei dennoch nicht sprechen).

4.4 Liturgische Medialität und homiletische Präsenz – oder: Die unterschiedliche pastoralliturgische Herausforderung

Martin Luther hat den Rollenwechsel teilweise noch deutlich vollzogen. Er predigte im Gelehrtentalar des Wittenberger Professors und feierte das Abendmahl im traditionellen Messgewand. Manchmal denke ich mir, dass solche sichtbaren (leiblichen) Veränderungen auch evangelischen Geistlichen der Gegenwart nicht schlecht bekommen könnten. Sie hätten den Vorteil, das *unterschiedliche Profil der jeweiligen Rollen* deutlich zu machen.

Ich unterscheide bewusst *homiletische Präsenz* von *liturgischer Medialität*, um diese Herausforderungen deutlich zu machen. Liturgische Medialität bedeutet ein Agieren, das selbst erwartungsvoll mit dem Wort rechnet – also mit dem, was jeder Machbarkeit und Inszenierbarkeit entzogen ist. Liturgische Medialität steht dem Kult – und d. h. hier primär: den rituell geprägten Vorgaben der Tradition – so gegenüber, dass sich liturgisch Handelnde als vorsichtige, langsame Leserinnen und Leser erweisen, die den fremden Texten und Handlungsvollzügen mit dem Respekt derer begegnen, die in ihnen etwas erwarten, was über die eigene

Einsicht und das momentane Glauben und Verstehen hinausweist. Liturgische Medialität weiß damit darum, dass die im kultischen Kontext zu sprechenden, zu suchenden und neu zu formulierenden Worte (der Gebete, der Begrüßung, der Predigt …) einerseits mitten in der Lebenswirklichkeit stehen, sich andererseits suchend und verlangend auf die Gotteswirklichkeit inmitten dieser Lebenswirklichkeit beziehen müssen. Gleichzeitig ist sie sich bewusst, dass es ein Jenseits des Verstehens gibt, das dennoch nicht in der Negativität bleibt, sondern über das ›bloße‹ Verstehen hinausgeht in die Begegnung mit jenem Anderen, die theologisch als WORTereignis zu bestimmen ist.[31] Liturgische Medialität wäre damit insgesamt zu beschreiben als jene Weise der ›Präsenz‹, die durch die Einsicht in die Begrenztheit starker, neuzeitlicher Subjektivität (in kulturwissenschaftlicher und theologischer Hinsicht) gebrochen ist.[32]

Es geht um eine Selbstzurücknahme der liturgisch Agierenden – ein Aspekt, der an ein Phänomen in der Kunst erinnert, das als auffällige Weise der Selbstzurücknahme von Künstlerinnen und Künstlern gewertet werden kann: die »weißen Bilder«. In seiner »Ästhetik des Erscheinens« schreibt Martin Seel: »Im Kontext der Kunst kann selbst das Verschwinden eine Quelle des Erscheinens sein.«[33] Das Verschwindende ebenso wie das Ausgesparte spielt damit eine entscheidende Rolle im ästhetischen Diskurs. So verweist auch Mersch u. a. auf die so genannten »White Paintings« von Robert Rauschenberg (1925–2008). Im Jahre 1951 stellte er in New York (in seiner ersten Einzelausstellung) sieben monochrom weiße Tafeln aus.

Mersch sieht diese Ausstellung als eine Weise der Entmächtigung der Subjektivität der Wahrnehmung. Durch den Entzug werde das Subjekt

---

31 Vgl. dazu auch *Philipp Stoellger*, Was sich nicht von selbst versteht. Ausblick auf eine Kunst des Nichtverstehens in theologischer Perspektive, in: Juerg Albrecht u. a. (Hrsg.), Kultur Nicht Verstehen. Produktives Nichtverstehen und Verstehen als Gestaltung, Theorie: Gestaltung, Zürich 2005, 169–192: 185–187 [mit Verweis auf Augustin].

32 Vgl. auch *Karl-Heinrich Bieritz*, Spielraum Gottesdienst. Von der »Inszenierung des Evangeliums« auf der liturgischen Bühne, in: Arno Schilson / Joachim Hake (Hrsg.), Drama »Gottesdienst«. Zwischen Inszenierung und Kult, Stuttgart/Berlin/Köln 1998, 69–101, 75: »›Präsent‹ […] ist ein Prediger, ist ein Liturg, der sich mit seiner Person in das hineinbegibt, was er homiletisch und liturgisch zur Darstellung bringt – ohne doch selbst als Person zu predigen und zu feiern.«

33 *Martin Seel*, Ästhetik des Erscheinens, Frankfurt a. M. 2003, 10.

betroffen, angeredet, herausgefordert. Die Wahrnehmung wird auf das Andere gelenkt, so dass es unmöglich sei, nicht zu reagieren.[34]

Ursula Brandstätter verweist auf die »Achrome« von Piero Manzoni (1933–1963), die »bewusst nichts darstellen und nichts bedeuten wollen«[35]. Auch diese Bilder versetzen die ästhetische Wahrnehmung in eine Nullpunktsituation, erschüttern, schaffen einen Riss im Gewohnten – und können so das Subjekt in seinem üblichen ›Zugriff‹ befremden und relativieren.

Interessanter als diese Wege der Inszenierung des vollständigen ›Entzugs‹, der Negation, erscheinen m.E. allerdings jene Kunstwerke, die nicht *weiße Bilder* sind, sondern durch das *Weiße im Bild* geprägt werden. So nimmt Gerald Siegmund – angeregt durch Georges Didi-Huberman – Fra Angelicos Verkündigungsbild in seine Überlegungen zu einer Ästhetik der »Abwesenheit« auf.

Fra Angelico, Verkündigung, Kloster San Marco, Florenz

34 Vgl. *Dieter Mersch*, Ereignis und Aura. Untersuchungen zu einer Ästhetik des Performativen, Frankfurt a. M. 2002, 51f.

35 *Ursula Brandstätter*, Grundfragen der Ästhetik. Bild – Musik – Sprache – Körper, Köln/Weimar/Wien 2008, 134.

Siegmund bemerkt dazu:

> »Auf dem Fresko *Verkündigung* von Fra Angelico im Kloster San Marco in Florenz nimmt eine aus weißen Kalkpartikeln bestehende Fläche, die zwischen dem Engel auf der linken Hälfte des Bildes und der knienden Maria auf der rechten Hälfte sich gleichsam aus dem Bildhintergrund nach vorne schiebt, das Blickzentrum ein. Dieser weiße Fleck ist weder sichtbar im klassischen Sinne, dass er etwas darstellt oder repräsentiert, wie es etwa die beiden Figuren tun, die man ikonographisch lesen kann. Noch ist er unsichtbar, denn er ist ja sinnlich wahrnehmbar und daher nicht auf eine abstrakte Idee zu reduzieren. Das Weiß fungiert auf dem Bild *Verkündigung* als Ankündigung einer Gestalt, ohne sie selbst zu sein, als ›Vorhof‹ eines Sinns, ›[d]as heißt, etwas das erscheint, sich darbietet [se présente] – aber ohne zu beschreiben oder wiederzugeben [représenter].‹ [Didi-Huberman, 33] Huberman dreht damit die kunstgeschichtlich festgeschriebene Deutungshierarchie des Bildes um, indem er die identifizierbaren Gestalten in den Hintergrund und den Raum zwischen ihnen in den Vordergrund seiner Überlegungen rückt.«[36]
>
> Siegmund folgert: »Das Fresko gestaltet das Geheimnis der Fleischwerdung von Gottes Wort, ohne den Inhalt der Verkündigung, also den Körper, der kommen wird, erscheinen zu lassen oder nachzuahmen.«[37]

Das Weiße im Bild verweise so auf das »Geheimnis«, auf das, was sich der Darstellung entzieht, aber als Ausgespartes eben doch inszeniert wird. Es könnte sein, dass wir in einer Zeit leben, in der wir mit diesem Weißen im Bild, mit dem Ausgesparten, dem Funktionslosen besondere Mühe haben. Jedenfalls lässt sich die These vernehmen, dass selbst in Druckwerken aller Art der »Weißraum« immer mehr zurückgehe.

»Weißraum« – der Begriff bezeichnet in der Typographie den unbedruckten Teil einer Seite bzw. den Zwischenraum zwischen den Buchstaben. Gerhard Matzig beobachtet in einem Feuilleton-Beitrag im Mai 2009 nicht nur das Verschwinden dieses typographischen Weißraums, sondern leitet daraus die Diagnose des »horror vacui« als Problem der Gegenwart ab:

---

36 *Gerald Siegmund*, Abwesenheit. Eine performative Ästhetik des Tanzes. William Forsythe, Jérôme Bel, Xavier Le Roy, Meg Stuart, TanzScripte 3, Bielefeld 2006, 101 f.

37 Ebd. 102.

> »Wir halten die Leere scheinbar nicht aus. Alles muss Fülle sein. Der Freiraum als zivilisatorischer Überschuss und geistige Freiheit ist schon längst in Bedrängnis geraten.«[38]

Auch in der Praktischen Theologie wurde das Weiße im Bild bereits gewürdigt. 1995 hatte Albrecht Grözinger in seinem Buch »Praktische Theologie als Kunst der Wahrnehmung« auf dieses Phänomen in den Bildern des späten Cézanne hingewiesen.[39] Grözingers Deutung verläuft primär rezeptionsästhetisch: »Die weißen Stellen fordern den Betrachter, die Betrachterin zum Eingreifen auf. Sie müssen selbst das Bild vollenden.«[40] Es handle sich um eine »Leer-Stelle, die [...] gerade nicht eine bedeutungslose Leere darstellt, sondern eine Leere, die hin zur ›Besetzung‹ dieser Leere drängt und doch nie definitiv ›besetzt‹ werden kann.«[41] Interessant ist, dass Grözinger diesen Aspekt der Kunstwahrnehmung mit Luthers Theologie der *viva vox evangelii* verbindet – einer Theologie, die mit dem rechnet, was sich jenseits aller Machbarkeit neu ereignet.[42] Diesen Gedanken führt Grözinger dann im Blick auf die Aufgabe der Theologie und vor allem der Praktischen Theologie weiter, der es darum gehen müsse, solche Nullpunkte der Wahrnehmung methodisch zu behüten.[43]

Auch eine Weiterführung *in liturgicis* schiene mir aber denkbar und angemessen: Der evangelische Gottesdienst hätte sich dann darum zu bemühen, das ›Weiße‹ im Bild, das auf das Geheimnis *jenseits* des Darstellbaren verweist und es doch nicht füllen kann, zu inszenieren. Ohne die Metapher aus der Kunst formuliert: Es ginge um die Zurücknahme der liturgisch Handelnden, um die Zurücknahme der vielen Worte, sinnkulturell orientierten Erklärungen und hypotaktischen Verbindungen und um den Verzicht darauf, die Gemeinde durch die Dichte der Emotionalität der eigenen Inszenierung zu ›packen‹, um so nicht etwa in die Langeweile zu führen, sondern im Gegenteil: in die gespannte Erwartung, im Gottesdienst den lebendigen Gott zu erfahren, dessen Präsenz als präsente Ab-

38 *Gerhard Matzig*, Weißraum, in: SZ-Magazin 19, 2009 (08.05.2009), 30.

39 *Albrecht Grözinger*, Praktische Theologie als Kunst der Wahrnehmung, Gütersloh 1995, 153–159 [Das ›Weiße‹ im Bild oder Am Nullpunkt der Praktischen Theologie].

40 Ebd. 154.

41 Ebd.

42 Vgl. ebd. 156f.

43 Vgl. ebd. 158.

senz beschrieben werden muss, und das Wort zu hören, das ich mir selbst nicht sagen kann.

Nach Jahren einer Konzentration der Ausbildung auf liturgische Präsenz scheint mir eine Neuakzentuierung heilsam: die liturgische Medialität. Diese gilt es ebenso einzuüben wie die *homiletische Präsenz* auf der anderen Seite. Denn anders als die liturgische Redesituation erfordert die homiletische ein deutlich wahrnehmbares »Ich«, das individuell und jenseits der Konvention, pointiert und aktuell agiert und sich selbst mit dem Gesagten angreifbar macht, sich in seiner eigenen Leidenschaft zeigt, Fragen und Zweifel artikuliert und so zum Gesprächspartner und Gegenüber der Gemeinde wird.

5 Gottesdienst als kontrapunktisches Spiel: Liturgie und Predigt im WortKult

Nach dem bisher Ausgeführten versuche ich eine zusammenfassende Wahrnehmung des Wechselspiels der beiden Sprachformen – der liturgischen und der homiletischen. Ich meine, evangelischer Gottesdienst sei jene besondere Kulturform, die beide Sprechweisen verbindet und die dann gelingt, wenn nicht die eine der beiden das Gesamtgeschehen dominiert. Ich habe in meiner Habilitation versucht, dieses Wechselspiel mit einer Formel zu beschreiben.[44] Ich nenne den evangelischen Gottesdienst einen »WortKult in der Erwartung des Wortes«. Meine These lautet:

> *Evangelischer Gottesdienst, der – mit Luther – auf die Gott-menschliche Kommunikation in Gottes Wort bezogen ist, steht im Blick auf seine Gestaltseite notwendig im spannungsvollen Wechselspiel von* Wort und Kult *und kann als* WortKult *präzise beschrieben werden.*

Der Gottesdienst steht angesichts der typisch evangelischen Problematik der Homiletisierung immer wieder in der Gefahr, die Externität des Wortes zu verlieren – das, was Luther einmal als »constituamur in alienis«[45]

---

44 Vgl. *Alexander Deeg*, Das äußere Wort und seine liturgische Gestalt. Überlegungen zu einer evangelischen Fundamentalliturgik, APTLH 68, Göttingen 2012.

45 WA 49 / 1, 492, 3.

bezeichnete. Die Erwartung würde verschwinden, der befreiende Aufbruch verhindert. An dieser Stelle kann das Liturgisch-Rituelle – ich verwende den Begriff *Kult* – mit seinen Vorgaben, die das Subjekt und das, was dieses leistet und hervorbringt, übersteigen, zum notwendigen Verfremdungseffekt des Wortes werden. Das Entscheidende am *Kult* ist in dieser Perspektive die Alternative, die er zu jedem *wirksamen Handeln* des Menschen bietet. Kultische Aktivität bedeutet – wenn sie jenseits einer problematischen »Do ut des«-Deutung gesehen wird – den Verzicht auf jedes Bewirken-Wollen, jede Effektivität des menschlichen Handelns. Kult bedeutet, einzugehen auf jenes vorgegebene Muster des Handelns, das der Frage nach Wirkung entzogen ist und dennoch sinnvoll bleibt.

Die totalisierende Präsenz und enthusiastische Tendenz des Kultus wird umgekehrt durchbrochen durch das Wort. Der Kult kann jede Eschatologie eliminieren, weil er eine Präsenz vortäuscht, die nichts mehr erwarten lässt. Er kann zur Einseitigkeit einer emotionalen Partizipation führen, die jedes Denken verabschiedet. Er kann einen Exotismus hervorbringen und die Verherrlichung einer bloßen äußeren Form – beides Figuren, die dem Fremden eben keine Chance geben, sondern das Subjekt bei sich selbst verharren lassen.[46] Der Kult kann so zu einem Selbstabschluss gegenüber dem führen, was von außen kommt. An dieser Stelle mag der Hinweis auf identifizierende Kulte genügen, die die eigene Gemeinschaft zum Gegenstand haben und diese derart stabilisieren, dass sie geradezu immunisiert gegenüber möglichen Einflüssen von außen wird (man denke nur an nationale Kulte und deren Wirkung!).

Der Kult, der in evangelischer Perspektive zu beschreiben wäre, ist ein *exzentrischer Kult*, der offen bleibt für das Andere. Er trägt sein Ziel nicht in sich selbst, ja, er verfolgt überhaupt kein machbares Ziel, sondern feiert den lebendigen Gott, der den ziellosen Kult sinnvoll macht. Der Kult *ist* noch nicht die letztgültige Vergegenwärtigung, noch nicht der vollendete Gottesdienst, der einst im neuen Jerusalem gefeiert werden wird, wenn Gottes Gegenwart alles erfüllt (vgl. Offb 21, bes. V. 22). Er bleibt in der eschatologisch und soteriologisch zu bestimmenden Spannung von Schon-Jetzt und Noch-Nicht. Er *ist* noch nicht die Präsenz, sondern wartet und hofft auf momenthafte Ereignisse der Präsenz im Wort.

46 Dieser Aspekt des Kults ist sicherlich zu bedenken, wenn gegenwärtig das Lateinische als Liturgiesprache im Katholizismus wieder mehr und mehr Beachtung findet.

Gerade deshalb aber ist der Kult angewiesen auf das Wort und den Verfremdungseffekt, der durch das Wort bewirkt wird.

Damit geht es – und ein letztes Mal komme ich auf die Titelvorgabe zurück – nicht darum, Regression und Progression auf Liturgie und Predigt aufzuteilen, sondern Wort und Kult in ihrem Wechselspiel wahrzunehmen. Auch taugen die Schubladen von Kunst und Bildung wohl nicht, um das Wechselspiel der beiden Sprachen in den Griff zu bekommen. Zu sehr lernen beide von der Kunst und sind eigene Kunstformen; zu sehr haben beide Sprachen Anteil an einem umfassenden Bildungsgeschehen, das jenseits jeder Engführung des Begriffs der Bildung im Gottesdienst geschieht.

Anders als Mosebach, Ortheil und Rosenzweig sehe ich in dem Wechselspiel von Liturgie und Predigt, von Kult und Wort, also ein ausgezeichnetes Kennzeichen gelingenden Gottesdienstes in unserer Welt. Der doppelte Verfremdungseffekt – des Kultus durch das Wort und des Wortes durch den Kult – kann als *die* liturgische Meta-Regel benannt werden, die jeder evangelischen Gottesdienstgestaltung eingeschrieben ist und m. E. für jede liturgische Inszenierung beachtet werden will. Mit ihr ist es möglich, den evangelischen Gottesdienst als *WortKult* zu beschreiben – und dies in zweifachem Sinn: einerseits als jene Weise gottesdienstlicher Gestaltung, in der *Wort und Kult* miteinander und ineinander wirken; andererseits als jene spezifische Form des »Kultus« (im allgemeinen Sinne gottesdienstlicher Begehung), in dem es um das Ereignis des Wortes geht.

Impulse

»Introibo ad altare Dei«

Stimmen von Literaten zur Sprache in der Liturgie

Erich Garhammer

Ginge es nach Martin Mosebach, wäre das Sprachproblem in der Liturgie schnell geklärt. Die Liturgie ist seiner Meinung nach das größte Sprachkunstwerk in der europäischen Geschichte und muss daher nur getreu vollzogen werden. Der Liturge ist in seinen Augen Theurge: Um unter dieser Last nicht zusammenzubrechen, muss er als Person ausgelöscht werden. »Der Theurge muss sich mit der Gewissheit beruhigen dürfen, dass er, der zur rituellen Vergegenwärtigung Gottes unbedingt Erforderliche, seine Person nicht in die Waagschale zu werfen hat, weil diese Person überhaupt nicht gefragt ist. Sowie er sich der Führung des Ritus unterwirft, ist er als Person der furchterregenden Verantwortung für den liturgischen Akt enthoben.«[1] Der Liturge muss also zur eigenen Selbstauslöschung fähig und bereit sein. Für Mosebach ist daher der Priester eine Unperson: Er hat sich zu entpersönlichen. Immer dort, wo er sich als Person nach vorne drängt, steht er dem heiligen Geschehen im Wege. So wie Luther durch seine starkfarbige, aufbrausende Dichter- und Rhetorikerpersönlichkeit die Bibel überformt hat, was nun in jedem Satz seiner Bibelübersetzung präsent und zu spüren ist. Er habe keine Rücksicht auf die farblose Sprache der Bibel genommen, sondern sie mit der seinen überdeckt. All das aber wollen moderne Theologen nicht so gerne hören. Aber mit ihnen will Mosebach in diesem Zusammenhang auch nicht sprechen.

Es gibt freilich auch andere literarische Stimmen, die sich zur Sprache in der Liturgie äußern. Sie sollen im Folgenden zu Wort kommen.

---

1 *Martin Mosebach*, Als das Reisen noch geholfen hat. Von Büchern und Orten, München 2011, 364.

1 Der Liturge: ein einsamer Alleinunterhalter (Jan Lurvink)

Jan Lurvink, geb. 1965, aufgewachsen im schweizerischen Aargau, hat Orgel, Klavier und Komposition am Konservatorium in Basel studiert. Dort ist er als Organist tätig und hat Zugang zu Pfarrhäusern und »Pfarrerseelen«. In seinem Roman »Windladen« – Windladen nennt man die Luftbehälter der Orgel, die den Wind unter den Pfeifen halten, um ihn mal in diese, mal in jene freizugeben – schildert der Ich-Erzähler seine Erfahrungen mit der Liturgie und dem Liturgen.

In Beerdigungs-Gottesdiensten, bei Trauungen und Taufen, also bei den Kasualien, lernt er den Pfarrer kennen. Er erfährt etwas von seiner Lebensauffassung, von seiner Nähe oder Distanz zu den Menschen, von seiner Einsamkeit vor Menschen, von seiner »unmöglichen Rolle« vor religiösen Analphabeten. Die Antworten in der Liturgie kommen längst nicht mehr selbstverständlich, sind kaum noch vertraut, der Pfarrer muss sie sich selber geben, ist zum Alleinunterhalter geworden:

»Ein Todmüder schleicht heran, streift sich sein Gewand über, packt Weihwasserschüssel und Kollektentopf und schleppt sich in die Kapelle vor die Trauergemeinde, sagt: ›Der Herr sei mit Euch‹, und die Gemeinde sollte es ihm zurückwünschen: ›Und mit deinem Geiste.‹ Aber die sechs Leute wissen von einer katholischen Messe nicht viel und bleiben still wie ganz Andersgläubige, die erst noch bekehrt werden müssten. So spricht er es eben selbst: ›Und mit deinem Geiste‹, was keinen Sinn macht, da sein eigener Geist gemeint ist. Aber er ist es gewohnt, bei den Wechselgebeten im Schilf zu stehen wie ein Idiot, und fährt fort: ›Herr, erbarme Dich des Verstorbenen …‹, nun muss er den Namen noch einmal nachlesen. Später, bei den Fürbitten, zwingt er die Trauernden ins Spiel: »Antworten Sie auf jede Bitte mit ›Erlöse uns, o Herr!‹« Dann fängt er an: ›Von aller Schuld …‹, und die Leute nuscheln: ›Erlöse uns, o Herr!‹ wie einer, der im Würgegriff eines andern steckt und laut sagen muss, er sei ein elender Feigling. Sein automatischer Gang um den Sarg herum mit dem viermal wiederholten Schwingen des Weihwasserwedels beschließt die Litanei, die auf nichts pocht und um nichts bittet. Er hebt die Arme und mit dem Rest Kraft noch die Zunge: ›Herr, gib ihm die ewige Ruhe‹, und die Gemeinde müsste ergänzen: ›Und das ewige Licht leuchte ihm‹, aber kein Mucks; da spricht er es wieder selbst. ›Lass ihn ruhen in Frieden‹, und auch das Amen verweigern die sechs. ›Amen‹, stößt er hervor, damit es gesagt ist.«[2]

Das Pfarrhaus, viel zu groß, nicht auf seine Maße abgestimmt, sondern ein Traditionsraum, den er schon lange nicht mehr selbst beseelt, sondern der ihn selber einsargt, ist mit vielen Büchern versehen. Nachschlagen kann er hier, Bedeutungen für Namen suchen, die er in der Taufpredigt erklären kann:

»Bald darauf sitzt er wieder in seinem altmodischen, ordentlichen, viel zu großen Pfarrhaus, in seinem Arbeitszimmer mit mehreren Bibelausgaben, theologischen Schriften und Nachschlagewerken, darunter ein Vornamen-Buch für seine Taufansprachen, mit dessen Hilfe er die Eltern überrumpelt: ›Sie haben Ihren Sohn ›Gott ist Richter‹ genannt‹, was zum Beispiel der hebräische Name ›Daniel‹ bedeutet.

In ein paar großen Ordnern sind alle seine Predigten aus über dreißig Jahren gesammelt. Anfangs blickte er mit Stolz auf diesen Blätterberg, der stetig wuchs und seine ernsthaftesten tiefstmöglichen Gedanken über Gottes Wort zum Gestein hatte. In verwegenen Augenblicken malte er sich ein gedrucktes Buch aus, aufgestellt in Buchhandlungsschaufenstern, ›Predigten von …‹, und bescheiden würde nur sein Name stehen, kein Bild von ihm, vielleicht ein blauer Himmel mit weißen Wolken drin oder ein Porträt des heiligen Stephanus, jenes, der sich um Kopf und Kragen gepredigt hatte.«[3]

Der einzige Traum, den er noch träumt, ist die Veröffentlichung seiner Predigten. Das wäre doch etwas, wenn das Buch in allen Schaufenstern prangen würde, mit seinem Namen versehen, mit einem Cover mit blauem Himmel und mit weißen Wolken, er der Transzendenz-Erschließer, der den Menschen den Himmel öffnet oder – nein, das wäre doch zu anpasslerisch, zu zeitgeistkonform, das Bild des heiligen Stephanus müsste es sein, der sich um Kopf und Kragen gepredigt hat, der Protomärtyrer, der Gesteinigte, so wie ihm die Steine des Unverständnisses und des Verkanntseins um den Kopf fliegen. Gut, dass einmal am Tag Schwester Bonifatia vorbeikommt, ihm kocht und die Putzfrau die Räume sauber hält. Wenigstens so ist die Welt in Ordnung, die sonst in giftige Brühe getaucht ist, ein Unort, der ihn bedrängt.

---

2 *Jan Lurvink*, Windladen. Roman, Köln 1998, 145f. Zur Herausforderung der Kasualpredigt vgl. *Erich Garhammer / Jörg Seip / Bernhard Spielberg*, Predigen in Sondersituationen, in: Wolfgang Raible / Erich Garhammer, Wie ein Fremder im eigenen Land (Jer 14,8). Hinführung und praktische Beispiele zu Predigten in Sondersituationen, Stuttgart 2009, 9–37.

3 Ebd. 146f.

»Einmal am Tag kommt Schwester Bonifatia vorbei, bringt die Wäsche in Ordnung und kocht ihm ein Essen, zweimal in der Woche fegt die Putzfrau durch die Räume. Abends läuft auch in seiner Stube der Fernseher und klopft den großen Widerspruch: die Welt. Das hält er aus, wie jeder. Auch dass sich alle fünf Minuten zwei küssen, steckt er meistens gut weg. Und sollte ihn die Traurigkeit über sein so vielem entsagendes Dasein einfangen, wälzt er sie geübt der Passion Christi zu, trägt sie dem Jesus am hinteren Kreuzende nach, und von der Last seiner eigenen Passion, vom Weh an den einsamen Stationen seines Kreuznachganges fällt ein wenig ab. In giftige Brühe ist die Welt getaucht, weiß er, sie ist ein Unort. Das Heil ist unmöglich aus diesem Sud zu ziehn, es muss von einer Jungfrau zart herstammen wie unser aller Göttliches aus den unbefleckten Gebärecken unserer Mütter.«[4]

Die Menschen seiner Gemeinde kommen nicht gern ins Pfarrhaus. Sie können es nicht benennen warum, es ist anders, imprägniert vom Nein zur Welt, durchsäuert vom Jüngerfrust, erfüllt mit einer apostolischen Verbitterung:

»Obwohl seine Stube recht gemütlich ist, lassen sich die Menschen seiner Gemeinde nicht so gerne hereinbitten. Räume färben sich am Innewohnenden, in einer Kirche sind es die Gebete der Menschen, die Ehrfurcht abverlangen, in einem Nachtclub, der ähnlich dunkel, bestuhlt und etwas überdreht ausgeschmückt ist, sinds die Hintergedanken der Männer und der Mädchen, die wenig Ehrfurcht verbreiten. Aus seinem Pfarrhaus schlägt einem durch die geöffnete Tür dieses Nein zur Welt als kalter Wind entgegen, eine steife Brise vom alten Jüngerfrust, von der apostolischen Verbitterung und Verdattertheit, und ganz wenig, ein laues Lüftchen, von des Meisters Begnadung, so hoch über dem Weltenschwachsinn zu stehen, dass alles ruhig geschehen mochte.

Nur hin und wieder, einen Abend, eine Stunde lang, wird er wie eine Glocke von etwas angeschlagen, und das Ja-Wort tönt aus ihm heraus, das er einmal seinem Vorbild folgend jeder Kreatur im stillen ungefragt versprochen hat. Dann ist er auf seiner Höhe, ein Geistlicher, und nicht mehr einfach einer, der alles hat: ein Haus, eine Gemeinde, eine Kirche, ein Auto, einen schönen Batzen jeden Monat, bloß keine Frau.«[5]

4 Ebd. 147.

5 Ebd. 147 f.

2 Banalisierung der Liturgiesprache (Arnold Stadler)

Als der Literat und Theologe Arnold Stadler im Jahre 1998 in die Deutsche Akademie für Sprache und Dichtung aufgenommen wurde, stellte er sich folgendermaßen vor:

»Geboren wurde ich 1954 in Meßkirch in einen Kreißsaal hinein, der nun das Speisezimmer eines Altersheims ist …

Irgendwann war die Zeit in Meßkirch und in Rast zu Ende, und ich begann, trotz allem, mit dem Studium der katholischen Theologie in München. Später ging es oder ich nach Rom, dann nach Freiburg. Auch reiste ich nun in der Welt herum, vielleicht auch nur, weil ich 20 Jahre derart festgesessen hatte in Rast. Nach fünf Jahren verließ ich Theologie und Priesterseminar, fromm, wie ich gekommen war, und ungläubig. Ich hatte nun fünf Jahre für das Studium eines einzigen Buches, der sogenannten Heiligen Schrift, drangegeben, also begann ich noch einmal, wie man so sagt, ganz von vorne, bei Adam und Eva, mit der Literaturwissenschaft in Bonn und Köln. Da hatte ich auf einmal im Prinzip alle Bücher vor mir, auch jenes eine.«[6]

In seiner Dankesrede bei der Verleihung des Marie-Luise-Kaschnitz-Preises (1998) hat Stadler einen Satz von Kaschnitz aufgegriffen und ins Zentrum gestellt: »Im Grunde war alles nach Hause geschrieben.« Seine Herkunftswelt ist für ihn der Erfahrungsraum seiner Literatur: Er ist zum Stellvertreter der Menschen geworden, die illiterat, aber dafür mit anderen Expressionen ihre Welt zum Ausdruck bringen: »Wie oft habe ich in meiner ländlichen Umgebung auf den Höhen über dem westlichen Bodensee, im Hinterland, auch Hinterland des Schmerzes, die Drohung: Ich schreibe noch einmal ein Buch! gehört. Was nie geschehen ist. Oder auch den Satz, vielleicht noch öfter, als Klage gehört: Über dies alles müsste ich ein Buch schreiben! Was nie geschehen ist. Also habe ich, vielleicht stellvertretend, Stellvertretersätze geschrieben? Für diese Welt, die ihren Schmerz doch nicht formuliert hat? … Meine Menschen haben kaum Sätze hinterlassen …

Ich hörte von einer Frau im Dorf, dass ihr Großvater kurz vor seinem Tod (um 1900) gesagt habe, dass das Leben (trotz allem) kurz gewesen

6 Deutsche Akademie für Sprache und Dichtung. Jahrbuch 1998, Göttingen 1999, 179f.

sei, so kurz wie einmal das Dorf hinauf und hinunter. Dieser Satz ist der einzige, der mir von diesem Menschen geblieben ist.«[7]

Diesen Satz hat Stadler in seiner Psalmenübertragung in Ps 90 eingetragen. Daran zeigt sich, dass der Literat die Erfahrung des Psalmisten mit Erfahrungen von Menschen heute verknüpft:

Herr,
du warst zu allen Zeiten
und immer wieder
unsere Rettung!
Ehe die Berge geboren wurden,
Erde und Weltall entstanden, bist du der
Gott von Ewigkeit zu Ewigkeit.
Du machst die Menschen zu Staub und sagst:
Kehrt zurück, Menschenkinder!
Denn tausend Jahre sind soviel für dich
wie der Tag, der gestern vergangen ist –
oder wie eine Wache in der Nacht.
Von Jahr zu Jahr säst du sie aus, die Menschen.
Sie gleichen dem Gras, wie es wächst:
Am Morgen ist es grün und blüht.
Am Abend ist es geschnitten und welkt.
So vergehen wir vor dir,
werden in deiner Gegenwart zu nichts.
Du siehst unsere Vergänglichkeit im Licht deiner
Unvergänglichkeit.
All unsere Tage gehen vor dir dahin.
Unsere Zeit hauchen wir aus wie ein Aufstöhnen,
das ist alles.
Unser Leben dauert vielleicht siebzig
Jahre, wenn es hochkommt, sind es achtzig.
Noch das schönste daran ist
nichts als Schmerz.

---

7 *Arnold Stadler*, Im Grunde war alles nach Hause geschrieben. Dankrede zur Verleihung des Marie-Luise-Kaschnitz-Preises 1998, in: Pia Reinacher (Hrsg.), »Als wäre er ein anderer gewesen«. Zum Werk von Arnold Stadler, Frankfurt a. M. 2009, 119–125: 123f.

Das Leben ist kurz und schmerzlich.
Einmal das Dorf hinauf und hinunter:
so sind wir unterwegs.
Wer kennt deine Gewalt?
Wer hat Angst vor dir?
Lehre uns unsere Tage zu zählen,
daraus werden wir gescheit –
und unser Herz wird weise.
Herr!
Zeig dich doch endlich!
Hab Mitleid mit uns nichtigen Menschen.
Gleich am Morgen gib uns von allem.
Dann werden wir jubeln, uns unser Lebtag lang
freuen!
Ach, erfreue uns!
So viele Tage, die wir gelitten haben,
genauso viele Jahre, wie unser Unglück
dauerte!
Zeig uns doch, daß du da bist,
und unseren Kindern, daß du ein Gott bist,
der hilft!
Seine Güte begleite uns.
Laß das, was wir mit unseren Händen tun,
gedeihen!
Ja,
laß es gedeihen, das Werk unserer Hände![8]

Die Psalmen orientieren sich an keiner Regelpoetik, sondern »am Herzen eines aufgewühlten oder begeisterten, enthusiastischen oder deprimierten, hilflosen oder dankbaren, immer aber: Menschen, der nach Worten sucht und sie (meist) findet … Sie sprechen uns unmittelbar an«.[9] In eben dieser Psalmenübertragung hat Stadler im Vorwort bekannt, dass die katholische Messe für ihn zur frühesten Erlebnisform von Sprache geworden sei. In deren Ritual und Sprachhaus wuchs er auf; dazu gehörte auch die Deklamation der lateinischen Psalmen beim Stufengebet:

---

8 *Arnold Stadler*, »Die Menschen lügen. Alle« und andere Psalmen, Frankfurt a. M. / Leipzig 1999, 64 f.

9 Ebd. 113 f.

»Introibo ad altare Dei.
Ad Deum qui laetificat juventutem meam« (Ps 43).

Diese Sprache war nicht nur schön für ihn, sondern auch geheimnisvoll. Dieses Geheimnis sieht er schrumpfen in einer Welt, die alles zum Thema macht, über alles plappert. Erst später ist ihm aufgefallen, dass der Psalter mit dem Wort »aschrej« beginnt: »selig, glücklich, heil«. In der Seligpreisung des Mannes, der nicht am Stammtisch sitzt (Ps 1), hat Stadler eine Widerständigkeit gegen eine gleichgeschaltete Welt formuliert, Sehnsucht nach Unausgesprochenem und Unaussprechlichem, Geruch von Heimat, der sich nicht im Wohlergehen erschöpft. Die Liturgiesprache wurde für ihn zur Sprachlehrerin; die liturgischen Formeln wurden nicht als gefrorene Sprachmuster erlebt, sondern als Expressionen, die das Leben weit und schön machen.

Psalm 1
Wunderbar der Mann,
der nicht aufs Volk hört,
den Leuten nicht nach dem Maul redet
und am Stammtisch bei denen herumsitzt,
die immer alles besser wissen.
Das ist ein Mann, der nichts als Freude hat
am Herrn, der ihm den Weg weist,
Tag und Nacht.

Er wird ein Baum sein,
direkt am Wasser.
Er wird zur rechten Zeit seine Früchte
tragen.
Seine Blätter werden nicht welken.
Wo er steht, steht's gut um ihn.

Dagegen die Vergeblichen:
Sie sind nichts als Spreu,
vom Wind verweht.
Daher werden die Abwegigen nicht stehen
In der Reihe der Aufrechten, beim Gerichtstermin,
von wegen jene, die ganz abgekommen sind,
wenn Richttag ist.

Denn den Weg der Aufrechten richtet
und weist der Herr,
der Weg der Verirrten hingegen
führt von selbst zum Abgrund.[10]

Mittlerweile leidet Stadler an dieser Kirche, die ihm einst Portal in seine Sprache und Ausdruckswelt war. Er leidet an ihrem Ausverkauf, daran, dass sie sein einst so geliebtes Sprachhaus destruiert hat und in Banalitäten der Alltagssprache versinkt.

Dazu kann er süffisant Beobachtungen ausbreiten. Etwa im Roman »Ein hinreißender Schrotthändler«. Dort schildert er eine Beerdigung: Während der Zeremonie läutet ein Handy und nachher schaufelt ein Minibagger das Grab zu. Man hört, wie er auf Holz stößt. Vor dem Friedhofsgitter parkt ein Geländewagen mit der Aufschrift »Spa«: Sanus per aquam. Während in der Liturgie längst das Latein abgewählt wurde, feiert es in der Freizeit- und Fitnessbranche fröhliche Urständ.[11]

In seinem Buch »Salvatore« wird ein Kirchenbesuch des Helden am Himmelfahrtstag beschrieben. Es ist ein Desaster. Salvatore findet die Kirche trotz Navigationssystem im Auto nur schwer, so versteckt ist sie in einem Neubaugebiet. Der Geistliche, der aus der Sakristei tritt, sagt nicht »Gelobt sei Jesus Christus«, sondern »Guten Morgen«. Gerne hätte Salvatore »In Ewigkeit. Amen« geantwortet. Denn so weit ging einmal die katholische Zeitrechnung, einst, als das Leben noch Sinn hatte. Während des Gottesdienstes war er dann der Einzige, der an der richtigen Stelle kniete, saß oder stand und die richtigen Antworten geben konnte. Dann kam das Evangelium. Es gipfelt in dem Satz: »Mir ist alle Macht gegeben, im Himmel und auf der Erde.« Und dann gab der Priester den Schlusssatz wieder: »Seid gewiss, ich bin bei euch alle Tage bis zum Ende der Welt.« Darauf folgte die Predigt: Sie war beschämend. Der Prediger versuchte die peinliche Geschichte der Himmelfahrt permanent zu entschuldigen und verglich sie mit anderen Himmelfahrten, die es gegeben habe. Als er sich vom Prediger angeschaut meinte, ging ihm auf, dass er gar nicht als Person gemeint war, es war nur die Methode des Predigers, die er im Pre-

---

10 Ebd. 15. Vgl. die schöne Interpretation des Psalmenbuches von *Wolfgang Frühwald*, »Eine Sehnsucht, die Sprache wurde«, in: Pia Reinacher (Hrsg.), »Als wäre er ein anderer gewesen« (Anm. 7), 150–166.

11 *Arnold Stadler*, Ein hinreißender Schrotthändler. Roman, Köln 1999, 146–165.

digtseminar mit Beamer und Overhead-Projektor gelernt hatte. Enttäuscht verlässt er den Gottesdienst – mit einer großen Sehnsucht: »Auch wenn er das Jahr über nicht daran geglaubt hatte, so hatte er nun doch Sehnsucht nach dem Glauben von einst, als er so groß wie eine Schwertlilie war und in der Frühmesse in einer schönen Sprache, die er nicht so recht verstand, auswendig Introibo ad altare dei ad Deum qui laetificat iuventutem meam (zu Gott, der meine Jugend schön macht) aufsagen konnte. Und alles so klar wie wahr war. Und es Menschen gab, die noch glaubten. Aber nicht an Fit for Fun und den Gesundheitswahn, der fast jeden Menschen erfasst hatte, als könnte er damit den eigenen Tod verhindern.«[12] Der Protagonist Salvatore, der durchaus Züge des Autors Arnold Stadler trägt, geht anschließend am Nachmittag in den Gemeindesaal und schaut sich den Film von Pier Paolo Pasolini »Das 1. Evangelium – Matthäus« an. Als er aus dem Gemeindesaal herauskam, war er ein anderer. Plötzlich spürte er: Der Satz Jesu »Ich bin bei euch, alle Tage bis ans Ende der Welt« ist wahr, auch heute. »Diese Botschaft konnte Salvatore hören und sehen: Sie, die Armen, Kranken, Niedergeschlagenen, die Seelenkranken, die hoffnungslos Verschuldeten, die Hungrigen und Durstigen waren die Lieblinge in diesem Film Pasolinis – und die von Jesus sowieso: Jene, denen er ›Komm!‹ zugerufen hatte, und die, denen er versprochen hatte, ›Ich werde bei euch sein bis zum Ende der Welt‹: Sie waren die Ersten und die Letzten. Pasolini hatte sich getreu an den Text gehalten.«[13]

Dieser Text mutet zunächst sehr plakativ an: Da ist auf der einen Seite der Pfarrer, der das Evangelium und das Festgeheimnis der Himmelfahrt Christi nicht ernst nimmt, auf der anderen der Regisseur Pasolini, der das Matthäusevangelium inszeniert und wörtlich nimmt wie einst Franz von Assisi. Aber Arnold Stadler sehnt sich nach einem Gott, der nahe ist, und nach Betern, die ihn mit »Du« anreden. Ein solcher Beter sollte der Liturge sein. In den Erinnerungen von Stadler taucht ein solcher Priester auf: Dieser Priester liebte besonders die eine Stelle im Matthäusevangelium, die er immer zitierte, auch wenn sie in der Leseordnung nicht vorgesehen war. Durch ihn habe er erfahren, was der Mensch ist: einmalig und vergänglich, und wer Gott ist: ansprechbar, aus der Tiefe, aber nicht kumpelhaft.

---

12 *Arnold Stadler*, Salvatore, Frankfurt a. M. 2008, 65 f.

13 Ebd. 85.

In seinen Geschichten aus dem Zweistromland beschreibt Stadler seine Kindheit im Himmelreich, in dem er aufwuchs: »Es war eine Kindheit unweit von einem Ort, der Himmelreich hieß, die Sehnsucht war also entsprechend, der Himmel über dem Himmelreich groß. Und so führten sie von Vorfrühling bis Spätherbst ein Leben im Freien ... Rolands Kindheit war seiner Erinnerung eine große Gegenwart. Die Zeit schien, unweit vom Himmelreich, damals schon Ewigkeit zu sein, als wäre die Ewigkeit ein Stück von ihnen gewesen. Doch aus jenem ersten Leben wurde bald Schnee von gestern.«[14] Aus diesem Paradies wurde er nach und nach vertrieben: »Selbst die Liebe war irgendwann etwas Gewöhnliches geworden, als wäre es Kartoffelsuppe. Auch die Pille war eingeführt in der Zwischenzeit. Das war der Tod von Romeo und Julia. Bald gab es nur noch Wunschkinder. Wie schön war alles geworden! Und schöner und schöner, die Schönheitschirurgen lösten die Analytiker ab. Und die hatten noch die Beichtväter verdrängt, all die seligmachenden Sündenbekenntnisse in Zeiten, einst als das Leben noch vor ihm lag.«[15] Im Jesusbuch des Papstes findet Stadler etwas von dieser Kindheit erhalten, die Einfachheit, die Schönheit, das Glaubenkönnen und die Sprache der Liturgie. Wieder bekennt Stadler, dass ihm in der Liturgie die Schönheit der Sprache aufgegangen sei. Das deum de deo, lumen de lumine, diese auswendig gelernten Wortfetzen seien zur ersten Begegnung mit der Poesie geworden. »Das Buch ›Jesus von Nazareth‹ gehört zu den Büchern, nach deren Lektüre das ›Credo‹ noch schöner sein kann als je zuvor.«[16]

Freilich: Es gibt auch ganz andere Erfahrungen mit der Liturgiesprache. So hat etwa der Bochumer Alttestamentler berichtet, dass sein Vater durch einen Hörfehler in der Liturgie dauerhaft traumatisiert worden sei. Im »Salve Regina« gebe es die Formulierung: »Zu dir rufen wir verbannte Kinder Evas; zu dir seufzen wir trauernd und weinend in diesem Tal der Tränen«. Sein Vater habe statt der verbannten Kinder Evas stets die verdammten »Ebachskinder« gehört. Angesichts des Außenseiterstatus auf Grund der unehelichen Geburt in einem Westerwälder

14 *Arnold Stadler*, New York machen wir das nächste Mal. Geschichten aus dem Zweistromland, Frankfurt a. M. 2011, 11.

15 Ebd. 218.

16 *Arnold Stadler*, »Aufleben soll euer Herz für immer«. Kleine Reise nach Nikaia und zum Buch »Jesus von Nazareth« von Benedikt XVI. Marginalien eines einfachen Lesers, in: Jan-Heiner Tück (Hrsg.), Passion aus Liebe. Das Jesus-Buch des Papstes in der Diskussion, Ostfildern 2011, 262–279: 279.

Dorf habe das noch mehr zu seiner Marginalisierung beigetragen.[17] In eine ähnliche Richtung weisen die Erfahrungen von Friedrich Christian Delius in seiner Erzählung »Der Sonntag, an dem ich Weltmeister wurde«. Er bringt den Kanzelspruch »ER ist unser Friede« mit seinem Pfarrervater zusammen, der dort sonntags steht und im Namen des Vaters, des Sohnes und des Heiligen Geistes redet. Dieses Rätsel-, Zentral-, Anfangs- und Punktwort Gott erdrückt den Sohn und lässt ihn zum Stotterer werden.[18] Aus dieser Stotterexistenz befreit ihn die Fußballsprache, die Übertragung des Endspiels um die Fußballweltmeisterschaft 1954.

3 Der Liturge: ein Übersetzer (Peter Handke)

Für Peter Handke ist das Schriftstellersein eine Berufung. Der Schriftsteller hat sich stets gegenüber anderen Berufen zu legitimieren. »Am Morgen lege ich extra auf den Arbeitstisch der Dachdecker zu deren Sägen und Messgerät ein Buch. Ich möchte einfach, dass sie sehen, dass es noch andere Sachen gibt … Aber es ist eigentlich nicht für die, es ist vielmehr für den Himmel, damit ein Gleichgewicht herrscht zwischen Büchern und Sägen und Zangen und Hammer. Es ist eigentlich nur für ein drittes Auge. Für das Auge Gottes. Nicht für die Arbeiter, sondern ein Symbol des Daseins.«[19]

Für die Berufung des Priesters ist seiner Meinung nach das Liebesverhältnis zur Sprache entscheidend. Deshalb auch der Hinweis des von ihm beschriebenen Pfarrers in der Niemandsbucht auf die dringlich notwendige Neuübersetzung des Neuen Testamentes.

»Und er redete weiter, wie dringlich eine deutsche Übersetzung des Neuen Testaments sei, weder eine so volksmaulhafte wie die lutherische, noch eine der jüngeren, dem Verständnis von Zeitungslesern angepasste,

17 *Jürgen Ebach*, SchriftStücke. Biblische Miniaturen, Gütersloh 2011, 231.

18 *Friedrich Christian Delius*, Der Sonntag, an dem ich Weltmeister wurde. Erzählung, Reinbek bei Hamburg 1994, 51.

19 »Es gibt die Schrift, es gibt das Schreiben.« Peter Handke im Gespräch mit Klaus Kastberger u. Elisabeth Schwagerle, in: Profile 12 / 2009, 11–30: 12 f. Bei diesem Gespräch hatte Peter Handke gerade die Dachdecker da und wollte mit der demonstrativen Geste des Buches zeigen, dass auch das Schreiben ein wichtiges und bedeutsames Handwerk ist.

sondern eine möglichst wörtliche, aus dem Griechischen, welches ja mit dem Deutschen, wie nach seiner Kenntnis keine zwei Sprachen sonst, einen Leib und eine Seele bildete.«[20]

In der Erzählung »Nachmittag eines Schriftstellers« beschreibt Handke die Krise des Schriftstellerdaseins und die beglückende Existenz des Übersetzers. Der Schriftsteller, der zunächst meint, einen Urtext in sich zu tragen, den er nur niederschreiben muss, macht die Erfahrung des Vertrocknens und des Leerwerdens. Der Ausweg ist das Übersetzen: Diese Arbeit besteht in der Treue zum Text, in der investierten Mühe: »Das Übersetzen bringt mich zu tiefer Ruhe.«[21] Der Übersetzer schildert dem Autor seine Erlösung vom Druck des Erfindenmüssens. Ist dies nicht auch die beglückende Erfahrung des Liturgen? Lassen wir den Übersetzer zu Wort kommen:

»Du weißt, ich war selbst viele Jahre ein Autor. So froh siehst du mich heute auch, weil ich es nicht mehr bin. Und ich werde dir jetzt die Gründe meiner Gelöstheit erzählen. Höre, mein Lieber! – In den Anfängen des Schreibens fand ich die Welt in mir als eine verlässliche Folge von Bildern, die ich nur anzuschauen und, eines nach dem anderen, zu schildern brauchte. Mit der Zeit aber verlor sich die Klarheit der Umrisse, und aus dem Inmichhineinschauen wurde zusätzlich ein Horchen. Meine Vorstellung war damals – und ich erfuhr ja auch immer wieder, wie sie sich erfüllte –, es sei mir, in meinem Innersten, etwas wie ein Urtext mitgegeben, der, noch verlässlicher als die Inbilder, weil unabnutzbar durch die Zeit, dort ständig zugleich da sei und geschehe, und von mir, hielte ich nur in allem Sonstigen inne und versenkte mich hinein zu ihm, kurzerhand zu übertragen sei auf das Papier. In dieser Periode dachte ich mir das Schreiben als ein reines Abhören und Mitschreiben, als ein Übersetzen, bei welchem statt einer sichtbaren Vorlage ein insgeheimes Ursprechen galt. Aber es erging mir mit meinem Traum wie mit allen meinen Träumen: indem ich ihn nicht bloß dann und wann, spontan, als ein Bruchstück, sondern systematisch, Tag für Tag, aufzeichnen und zu einer Art Großem Traumbuch schließen wollte, wurde er immer weniger und bedeutete auch immer weniger; was bei Gelegenheit, splitterhaft, alles sagte, sagte als geplantes Ganzes gar nichts mehr. Mein Versuch, einen vermeintli-

20 *Peter Handke*, Mein Jahr in der Niemandsbucht. Ein Märchen aus den neuen Zeiten, Frankfurt a. M. 1994, 637.

21 *Peter Handke*, Nachmittag eines Schriftstellers. Erzählung, Salzburg 1987, 82.

chen Urtext in mir zu entziffern und so einen Zusammenhang zu erzwingen, erschien mir nun gleichsam als Sündenfall. Damit begann die Angst. Von Mal zu Mal graute es mir mehr vor dem Platzeinnehmen und Warten. Von allen meines Berufs, die ich kannte, war ich meines Wissens der einzige, der vor dem Schreiben Angst hatte, und zwar tagaus und tagein. Und Nacht für Nacht der gleiche Alptraum: Eine gemeinsame Aufführung, vor großem Publikum, stand bevor, und alle anderen hatten ihren Text, nur ich nicht. Als dann das Ende kam, mitten in einem vollkommen ungefühlten Satz ohne Anschauung, ohne Rhythmus, traf mich das als ein Schreibverbot, für immer. Nichts Eigenes mehr! Ich erinnere mich, wie ich an jenem Tag hinaus in die heißeste Sonne trat, da stundenlang unter blühenden Apfelbäumen stand, kalt wie nur je ein Kadaver, und dann doch lachte in Gedanken an den Spruch eines Großen: ›Man muß nur in die Hand blasen, dann geht's schon!‹ Und nach einem Übergang der Stummheit wurde ich der, den du kennst: Bloß nichts Eigenes mehr! Die Schwelle nicht überschreiten! Im Vorhof bleiben! Endlich kann ich mitspielen, statt wie ehedem der Alleinspieler sein zu müssen, und nur so, als Mitspieler, darf ich endlich auch auftrumpfen! Nur im Übersetzen – eines sicheren Textes – genieße ich meine Geistesgegenwart und fühle mich klug. Denn anders als früher weiß ich, dass jedes Problem dabei ein lösbares ist. Zwar quäle ich mich immer wieder, aber ich leide keine Qualen mehr und warte auch nicht mehr auf die Qual, dass sie sich auftue, damit ich ein Recht zu schreiben spüre. Der Übersetzer hat die Gewißheit, er wird gebraucht. Und so bin ich auch die Angst losgeworden: Wie lang ist es her, dass mir beim Spitzen der Bleistifte vor der Arbeit, zittrig wie ich jedesmal war, eine Mine nach der andern abbrach! Und beim Aufwachen am Morgen, statt, wie in der Vorzeit, zurückzuschrecken vor dem Exil, sehne ich mich heim zum Übersetzen. Übersetzer, der ich bin, und nichts sonst, ohne Hintergedanken, bin ich ganz, der ich bin; habe, während ich mir seinerzeit oft als Verräter vorkam, das tägliche Erlebnis, treu zu sein. Das Übersetzen bringt mich zu tiefer Ruhe. Doch schau, Freund: Gleich geblieben sind die Wunder, die ich erlebe – nur eben nicht mehr in der Rolle des Einzigen. Immer noch genügt das eine richtige Wort, und aus meinem schleppenden Gang wird, bei all meinem Alter, ein Laufen! Und gleichgeblieben ist jene Dringlichkeit – nur zwingt sie mich nicht mehr zum Grübeln, sondern läßt mich erholsam oberflächlich sein. So, indem ich deine Wunde möglichst schön zeige, verberge ich die meine. Am Schreibtisch sterben, das möchte ich erst, seit ich Übersetzer bin.«[22]

Der Autor geht dem Übersetzer noch etwas hinterher: »Obwohl sein Vordermann, mit seinem wackelnden Kopf und den Hoppelbewegungen eines Hasen, eilig wirkte, mußte der Beschatter, so verlangsamt er sich schon hatte, immer wieder jäh stoppen: Nicht nur, daß der Alte im Zickzack ging, als sei er betrunken – er hielt auch alle paar Schritte inne, um seine Tasche mit dem übersetzten Manuskript in die andere Hand zu wechseln oder gar abzustellen. Eigentlich war es ja keine Tasche, vielmehr ein breiter, rechteckiger Flechtkorb, mit einem Tragarm und einem schwarzledernen Deckel, der bei jeder Lampe pechern aufglänzte. Was konnte so Schweres darin sein? – Und dem Betrachter erschien nun in dem Korb das Behältnis, in dem man einst den neugeborenen Moses, in der Hoffnung, er könnte so vor den Häschern gerettet werden, dem Nil übergeben hatte. Bis zum Hoteltor hatte er nur noch Augen für den schaukelnden Schwimmkorb, in welchem der Säugling versteckt lag, unterwegs zur Tochter des Pharao.«[23] Übersetzen wird für Handke zur Inspiration beim eigenen Schreiben.

Deshalb hat er auf seinen Reisen und Wegen stets Texte zum Übersetzen dabei. Er hat auf seinen Fußmärschen auch das Neue Testament dabei gehabt, und zwar die Interlinear-Übersetzung von Ernst Dietzfelbinger.[24] Er hat das Neue Testament nicht nur gelesen, sondern hat es für sich neu übersetzt. Das wird sichtbar in seinen Tagebüchern, die er dem Literaturarchiv Marbach im Vorlass übergeben hat.[25]

Am 4. August 1989 beginnt Handke mit der Lektüre des Matthäusevangeliums, am 11. Februar 1990 endet die Lektüre. Am 12. Februar 1990 beginnt er mit dem Markusevangelium, dessen Lektüre er am 20. Februar abschließt. Am 22. Februar beginnt er mit dem Lukasevangelium, das er am 2. Mai 1990 beendet. Der Eintrag am 3. Mai beginnt mit

22 Ebd. 79–82.

23 Ebd. 82f.

24 Das Neue Testament. Interlinearübersetzung Griechisch-Deutsch. Übersetzt von Ernst Dietzfelbinger, Neuhausen/Stuttgart 1990.

25 Im Literaturarchiv Marbach liegen 66 Tagebücher von Peter Handke (HS 2007.0010). In der Zeit, in der er das Neue Testament las, sind auch die Innendeckel der Bücher mit griechischen Zitaten aus der Bibel vollgeschrieben. Es verwundert, dass in dem schönen Band von *Klaus Kastberger* (Hrsg.), Peter Handke. Freiheit des Schreibens – Ordnung der Schrift, Wien 2009 [= Profile 12 / 2009], der den Vorlass von Peter Handke an das Österreichische Literaturarchiv und das Deutsche Literaturarchiv Marbach erstmals auswertet, die Rolle des Neuen Testaments bei Peter Handke überhaupt nicht erwähnt wird!

dem Wort: »Und wieder en arche en o logos – am Anfang war das Wort.« Nach der Lektüre der Synoptiker folgt also wieder die Lektüre des Johannesevangeliums. Die Bibel ist für Handke ein Brevier, das er geradezu ruminiert. Aus den Einträgen ins Tagebuch seien einige Sätze zitiert:

Am 26. August 1989 bemerkt er zur Bergpredigt: »Die Worte tragen hinaus zum Horizont; was täte ich ohne sie? Was wäre mit mir ohne die Worte? Die Wörter der heiligen Schrift bedenkend, phantasierend, nicht nur dieser Heiligen Schrift: Auf! Auf ins Land, damit das Gelesene fruchtbar wird!« Am 1. November notiert er: »Das Reich Gottes ist nahegekommen (Mt 10,17) das könnte heute niemand mehr sagen, oder doch? Täglich? (das Reich der Himmel kommt doch täglich nahe? Da vor dem Fenster, hinter der Esche, blaut es?)«. Den Verlassenheitsschrei Jesu am Kreuz (Mt 27,48) übersetzt er mit: »Jesus brüllte auf.« Am 11. Februar trägt er ein: »Christus am Kreuz: er hat seine Verlassenheit ausgerufen oder hinaufgerufen?«

Am 13. Februar 1990: »Das Lesen, gerade der Evangelien, wo immer wieder jemand außer sich ist, außer sich gerät, bringt mich zu mir.« Am 14. Februar der Eintrag: »Er holte Atem in der Schrift.«

Auf dem Hintergrund der Bibellektüre kommt er zu einer Neueinschätzung des Schreibens: »Schreiben: Sich hineinbegeben in die Enge und herauskommen mit der Weite«. (17. Februar) Oder am 28. Februar 1990: »Da kannst du neu erzählen lernen und denk immer, dass die Bibel einfach heißt: Das Buch, ho biblos.«

Oder am 6. März 1990: »Das ›Umdenken‹, metanoein, des Johannes ist auch das Prinzip der Dichtung gegenüber den Tatsachen.«

Oder am 25. März 1990: »Statt ›umdenken‹ metanoein, sag vielleicht auch die Gewohnheiten aufgeben (Anfang des Umdenkens?)«. Am 11. April der Eintrag: »Ändere auch nur ein Wort und so wird deine Seele gesund.«

Zur Emmausgeschichte notiert er am 1. Mai 1990: »Die Kraft der Offenheit (die mir immer wieder fehlt; auch das Schreiben verschließt mich manchmal, statt mich zu öffnen). Wie oft fehlt mir das brennende Herz.« Am 3. Mai beginnt er wieder mit der Lektüre des Johannesevangeliums und notiert zu »Das Wort ist Fleisch geworden«: »Kann man das nicht von jedem Kind sagen?«[26]

---

26 Zu den Übersetzungen von Handke vgl. *Fabjan Hafner*, Zwischen Herkunft und Ankunft. Peter Handke übersetzt, in: Profile 12 / 2009, 73–86. Auch Hafner entgeht, dass die Notate Handkes im Buch »Langsam im Schatten« mit einem Frag-

In diesen wenigen Aufzeichnungen wird deutlich, dass Peter Handke die Evangelien nicht nur liest, sondern dass er aus ihnen schöpft und sein Schriftstellerverständnis von ihnen inspirieren und auch korrigieren lässt. Vor allem aber verkostet er die Sprache, die Ausdruckskraft der Sprache. Es springen ihn die Wörter an, die berühren, die nahegehen, die Gefühle zum Ausdruck bringen. Peter Handke hat die Evangelien neu übersetzt als Berührungsgeschichten. Und von daher versteht er auch den Priester als jemanden, der die Bibel nicht einfach verwaltet als einen kalten Text, sondern der ihn leben und verlebendigen soll. Insofern kann er kritisch schreiben: »Die meisten Priester sind geistlose Arrangeure, die da vorn am Altar ordinäre Haushaltsgeräusche vollführen. Jedes kleine Zeichen von Geist aber würde mich sogleich zu Tränen rühren.«[27]

4 Angemessene Liturgiesprache

In diesen wenigen Beispielen ist deutlich geworden: Die Literaten wünschen sich einen Liturgen, der sprachschöpferisch ist und zugleich ein treuer Übersetzer, keinen Theurgen, sondern einen, der ein Liebesverhältnis zur Sprache hat, aber kein Augenblicksschwätzer ist. Für viele Kritiker der katholischen Liturgiereform von Martin Mosebach bis Joseph Ratzinger / Benedikt XVI. ist die Geschwätzigkeit und Banalisierung in der Liturgie der durch die Liturgiereform entstandene Hauptschaden. Denn das Setting der Liturgie verleite nun den Liturgen, in die Rolle des Talkmasters zu schlüpfen.

In der Instruktion »Redemptionis sacramentum über einige Dinge bezüglich der heiligsten Eucharistie, die einzuhalten und zu vermeiden sind« vom Frühjahr 2004 geht es um die Ursachen der Missbräuche in der Liturgie. In dieser Instruktion wird mit einem Brief von Augustinus an Januarius argumentiert. »Was wir aber nicht auf Grund der Heiligen Schrift, sondern auf Grund der Überlieferung, jedoch in Übereinstimmung mit dem ganzen Erdkreise zu halten pflegen, das ist doch offenbar

ment zur Heiligen Schrift enden oder besser: in ihr gipfeln. Vgl. *Peter Handke*, Langsam im Schatten. Gesammelte Verzettelungen 1980–1992, Frankfurt a. M. 1992. Vielleicht hat er die Warnung Handkes »Du, der heutigen Tages die Bibel liest: Achtung, Todesgefahr!« zu wörtlich genommen.

27 *Peter Handke*, Die Geschichte des Bleistifts, Frankfurt a. M. 1985, 244.

auf Empfehlung und Einsetzung entweder der Apostel oder aber der allgemeinen Konzilien, deren Ansehen der Kirche so sehr zu Nutzen gereicht, zurück zu führen.« Augustinus präzisiert dann und fügt hinzu: »Hierzu gehören die jährliche Feier des Leidens, der Auferstehung, der Himmelfahrt unseres Herrn, der Herabkunft des Heiligen Geistes oder was sonst die ganze Kirche, wo immer sie ausgebreitet ist, beobachtet.« Dann vollzieht der Text allerdings eine überraschende Wendung: »Andere Gebräuche sind verschieden nach Gegend, Land, Ortschaft. So fasten einige am Sabbate, andere nicht. Einige empfangen täglich den Leib und das Blut des Herrn, andere nur an bestimmten Tagen. An einigen Orten unterbleibt das heilige Opfer keinen Tag, an anderen wird es nur am Sabbat und am Sonntag, an anderen wieder nur am Sonntag dargebracht. Diese und ähnliche Gebräuche derart können nach freier Wahl beobachtet werden. Ein verständiger und ernsthafter Christ hält nun nicht den einen Gebrauch für besser, den anderen für schlechter, sondern er schließt sich dem Brauche der Gemeinde, bei der er sich gerade befindet, an. Denn was offenbar weder gegen den Glauben, noch gegen die guten Sitten verstößt, das ist als indifferent zu betrachten, und muss beobachtet werden im Anschluss an jene, bei denen man sich befindet.«[28] Das in der römischen Instruktion verwendete Zitat von Augustinus hat also genau den gegenteiligen Sinn: Es geht nicht um Einheit durch Vereinheitlichung, sondern es geht um den Respekt vor den ortskirchlichen Besonderheiten. Die Vielfalt in den peripheren Dingen ist Ausdruck von Vitalität und Schönheit. Zu dieser Schönheit gehört auch eine liturgische Sprache, die traditionsachtsam und gegenwartssensibel ist.[29]

---

28 *Aurelius Augustinus*, ep. XXXII (Nr. 54): Antwort auf die Fragen des Januarius, BKV 29, 209f.

29 Vgl. dazu *Benedikt Kranemann / Stephan Wahle* (Hrsg.), »... Ohren der Barmherzigkeit«. Über angemessene Liturgiesprache, Freiburg i. Br. 2011. Sowie insgesamt *Erich Garhammer*, Zweifel im Dienst der Hoffnung. Poesie und Theologie, Würzburg 2011.

Reading the popular

Oder: Was kann die Sprache der Liturgie von der Massenkultur lernen?

Andreas Mertin

Kulturen und Praktiken des täglichen Lebens zu lesen und für die wissenschaftliche Arbeit fruchtbar zu machen, ist spätestens seit dem Aufkommen der *Cultural Studies*[1] und nicht zuletzt seit John Fiskes *Reading the popular*[2] selbstverständlicher geworden. Auch im Bereich der Praktischen Theologie wird seit Längerem der Ertrag theologischer Arbeit am Populärkulturellen erkundet.[3] Soweit ich es sehe, ist dabei der Bereich der Liturgik bisher ausgespart geblieben – nicht zuletzt vielleicht deshalb, weil sich diese immer als das *totaliter aliter* zur massenkulturellen Konsumware begriffen hat. Dabei war auch der Gottesdienst seit seinen Anfängen immer in der Versuchung, der Unterhaltung zu dienen: »Die Gebildeten gingen damals mit denselben Erwartungen in die Kirche wie in den Hörsaal des Sophisten: sie wollten sich einen Ohrenschmaus verschaffen, ein Stündchen angenehmer Unterhaltung, und viele Prediger waren ihnen darin allzu willfährig«.[4] Was aber können wir heute von der Massenkultur lernen, von ihren Inszenierungen, ihren synästhetischen Präsentationen? Meine Vermutung lautet: Wir können und müssen den Sinn und die Macht der Bilder liturgisch neu reflektieren.

---

1 *Christina Lutter / Markus Reisenleitner*, Cultural studies. Eine Einführung, Wien 2005.

2 *John Fiske*, Lesarten des Populären (Cultural studies 1), Wien 2003.

3 *Harald Schroeter-Wittke* (Hrsg.), Popkultur und Religion. Best of (Reihe: Populäre Kultur und Theologie 1), Jena 2009.

4 *Eduard Norden*, Antike Kunstprosa. Vom VI. Jahrhundert v. Chr. bis in die Zeit der Renaissance (1898, [3]1915) 2 Bde, Darmstadt 1958, Band 1, 551.

EVIDENZ I: BEI LUKAS CRANACH LERNEN

Meine Überlegungen möchte ich deshalb eröffnen mit einem Werk von Lukas Cranach, das dieser zwischen 1532 und 1547 für die Stadt- und Pfarrkirche St. Marien zu Wittenberg gemacht hat. Es handelt sich um die Predella des dortigen Altarbildes. Diese Predella kann, wenn man sie recht ›liest‹, als künstlerischer Impuls zur Gestaltung der Liturgie begriffen werden. Wir sehen zunächst am rechten Bildrand den Reformator Martin Luther auf der Kanzel stehen und predigen, d. h. er legt die Heilige Schrift aus. Die rechte Hand ist demonstrativ erhoben und verweist in den Bildraum mit einem Gestus, der dem klassischen Segensgestus verwandt ist. Währenddessen liegt die linke Hand auf der Bibel. Im Rahmen der alten Raum-Metaphysik und Bedeutungsperspektive – die Bedeutung an der Abbildungsgröße misst – wirkt Luther geradezu klein, fast miniaturisiert. Zudem ist er durchaus jung inszeniert. Das Bild ist erst 1547 (also nach Luthers Tod) übergeben worden, seine Anfänge datieren aber schon in die Zeit nach 1532. Martin Luther gegenübergestellt sehen wir am linken Bildrand seine Ansprechpartner, die zum Gottesdienst versammelte Gemeinde. Man kann 23–25 Zuhörerinnen und Zuhörer unterscheiden. Einige aus der Gemeinde können wir identifizieren, etwa Katharina von Bora mit Hänschen am Arm oder den Maler Lukas Cranach selbst mit Vollbart.

Das Zentrum des Bildes wird nun *scheinbar* von einer Darstellung der Kreuzigung Christi eingenommen. Es sieht so aus, als ob Luther im Rahmen seiner Predigt auf das im Raum vorhandene Kruzifix verweisen würde. Auf den zweiten Blick wird dann aber deutlich: Das ist gar keine *Darstellung* Christi im eigentlichen Sinne (sie wäre ansonsten hyperrealistisch und paradox zugleich in den Raum gesetzt), sondern eine Imagination seiner Kreuzigung. Das wird einsichtig, wenn man den – für Cranach nicht untypischen – wehenden Stoff des Lendenschurzes berücksichtigt. Für eine derartig dramatische Drapierung fehlt in diesem Raum jeder Anlass. Es ist Luthers Rede, die Christus derartig bewegt vor dem Auge der Betrachter erscheinen lässt. Wir müssen uns den Raum in der Mitte also zunächst leer vorstellen …

… und ihn nach und nach im Rahmen von Liturgie und Predigt Martin Luthers mit Leben und Inhalt füllen. Dabei scheint der Raum im Hintergrund das Leiden des Gekreuzigten in sich aufgenommen zu haben. Es ist, als ob es der Raum der Geißelung Christi wäre. Entfernt man Kreuz und Korpus Christi aus dem Bild, bleibt der dichte Eindruck des Leidens

erhalten – das wird deutlich, wenn man sich die Wand direkt links neben Luther anschaut, die von Blutstriemen nur so übersät scheint. Predigt und Liturgie heißt bei Lukas Cranach, den Leerraum zwischen Prediger und Gemeinde ausdrucksstark zu füllen, dass den Zuhörern und Teilnehmern des Gottesdienstes evident wird, worum es in der Verkündigung geht.

Diese Bildermacht[5] hat der Protestantismus seit den Zeiten der Reformation nicht mehr erreicht und er hat sich ganz auf das Wort und allenfalls noch die Musik zurückgezogen. Gleichzeitig hat er es verpasst, die Fragen der Liturgie und der Predigt *auch* als bild-ästhetische Fragen zu begreifen und zu erörtern. Während in der Orthodoxie und im Katholizismus die Liturgie als visuelles Ereignis immer im Bewusstsein blieb, war das im Protestantismus nicht oder doch nur selten der Fall. Allenfalls als Illustration des in der Predigt Gesagten wurden Bilder ab und an mal eingesetzt. So bemerkt C. G. H. Schenk in der ersten Hälfte des 19. Jahrhunderts, es gäbe *»so große Freunde des Bilderwesens, dass sie das Bild, über welches sie sprechen wollten, abmalen und an die Kanzel hängen ließen«.*[6] Aber das war eben ganz dem Gedanken der am Wort orientierten Illustration verhaftet.

In Predigt und Liturgie Jesus Christus so zu kommunizieren, dass er quasi lebendig vor Augen steht, dass er *Bild wird*, das ist es, was der Künstler Lukas Cranach nahezubringen sucht. Heute geschieht diese

---

5 Vgl. *Horst Schwebel / Andreas Mertin* (Hrsg.), Bilder und ihre Macht. Zum Verhältnis von Kunst und christlicher Religion, Stuttgart 1989.

6 *Carl Gottlieb Ferdinand Schenk*, Geschichte der deutschen protestantischen Kanzelberedsamkeit von Luther bis auf die neuesten Zeiten, Berlin 1841, 67.

Form der Kommunikation freilich nicht mehr allein im Gottesdienst, sondern sie hat sich tief in die Populärkultur säkularisiert, Ergebnis einer jahrhundertelangen durchaus erfolgreichen Verkündigungsarbeit. Dabei unterliegt der Prozess der Verkündigung dramatischen Veränderungen und die Liturgie wandelt ihren Ort.

Farbmusik für das Auge

In dem 1999 erschienenen Sammelband »Viva MTV!« schreiben Klaus Neumann-Braun und Axel Schmidt: »Videoclips sind in der Regel drei- bis fünfminütige Videofilme, in denen ein Musikstück (Pop- und Rockmusik in allen Spielarten) von einem Solointerpreten oder einer Gruppe in Verbindung mit unterschiedlichen visuellen Elementen präsentiert wird. Formale Genealogien des Videoclips bzw. Musikvideos beginnen meist mit dem antiken Traum der Menschen von der Farbmusik für das Auge, die der tonalen Musik für das Ohr entspricht. Die optische und die akustische Aufmerksamkeit der Rezipienten sollen gleichermaßen erregt werden.«[7] Heute gibt es kaum einen Bereich, der ohne dieses Konzept der öffentlichen Visualisierung bzw. visuellen Kommunikation auskommt. Selbst in der Volksmusik sind Videoclips inzwischen häufiger anzutreffen, Ähnliches gilt für den Schlager. Im Bereich der globalen Musikindustrie ist ein signifikanter Videoclip inzwischen Standard und Auszeichnungsmerkmal. Nicht zuletzt ist mit der Werbeindustrie des 20. Jahrhunderts die Visualisierung in unseren Alltag eingedrungen – nicht nur zu unserem Vorteil. Unbestreitbar aber ist Kommunikation heutzutage visuell orientiert. Nicht einmal in der Literatur funktioniert das »reine Wort«, auch hier wird visuell kommuniziert. Das hat auch Rückwirkungen auf die Liturgie, steht sie doch nun in Konkurrenz zu einer Fülle von synästhetischen Elementen, die ebenfalls mit Botschaften gesättigt und auch Gemeinde bildend sind.

Das möchte ich Ihnen im Folgenden anhand von vier Videoclips evident machen. Zu erzählen sind popkulturell-liturgische Inszenierungen von vier Geschichten von Jesus Christus, seiner Nachfolge und der Charismenlehre des Paulus bis hin zum Priestertum der (an sich) Glaubenden.

---

7 *Klaus Neumann-Braun / Axel Schmidt*, McMusic. Einführung, in: Klaus Neumann-Braun (Hrsg.), Viva MTV! Popmusik im Fernsehen, Frankfurt a. M. 2004, 7–42: 10.

Evidenz II: Madonna, Like a prayer (1989)

Ich beginne mit einem Klassiker des Genres, der vielleicht erste Clip, der weltumspannend wahrgenommen wurde. Dieser Videoclip ist auch deshalb für unser Thema besonders interessant, weil an ihm deutlich wird, wie stark sich Teile der säkularen Kultur von der Liturgie und religiösen Inszenierungen inspirieren lassen.[8]

Madonnas Videoclip behandelt Themen wie Christusnachfolge, Nächstenliebe, Kirche und Gemeinschaft, die Intensität religiöser Gefühle und religiösen Enthusiasmus. Und doch ist er kein direkter Ruf in die Nachfolge, keine Aufforderung zur Nächstenliebe, zur Gemeinschaft. In den Worten von Madonna aus dem Jahr 1990: *»Meine Show ist kein konventionelles Rockkonzert, sondern eine dramatische Umsetzung meiner Musik. Und wie im Theater stellt sie Fragen, provoziert zum Nachdenken und nimmt den Zuschauer mit auf eine emotionale Reise, in der Gut und Böse, Hell und Dunkel, Freude und Trauer, Verdammnis und Erlösung dargestellt werden. Ich versuche nicht, jemanden zu einer Lebensweise zu bekehren, ich stelle sie nur dar. Und es bleibt dem Publikum überlassen, seine eigenen Entscheidungen und Urteile zu fällen.«*[9] Wir sehen in dem unter der Regie von Mary Lampert realisierten Clip ein Amalgam: etwas christliche Botschaft, etwas mittelalterliche Mystik, etwas Enthusiasmus schwarzer Christen, alles angereichert mit einem Schuss Erotik. Eine Kombination, die sowohl Papst wie Evangelikale protestieren ließ. Und die Sängerin in einer Doppelrolle: einerseits als Mädchen, das eine erotische Beziehung mit einem Heiligen aufnimmt, andererseits als Madonna, die sich der unschuldig Verfolgten annimmt. Und am Ende ist alles Theater.

Inhaltlich kann »Like a prayer« als visuelle Adaption aus Jes 42,7 und Mt 25,35ff. verstanden werden. *Ich, der Herr, habe Dich gerufen in Gerechtigkeit und halte dich bei der Hand … daß du die Augen der Blinden öffnen sollst und die Gefangenen aus dem Gefängnis führen und, die da sitzen in der Finsternis, aus dem Kerker* (Jes 42,6f.). – *Ich bin im Gefängnis gewesen und ihr seid zu mir gekommen – Wann haben wir dich … im Ge-*

---

8 Vgl. zum Folgenden *Andreas Mertin*, Like a sign. Medienkunst – Semiotik – Bilddidaktik, in: Bernhard Dressler / Michael Meyer-Blanck (Hrsg.), Religion zeigen. Religionspädagogik und Semiotik , Münster 1998, 83–142.

9 So Madonnas Statement am Flughafen in Rom angesichts des kurzfristig wegen des Videoclips erlassenen Einreiseverbots (!), wiedergegeben 1991 im Kinofilm »In Bed with Madonna«.

fängnis gesehen und sind zu dir gekommen. Und der König wird antworten und zu ihnen sagen: Wahrlich ich sage euch: Was ihr getan habt einem von diesen meinen geringsten Brüdern, das habt ihr mir getan. (Mt 25,36 und 39 ff.). Der Clip teilt sich streng systematisch in eine Ouvertüre und sechs Teile. Jedem Teil kommt eine bestimmte Bedeutung zu. Der Clip dauert 5:33 min, hat 152 Bildschnitte mit einer durchschnittlichen Dauer von 2,19 Sekunden. Die Geschwindigkeit der Schnitte variiert je nach Dramatik der Szene von geradezu narrativer Länge am Ende und atemberaubender Kürze in der Mitte des Clips.

Aufbau und Struktur des Video-Clips

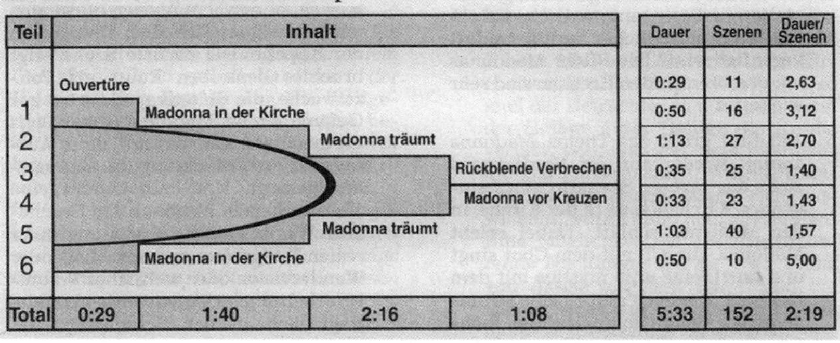

Er eröffnet mit einer Ouvertüre, die Motive des ganzen Stücks versammelt: Madonna auf der Flucht – Erinnerungsfetzen – Blick auf eine erleuchtete Kirche. Mit dem Eintritt in die Kirche beginnt der erste Teil (*Madonna in der Kirche I*). Er behandelt ein Wunder, das Madonna in der Kirche erlebt. Eine Heiligenstatue auf einem Nischenaltar beginnt zu weinen. Madonna kniet vor dem Altar nieder und legt sich anschließend auf eine Kirchenbank. Diese Szene ist von entscheidender Bedeutung: was in den nächsten 115 Szenen passiert, ist offensichtlich ein Traum, der eine Vision und eine Erinnerung enthält. Der zweite Teil (*Madonna träumt I*) handelt von einem Wunder im Traum. Die Statue wird lebendig und steigt vom Altar herab. Wieder Mensch geworden, küsst sie Madonna auf Wange und Stirn und verlässt die Kirche. Madonna blickt ratlos. Was bleibt, so fragt sie sich, wenn der Heilige / das Heilige die Kirche verlassen hat, welche Kommunikationsformen lassen sich entwickeln? Eine Möglichkeit ist die identifizierende Nachfolge, wie sie Franz von Assisi vorgelebt hat. Stigmatisierung und Nachfolge werden im Folgenden umgesetzt: Madonna schneidet sich kunstvoll an einem Messer, das sich beim Altar findet. Es ist schwer, sich der Intensität und Zwangsläufigkeit der Szene zu entziehen. Eingeführt wird dann ein Chor, der enthusiastisch Gottesdienst feiert. Es folgt der dritte Teil des Clips (die *Rückblende auf das Verbrechen)*, die Initialszene für die Story. Danach wurde Madonna beim Verlassen eines Hauses Zeugin eines Verbrechens. Eine Frau wurde von einigen jungen Männern überfallen und dabei tödlich verletzt. Ein zur Hilfe herbeieilender Schwarzer wird von der Polizei als Täter verhaftet. Der wahre Täter aber blickt höhnisch auf Madonna, sich ihres Schweigens sicher. Der Schwarze wird abgeführt und blickt auf Madonna: Liegt in diesem Blick eine Verpflichtung? Dieser Teil ist der mit der kürzesten Schnittfolge. Kaskadenartig schießen die Bilder durch das Auge der Erinnerung, gerade 1,4 Sekunden dauert durchschnittlich eine Szene. Hier, wie im folgenden vierten Teil des Clips, wo *Madonna vor brennenden Kreuzen* tanzt und »Like a prayer« singt, tobt das Leben. Teil 5 greift Madonnas Traum wieder auf (*Madonna träumt II*). Im Vordergrund steht das Szenario eines singenden Kirchenchors in der Kirche, in der Madonna schläft. Dabei erlebt Madonna eine *unio mystica* mit dem Heiligen. Zugleich gibt es eine sekundenlange Schnittfolge, die den Sinn der Begegnung mit dem Heiligen anzeigt. Man sieht blutige Tränen aus den Augen der Heiligenstatue fließen und in der nächsten Szene sieht man, wie der Schwarze abgeführt wird. Zwischen dem Leiden des Heiligen und dem Leiden des unschuldig Verhafteten besteht ein Zusammenhang. Nachdem er seine Botschaft »an die Frau« gebracht hat, kehrt der Heilige in die Seitenkapelle zurück, der Kurzschluss von Transzendenz und Immanenz ist zu Ende, alles Weitere entscheidet sich auf der Ebene der Lebenswelt. Im sechsten Teil (*Madonna in der Kirche II*) erwacht Madonna, blickt sich um und nähert sich dem Heiligen in der Kapelle. Die nächste Szene zeigt denselben Raum als Polizeiwache, die Seitenkapelle wird zur Gefängniszelle. Madonna ist zur Polizei gegangen und hat mit ihrer Aussage für die Freilassung des Gefangenen gesorgt. Und nun kommt eine überraschende Wendung im Geschehen. Was bisher als Erzählung eines Ereignisses mit anschließender Wundervision und Traumverarbeitung gedeutet werden konnte, zeigt sich in der Schluss-Szene dann als Theaterstück. Alle Beteiligten verbeugen sich, der Vorhang senkt sich, der Schriftzug *the end* erscheint.

Notizen

Auch wenn der Clip mehr als 20 Jahre alt ist, ist er in der Welt heutiger Jugendlicher von ungebrochener Aktualität. Befragt, welche Clips von Madonna die besten sind, kommt »Like a prayer« immer noch (nach »Frozen«) an zweiter Stelle. Das hat bestimmt etwas mit der Dichte des Clips zu tun, damit, dass hier eine Geschichte erzählt wird, die wohl mehrdeutig ist, aber eben auch zur Deutung herausfordert. Wichtig ist sicher, dass auf jede ›Dogmatik‹ verzichtet und stattdessen ein ästhetisch generiertes Angebot verschiedener Lesarten unterbreitet wird. Der parabelartige Aufbau, der diesen Clip charakterisiert, ist ein Kennzeichen zahlreicher herausragender Clips der noch jungen Videoclip-Geschichte. Und auch die Orientierung an der klassischen Theater-Dramaturgie (Exposition – steigende Handlung mit erregendem Moment – Klimax/Peripetie – fallende Handlung mit retardierendem Moment – Katastrophe) geschieht nicht zufällig, sondern bewusst. Sie findet sich etwa auch in dem 35-minütigen Stück »Runaway« von Kanye West aus dem Jahr 2010. Der Rückgriff auf das klassische Theater ist ein bewährter Kunstgriff in der Popularkultur. Konzeptuelle Dichte und klar erkennbarer Aufbau sind also das Eine. Das Andere ist die lebensweltliche Relevanz des Dargestellten. In der Sache beschreibt Madonna ihren Impuls so: *»My idea is to take these iconographic symbols that are held away from everybody in glass cases and say ›Here is another way of looking at it. I can hang this around my neck. I can have this coming out of my crotch if I want.‹ The idea is somehow to bring it down to a level that people can relate to«.*[10]

EVIDENZ III: METALLICA, UNTIL IT SLEEPS (1996)

Die amerikanische Heavy-Metal-Band *Metallica* hat im Mai 1996 unter der Regie von Samuel Bayer einen Clip zu ihrem Lied »Until it sleeps« produziert, der ein Lehrstück in Religions- und Kunstgeschichte zugleich ist und der 1986 von MTV zum besten Rock-Video des Jahres gewählt wurde. Der Text des Liedes fragt nach den Ängsten, die im Menschen lauern, und den Panikattacken, die er verspürt, jedoch nicht zu bändigen weiß. Zugleich fragt er: Warum bin gerade ich derjenige, der all das durch-

---

10 Madonna, zit. nach *Mark C. Taylor*, Nots (Religion and postmodernism), Chicago u. a. 1993, 198.

machen muss? Visuell setzt der Clip diese Fragen mit Bildern des Malers Hieronymus Bosch (1450–1516) um, dessen Hauptwerke geradezu detailgetreu re-inszeniert werden, ganz im Sinne eine biblio-dramatischen Umsetzung.[11] Der Clip schlägt dadurch eine Brücke von der Gegenwart über das ausgehende Mittelalter bis zur Lebensgeschichte Jesu Christi, ja bis zum Anfang der Welt, denn der Videoclip von Metallica zeigt uns auf seine Weise religions- wie kunstgeschichtlich vermittelte Bilder vom biblischen Sündenfall bis zur Kreuzabnahme in einer spannenden Neuinterpretation. Im ausgehenden Mittelalter hat Hieronymus Bosch in seinen Werken den bedrängenden Fragen der Menschen einen beeindruckend-drastischen Ausdruck gegeben. Sie sind gefüllt mit symbolischen Monstren und Teufeln, Hexen und Nachtmahren, aber sie sind auch Widerschein mittelalterlicher Frömmigkeit, denn sie zeigen Heilsgeschichte in der Perspektive der damaligen Menschen. Um den Videoclip verstehen und deuten zu können, müsste man mehr wissen als nur ein paar kunstgeschichtliche Fakten. Man muss um die Verbindung von Sündenfall und Kreuzigung ebenso wissen (Röm 5,18: *Wie nun durch die Sünde des Einen die Verdammnis über alle Menschen gekommen ist, so ist auch durch die Gerechtigkeit des Einen für alle Menschen die Rechtfertigung gekommen, die zum Leben führt.*) wie um das Ringen Jesu im Garten Gethsemane (Mt 26,38f.: *Da sprach Jesus zu ihnen: Meine Seele ist betrübt bis an den Tod; bleibt hier und wacht mit mir! Und er ging ein wenig weiter, fiel nieder auf sein Angesicht und betete und sprach: Mein Vater, ist's möglich, so gehe dieser Kelch an mir vorüber; doch nicht wie ich will, sondern wie du willst!*), um zu erkennen, dass Metallica im Videoclip das Ringen eines Menschen mit seinem Schicksal mit der Verzweiflung Jesu in Gethsemane parallelisiert. Und dabei geschieht mehr als das nur ironische Aufgreifen von biblischen Versatzstücken oder das Recycling von frei flottierenden christlichen Motiven. Die Ingebrauchnahme der christlichen Ikonographie ist situations- und sachbezogen.

Das wird dann klar, wenn man sich die amerikanischen Fanseiten der Gruppe ansieht. Diese hatten sich nämlich zunächst darüber gewundert, dass eine Heavy-Metall-Band nahezu ungebrochen religiöses Kulturgut aufgreift. Unter den jugendlichen Fans war von vorneherein klar, dass hier keine blasphemische oder auch nur ironische Verwendung reli-

11 Vgl. *Andreas Mertin*, Videoclips im Religionsunterricht. Eine praktische Anleitung zur Arbeit mit Musikvideos, Göttingen 1999, 84–88.

giöser Motive vorlag, sondern dass es hier um eine ernsthafte Auseinandersetzung ging. Dennoch erschien ihnen der Clip insofern als außergewöhnlich, als dass er nicht zum gewohnten Œuvre der Gruppe gehören konnte. Sie recherchierten und bekamen heraus, dass der Liedtext aus Anlass des Krebstodes des Vaters und des Todes der Mutter des Liedsängers James Hetfield entstanden war. Vor allem der Vater, Mitglied der Christian Science, hatte laut mit seinem Schicksal gehadert. Warum gerade ich? Der Liedtext selber gibt keine Antwort darauf, er beschreibt die Angst, den Schrecken, die Fragen, ohne einen positiven Sinnzusammenhang herzustellen.

Das ist mit dem Videoclip anders. Er versetzt die Band in die mittelalterliche Bilderwelt von Hieronymus Bosch und legt ihr zudem ein heilstypologisches Schema über. Es ist beileibe nicht so, dass der Clip nur einfach Bilder von Bosch aufgreift, sondern er inszeniert sie in einer videodramatischen Form, die den Gegenüberstellungen von Altem Testament und Neuem Testament in der so genannten Biblia Pauperum oder auch auf den Türen mittelalterlicher Kirchen entspricht. So werden Sündenfall und Kreuzigung typologisch gegenübergestellt. Aber der Clip geht noch weiter: Er sinnt uns die Situation Jesu im Garten Gethsemane an. Jesus blickt zurück auf die Vergangenheit der Menschheit und blickt voraus auf die bevorstehende Kreuzigung: *Wie nun durch die Sünde des Einen die Verdammnis über alle Menschen gekommen ist, so ist auch durch die Gerechtigkeit des Einen für alle Menschen die Rechtfertigung gekommen, die zum Leben führt.* (Röm 5,18).

Genau mit dieser Situation parallelisiert der Clip die Fragen des an Krebs Erkrankten. Insofern er das tut, setzt er einen Deutungsrahmen voraus, den sich der Liedtext versagt. Der Clip führt über den Text hinaus, ohne das Leiden mit falschen Sinnzuschreibungen zu überdecken. Denn die Antwort, die der Clip gibt, lautet ja nicht, dass alles seinen Sinn hat, sondern dass unter Verweis auf das Leiden Jesu das Leiden des Einzelnen keine Strafe für seine Sünden ist.

Notizen

Auch bei diesem popularkulturellen Stück überwiegt das anti-dogmatische Motiv. Keine Belehrung über den Sinn des Leidens, sondern zunächst einmal nur eine Konstellation. Was in Worten vermutlich schrecklich kirchlich und altbacken wirken würde, bekommt auf der Ebene des Visuellen, aber auch auf Grund der eigenen Betroffenheit des Liedsängers seine eigene Evidenz. Auffallend ist, dass *Syn-Ästhetik* nicht bedeutet, dass Text, Musik und Bild übereinstimmen müssen. Sie können je ihre eigene Botschaft entfalten, eigene Leer-Räume für die Rezipienten öffnen. Der Text kann – losgelöst vom biographischen Kontext der Band – als existentielle Beschreibung von Krisensituationen gelesen werden. Die videodramatische Umsetzung kann als visuelle Steigerung dieser Erfahrung, aber eben auch als zusätzliche Sinnschicht wahrgenommen werden.

EVIDENZ IV: RÖYKSOPP, WHAT ELSE IS THERE (2005)

Ein anderes Beispiel, das ich in diesem Sinne für religiös adaptionsfähig halte, ist ein Clip, bei dem man nicht sofort weiß, was überhaupt seine Botschaft ist, und erst recht nicht, ob es sich um eine religiöse Botschaft handelt. Ich bin auf dieses Stück gestoßen, nachdem ich zum ersten Mal die von der EKD produzierten Videoclips »E wie evangelisch« und hier nicht zuletzt den Clip zum Abendmahl gesehen habe, die alle videoästhetisch ein Desaster sind und all das verkörpern, was Jugendliche von der Kirche (und vermutlich auch von der Liturgie) erwarten: Langeweile, oberlehrerhafter Ton, Dogmatik, joviale Burschikosität. Im Gegenzug suchte ich einen popularkulturellen Clip, mit dem man zum Beispiel mit Jugendlichen über das Abendmahl sprechen kann. Und so kam ich auf den folgenden Clip.

Das Musikvideo zu »What else is there?« der norwegischen Musikgruppe Röyksopp wurde 2005 unter der Regie von Martin De Thurah gemacht, einem jungen dänischen Regisseur, der aus der Kunstszene kommt und inzwischen hoch interessante und prämierte Kurzfilme macht. Der Liedtext ist hoch verrätselt und deutungsbedürftig, er schildert eine existentielle Grundstimmung des Getrennt-Seins und Wieder-Zusammenkommens. Die verwendeten Bilder und Symbole gehen in der Illustration des Liedtextes nicht auf, sie sind ebenso deutungsbedürftig wie bleibend rätselhaft.

Der Clip ist sicher nicht als Video über das religiöse Essen und keinesfalls als Werbeclip für lutherischere Pfarrerinnen konzipiert. Ich würde ihn als visuelle Herausforderung verstehen, der Intention des Abendmahls auf die Spur zu kommen. Der Liedtext selbst geizt nicht mit versteckten Hinweisen, ich übersetze ihn einmal so, dass diese deutlicher werden:

Ich war auf dem Weg
Aber du konntest mich
nicht erkennen …

Ich war das auf dem Weg
Noch immer konntest du
mich nicht erkennen …

Das Ende des Weges kommt näher
Wir legen die Strecke zurück,
aber nicht zusammen
Ich bin der Sturm,
ich bin das Wunder …

Ich weiß nicht, um was ich noch bitten soll
Ich habe nur einen Wunsch
zugesprochen bekommen
Es geht um dich und die Sonne
ein morgendlicher Lauf
Die Geschichte meines Schöpfers
Was ich habe
und was ich mir sehnlich wünsche …

Da ist kein Raum wo ich hingehen kann und
du hast auch Geheimnisse …
Ich weiß nicht, um was ich noch bitten soll
Mir wurde nur ein Wunsch zugesprochen

Ich sage nicht, dass dies die Gedanken Jesu bei seinem Weg mit den beiden Jüngern nach Emmaus *darstellen* soll, auch nicht, dass wir hier eine literarisch-visuelle Adaption des Gangs nach Emmaus vor uns haben, meine aber, dass man es so *deuten* kann. Es geht um einen Weg, auf dem jemand nicht erkannt wird, ein Weg, der auf der Bildebene mit einem Essen seinen Höhepunkt findet. Alles Weitere ist popularkulturelle Auslegungskunst, Erzeugung neuer und Augen öffnender Lesarten.

Notizen

»Popularkulturell« wird in der Kirche allzu oft mit simpel, also als Produkt ohne große Reflexion verstanden. Nichts ist weniger wahr. Seit 25 Jahren weisen popularkulturelle Erzeugnisse eine Komplexität auf, die sich mit der Hochkultur messen kann. Die Dichte der Beschreibung ist kein Differenzmerkmal von E und U mehr. Ein Videoclip kann eine differenzierte Hommage an Caravaggio sein (wie in REMs »Losing my religion«) oder ein Blick in die Gedankenwelt Jesu Christi (wie im eben erörterten Videoclip zu Metallicas »Until it sleeps«). Und ein Clip kann ebenso gut einfangen, was beim Gang nach Emmaus und beim anschließenden Abendmahl geschieht. Er wird es nicht als eindeutige Botschaft herausposaunen, sondern eine mögliche Lesart andeuten. Videoclips sind, wie eben auch Predigten und liturgische Vollzüge,[12] offene Kunstwerke.

EVIDENZ V: KATY PERRY: FIREWORK (2010)

Zum Video des Jahres 2011 wurde Katy Perrys Clip zum Dance-Pop-Stück »Firework« gewählt. Die (vielleicht etwas zu) simple Botschaft des Clips: *Mach was aus Deinem Leben – Du kannst es!*

Wusstest du schon
dass für dich immer noch eine Chance besteht?
Denn da ist ein Funke in dir
Du musst nur das Licht entzünden
Und es scheinen lassen …
Denn Baby, du bist ein Feuerwerk
Komm schon, zeig ihnen, was du wert bist

Der Regisseur ist Dave Meyers, der für mehr als 200 Musikvideoclips verantwortlich zeichnet. Realisiert wurde das Video in Zusammenarbeit mit der Deutschen Telekom, die in einem Wettbewerb Fans suchte, die bei dem Video als Schauspieler mitspielen wollten. Der Regisseur setzte also lieber auf Laien statt auf professionelle Schauspieler. Im September 2010 wurde das Video dann in Budapest gedreht. Am Anfang des Videos schaut Katy Perry vom Balkon ihres Hotels herunter auf die Straßen der Stadt. Während sie singt, explodiert plötzlich ein Feuerwerk scheinbar aus ihrem Körper heraus und motiviert in der Folge einige junge Leute, ihre Ängste und Unsicherheiten zu überwinden und aktiv zu werden,

12 *Gerhard Marcel Martin*, Predigt als ›offenes Kunstwerk‹? Zum Dialog zwischen Homiletik und Rezeptionsästhetik, in: EvTh 44 / 1984, 46–58.

was wiederum in diesen jungen Leuten ein Feuerwerk in Gang setzt, das wieder auf andere wirken kann. So sehen wir zum Beispiel ein übergewichtiges Mädchen, das sich nicht traut, an einer Poolparty teilzunehmen und ins Schwimmbecken zu springen, sich dann aber überwindet und mitmacht. Und wir sehen ein in sich zurückgezogenes, leukämiekrankes Kind, das sich traut, die Klinik, in der es liegt, zu verlassen und trotz seines kahlen Kopfes die Welt zu erkunden. Ein junger Mann wird motiviert, einen drohenden Überfall durch eine spontane Zauber-Show abzuwehren. Ein kleiner Junge interveniert bei seinen Eltern, weil ihr Geschrei seine kleine Schwester erschreckt. Und ein junger Mann traut sich endlich, den Mann, in den er verliebt ist, zu küssen. Nach und nach inspiriert Katy Perry eine große Menge junger Menschen, die abschließend im Innenhof des Palastes auf dem Budaer Burgberg tanzen und das Feuerwerk zelebrieren.

Notizen

Man könnte das Ganze als Frohe Botschaft interpretieren, als ins Bild gesetzte Nachfolgegeschichte, als Teil der paulinischen Charismenlehre, als Priestertum aller an sich Glaubenden – aber ich denke, diese oder andere Schlussfolgerungen kann jeder für sich selbst ziehen. Sicher ist im Vergleich zu den bisher betrachteten Clips dieser eher unterkomplex und von simpler Botschaft. Aber er wird von den Rezipienten als Appell gelesen, als direkte Ansprache und als liturgische Ermutigung.

EPILOG: EVIDENZEN

In Predigt und Liturgie Jesus Christus so zu kommunizieren, dass er quasi lebendig vor Augen steht, das ist es, was der einleitend zitierte Lukas Cranach der christlichen Gemeinde mit der Predella des Wittenberger Altars nahelegte. In der Sprache der Liturgie muss nicht nur plausibel, sondern auch *evident* werden, worum es geht. Das Bild ersetzt dabei die Sprache nicht, sondern spielt mit ihr zusammen. Denn »Sprache« meinte schon im 16. Jahrhundert nicht nur das gesprochene Wort, sondern ein synästhetisches Geschehen, es ist, wie Eilert Herms vor 27 Jahren schrieb, ein Simultanbegriff, der sowohl artistische Gebilde als auch das Bild des Wortes meint.[13]

---

13 *Eilert Herms*, Die Sprache der Bilder und die Kirche des Wortes, in: Rainer Beck (Hrsg.), Die Kunst und die Kirchen. Der Streit um die Bilder heute, München 1984, 242–259.

Das hat weitreichende Konsequenzen. Es bedeutet zum Beispiel, dass ohne raumbezogene, also vor allem architektonische Reflexionen, Nachdenken über zeitgemäße Liturgie überhaupt nicht möglich ist. Hier können und müssen wir etwas von den katholischen Theologen und den ihnen folgenden Architekten des II. Vatikanums lernen.[14] Aber auch die grundsätzliche Reflexion *neuer* Medien und *neuer* Bilder ist elementar. Was Albrecht Grözinger im Blick auf die Hochkultur schrieb: *»Ich kann mir nicht vorstellen, dass man Theologie treiben kann, ohne regelmäßig Literatur zu lesen oder die Tendenzen der Bildenden Kunst zur Kenntnis zu nehmen«*[15] - genau das gilt eben auch für die Popularkultur. Heute geschieht die entscheidende Kommunikation auch des Evangeliums nicht nur im Gottesdienst, sondern sie hat sich weit in die Popularkultur hinein erweitert. Wir müssen darüber hinaus Luthers signifikanten Gestus aus der Predella des Wittenberger Altarbildes in einem gewissen Sinne wiederholen, indem wir das zu Kommunizierende evident werden lassen. Wir müssen mit anderen Worten visuelle Kommunikation lernen. Liturgie ist eben - jenseits aller Ästhetizismen à la Martin Mosebach[16] - auch visuelle Kommunikation. Sie setzt auf Evidenzen.

Und nebenbei bemerkt: Die Frage der Kultbilder, die für die reformierte Tradition, von der ich maßgeblich beeinflusst wurde, wichtig ist, stellt sich für die gerade vorgestellten Visualisierungen jedoch nicht. Es sind keine Kultbilder, um die es hier geht (jedenfalls nicht im traditionellen religiösen und kunstgeschichtlichen Sinn[17]), sondern visuelle Diskurse.

Was kann die Sprache der Liturgie von der Massenkultur lernen? Zunächst einmal ganz sicher eine unbändige Experimentierfreudigkeit, dann auch die Entwicklung zur Professionalisierung. Lernen kann man aber auch, wie sinnvoll der Rückgriff auf approbierte und im aktuellen Diskurs sich bewährende visuelle Codes ist. Also kein Luther mit Schwan, sondern Bilder, Töne und Worte, die den Nerv der Zeit treffen. Der Protestantismus

---

14 Vgl. *Rudolf Stegers* (Hrsg.), Entwurfsatlas Sakralbau, Basel 2008, 28 f. *Wolfgang Jean Stock* (Hrsg.), Europäischer Kirchenbau 1950-2000, München ²2003.

15 *Albrecht Grözinger*, Theologie und Kultur. Theologische Bemerkungen zu einem komplexen Zusammenhang, in: Theologia Practica 24 / 1989, 201-213.

16 *Martin Mosebach*, Häresie der Formlosigkeit. Die römische Liturgie und ihr Feind, München 2007.

17 *Hans Belting*, Bild und Kult. Eine Geschichte des Bildes vor dem Zeitalter der Kunst, München ⁶2004.

könnte dabei gute Karten haben, wenn er nicht so kleingläubig wäre. Wenn heutige Protestanten visuell kommunizieren, legen sie sich einen bunten Schal um und tragen ein weißes Messgewand. Das ist aber keine visuelle Kommunikation, es ist bloß eine Art Kaffeesurrogatextrakt visueller Kommunikation. Wir müssen unsere Art des Feuerwerks erst wieder entdecken. Mit Katy Perry gesprochen: *Wusstest du schon, dass für dich immer noch eine Chance besteht? Denn da ist ein Funke in dir, Du musst nur das Licht entzünden und es scheinen lassen …*

»Zum Beten und zum Zählen braucht man die Muttersprache«

Kulturgeschichtliche Impulse zu Sprache und Liturgie in der Evangelisch-Lutherischen Kirche in Italien

Holger Milkau

Sehnsucht heißt ein altes Lied der Taiga
Das schon damals meine Mutter sang
Sehnsucht lag im Spiel der Balalaika
Wenn sie abends vor dem Haus erklang [1]

So erzählte uns Ende der 1960er Jahre die Schlagersängerin Alexandra[2] und sang sich damit in die Gemüter der Deutschen. Banal und wirkungsvoll – mit einer doch beachtlichen jungen Stimme dargeboten, trat das kleine Lied einen enormen Erfolgslauf an. Ein Lied verdichtet Sprache und Gefühle, in Liedern lebt auch religiöses Empfinden.

---

1 Sehnsucht heißt ein altes Lied der Taiga, das schon damals meine Mutter sang
Sehnsucht lag im Spiel der Balaleika, wenn sie abends vor dem Haus erklang

Und heut' bleiben davon nur noch kurze Träume, die in langen Nächten oft vor mir entsteh'n
Und tausend Ängste, daß ich es versäume, die geliebte Taiga noch einmal zu seh'n.

Sehnsucht sind die vielen heißen Tränen und die Hoffnung, die im Herzen schwingt
Sehnsucht liegt noch immer in den Tönen abends, wenn das alte Lied erklingt

Die endlosen Steppen und die tiefen Wälder, die wie graue Schatten oft vor mir ersteh'n,
Neblige Flüsse, taubedeckte Felder alles möcht' ich einmal, einmal wiederseh'n

Sehnsucht heißt das altes Lied der Taiga, das schon damals meine Mutter sang
Sehnsucht lag im Spiel der Balaleika, wenn sie abends vor dem Haus erklang

Rudi Bauer / Fred Weyrich 1968

2 Alexandra (* 19. Mai 1942 in Heydekrug, jetzt Šilutė; † 31. Juli 1969 in Tellingstedt; bürgerlich *Doris Nefedov*, geborene *Treitz*) war eine deutsche Sängerin, Gitarristin und Komponistin.

Ich habe Alexandras Lied gewählt, um nicht gleich mit Goethe ins Haus zu fallen (der kommt später). Vielleicht auch deshalb, weil in dem kurzen Zweizeiler, der dem Song Titel und Inhalt gibt, wesentliche Elemente des Empfindens von Muttersprache und Heimatbewusstsein angesprochen werden. Schließlich: Die poetische, gereimte, gebundene Sprache begegnet uns auch als Vehikel christlicher Frömmigkeit; es transportiert Emotionen und Vertrautheit – darauf will ich hinaus.

Schon das Wort »Sehnsucht« trifft mitten ins Schwarze; dann die »damals« singende Mutter, der die Sängerin dieses »Alte Lied« verdankt – und schließlich die unausweichlich ergreifende Situation, in welcher der Liedvortrag erfolgt: nämlich »abends vor dem Hause.« Alles drin. Fehlt nur noch der Mond und der Nebel – aber der tritt tatsächlich noch auf. In den folgenden Strophen nimmt der Schlager Bezug auf eine fern im europäischen Osten liegende, undefiniert weite Landschaft, beschwört »Neblige Flüsse« und »taubedeckte Felder«, die man »… einmal, einmal« wieder sehen möchte. Damit holt die kleine Sängerin in ihrem Lied die ernste Thematik der Heimatvertriebenen, Auswanderer und Flüchtlinge auf die Bühne.

Alexandra, mit dem schönen Mädchennamen Doris Treitz, stammte selbst aus dem Memelland, hatte eine ähnliche Geschichte erlebt wie die, von der sie sang, war Heimatvertriebene. Auch ihr Publikum hatte das in großen Teilen erlebt. Und wer fühlt oder weiß sich nicht irgendwie heimatlos, auf der Flucht, als Auswanderer: Auslandsdeutsche und Verwandte. Schon sind wir im Auslandskirchen- und Gemeindekontext angekommen.

Ich bin überzeugt, dass viele Gemeindeglieder der ELKI Alexandras Lied kennen, es mitsummen und sich dabei in ihre eigene Vergangenheit und heimatliche Verbundenheit zurückdenken würden. Auch wenn es nicht gerade die Taiga ist, Sehnsucht ist ein altes Lied, das mühelos in alle deutschen Regionen führt. Sehnsucht[3]: Das ur-deutsche Wort wird wegen seiner Unübersetzbarkeit in manchen Sprachen direkt als Germanismus verwendet. So ist es auch kein Wunder, dass auch die italienische Sprache »Sehnsucht« mit »nostalgia« nicht angemessen wiedergeben kann. Sehnsucht ist etwas sehr Deutsches – und die Sehnsucht nach der Heimat allemal. So auch in Luthers Bibelübersetzung, wo sich die ganze

3 Sehnsucht (mhd. »sensuht«, als »Krankheit des schmerzlichen Verlangens«).

Schöpfung sehnt nach Erlösung, das Volk Israel sich sehnt, und die Heiligen nach der himmlischen Heimat.[4]

Eine ganz andere Sehnsucht treffen wir in den unübertroffenen Versen von Goethe.[5]

»Kennst du das Land, wo die Zitronen blühn,
Im dunkeln Laub die Goldorangen glühn,
Ein sanfter Wind vom blauen Himmel weht,
Die Myrte still und hoch der Lorbeer steht?
Kennst du es wohl? Dahin! Dahin möcht' ich mit dir,
O mein Geliebter, ziehn.«

Das Schlagerdeutsch, das unser Herz anrühren will, und die Goethe-Jamben, die das Hirn daran erinnern, dass da noch eine Sehnsucht wacht im Leben, Hand in Hand begleiten sie unsere Auswandererinnen in den Süden; dorthin, wohin ich, mit dir, o mein Geliebter, ziehen will und wo Mignons Worte so klingen:

Conosci la terra dove i limoni mettono il fiore,
le arance d'oro splendono tra le foglie scure,
dal cielo azzurro spira un mite vento,
quieto sta il mirto e l'alloro è eccelso la conosci tu forse?
Laggiù, laggiù io vorrei andare con te, amato mio!

Nicht so gut, wie ich finde. Vielleicht trotzdem geeignet für einen Wiedererkennungseffekt bei dem italienischen Wort: azzurro : »... so ist der Himmel für Verliebte«, nicht wahr? Zumindest kennt ihn so das Lied von Peter Rubin,[6] »Azzurro heißt blau – wenn ich in deine Augen schau«. Das ist die fast schmerzhafte Verplattung und Verunglimpfung jenes an sich

---

4 Vgl. »Sehnen«, in: *Jacob und Wilhelm Grimm*: Deutsches Wörterbuch. 16 Bde. in 32 Teilbänden, Leipzig 1854–1961. Quellenverzeichnis, Leipzig 1971.

5 *Johann Wolfgang von Goethe*, Lied der Mignon aus Wilhelm Meisters theatralischer Sendung: *Gehst du nach Italien*, sagt Mignon zu Wilhelm, *so nimm mich mit, es friert mich hier.*

6 *Peter Rubin*, Azzurro, 1968:
Wär's doch das ganze Jahr lang Sommer mit blauem Himmel und Sonnenschein
Braucht' ich mich doch nicht so zu plagen, dann hätt' ich Freizeit bei dir zu sein
Yes, dann könnt' ich in aller Ruhe und voll Erwartung auf dich mich freu'n.

anspruchsvollen und sensiblen Textes, von Vito Pallavicini 1968 für Adriano Celentano verfasst. Dies ist ein Text, der von Kindheit und drückenden Erinnerungen und, ja, von Sehnsucht erzählt.[7] Allerdings ist da-

---

Azzurro so ist der Himmel für Verliebte, denn Azzurro heißt blau
Azzurro so ist die Welt für mich, wenn tief ich in die Augen dir schau
Ich merke es immer schlimmer wie es ist, wenn du mal nicht mehr bei mir bist
Azzurro so ist mein Leben Weil ich Azzurro bin, wenn du mich küsst.

7 Der Erfolgsschlager des jungen Adriano Celentano wird als kongeniale Schöpfung betrachtet, die sich den beiden Musikern Paolo Conte und Michele Virano und ihrer »musica non definibile« verdankt, einem undefinierbaren Musikstil, der weder Rock, noch Ballade, noch Schieber ist. Gemeinsam mit dem Text von Vito Pallavicini scheint das Lied Celentano geradezu auf den Leib geschrieben. Es vereint alle Kernthemen des jungen Schlagerstars: Liebe, Ökologie und Religion, und bündelt sie in der Komik des berühmten Ritornells. Hinzu kommt, dass Celentano bei der ersten Aufnahme des Songs eine verstopfte Nase hatte, was dem Stück zusätzlich einen besonders persönlichen, geradezu intimen Anstrich gibt.

Cerco l'estate tutto l'anno e all'improvviso eccola qua.
Lei è partita per le spiagge e sono solo quaggiù in città
sento volare sopra i tetti un aeroplano che se ne và.

Azzurro, il pomeriggio è troppo azzurro e lungo, per me
mi accorgo di non avere più risorse senza di te
e allora io quasi quasi prendo il treno e vengo vengo da te.
Ma il treno dei desideri nei miei pensieri all'incontrario và.

Cerco un po' d'Africa in giardino, tra l'oleandro e il baobab
come facevo da bambino, ma qui c'è gente, non si può più
stanno innaffiando le tue rose, non c'è il leone, chissà dov'è. Azzurro …

Sembra quand'ero all'oratorio, con tanto sole, tanti anni fa.
Quelle domeniche da solo in un cortile, a passeggiar,
ora mi annoio più di allora, neanche un prete per chiacchierar. Azzurro …

Übersetzung
Das ganze Jahr über suche ich den Sommer, und dann ist er plötzlich da.
Sie ist an den Strand gegangen, und ich bin hier in der Stadt allein:
über den Dächern höre ich ein Flugzeug, und es wird leiser.

Azzurro, zu blau ist der Nachmittag und zu lang für mich.
Ich spüre, dass ich kaum noch Kraft habe, seit du weg bist,

rin der azurblaue Himmel alles andere als ein Sommer, nach dem man sich zu sehnen hätte. Für Celentano, den Mailänder, ist er eher viel zu heiß, bewirkt Langeweile und Kraftlosigkeit. Der junge Mann will weg. Er will Beziehung, Auseinandersetzung, Emanzipation, will jemanden zum Reden, ein Gegenüber, will sein Problembewusstsein schärfen und nicht »Dolce vita« imitieren.

Die Gestimmtheit von uns Deutschen auf Sehnsucht nach Heimat oder Ferne, gar Ferne in der Heimat, gespeist an alten Metaphern wie Goethes Zitronen, Goldorangen, Lorbeer und Myrte, der Drang in den Süden und dann das Eisdielen-Klischee von Bella Italia: das wird zu einem Potpourri, das den Wunsch beeinflusst, in dieses Land zu gehen, gar »dahin zu zieh'n«.[8]

Das Italienbild der Deutschen lebt in Verschleierungen, im Nebelbild einer dolce vita, deren Existenz sich hartnäckig in unseren Köpfen hält. Einmal jedoch im Land der Träume angekommen, treffen deutsches Gedankengut und deutsche Erwartungen auf eine ganz andere Realität, die dann so dolce doch wieder nicht ist. Diese Realität hat andere Metaphern, setzt andere Gewichtungen, lebt andere Werte. Es offenbart sich eine gewisse Inkompatibilität. Das romantische Setting der Goetheschen Flora von Zitronen, Goldorangen, Myrte und Lorbeer weicht einer sozial und kulturell sehr angeschlagenen Welt. Patriarchale Gesellschaftsstrukturen,

---

und da hätte ich beinahe den Zug genommen und wäre zu dir, zu dir gekommen,
aber der Zug meiner Wünsche und meiner Gedanken fährt in die andere Richtung.

Ich suche im Garten nach einem Stück Afrika zwischen dem Oleander und dem Affenbrotbaum,
wie ich es tat, als ich klein war, aber es ist alles voller Menschen und nicht mehr möglich:
sie sind dabei, deine Rosen zu gießen, der Löwe ist verschwunden, wer weiß, wohin … Azzurro …

Es ist wie früher in der Sonntagsschule, heller Sonnenschein, viele Jahre her.
Die Sonntage, die ich ganz allein in dem Hof verbracht habe …
jetzt langweile ich mich noch mehr als damals: nicht einmal ein Pfarrer zum Reden da … Azzurro …

8 Fragen Sie sich selbst, welche Lieder Ihnen bei dem Stichwort Italien als Erste einfallen. Caprifischer Bello e impossibile (Gianna Nannini) Maledetta Primavera, Volare, O sole mio – und spüren Sie dem Emotionsgehalt diese Titel nach.

Demokratiedefizit, latente oder offene Fremdenfeindlichkeit, eine Gesellschaft, die viel vom schönen Schein und weniger vom ernsten Sein geprägt ist. Aus ist Mignons Traum, und mit ihm die lyrisch-populistische »Vereisdielisierung« Italiens.

1 Überlegungen zur Muttersprache[9]

Das Italienbild der nach Italien eingewanderten Deutschen verändert sich. Wer erst einmal an der Hermeneutik und Hermetik eines möglichst süditalienischen Familienclans gescheitert ist, kann mit Gianna Nannini nur noch sagen: »Bello e impossibile.«

Im Meer der sich überschlagenden Gefühlswellen und Besorgnisse muss man sich auf eine letzte Insel retten, die relativ mühelos zur erreichen ist: die Sprache. Und es erfolgt die sehnsuchtsvolle Rückkehr aus dem Zitronenland in die Arme Goethes, oder zumindest in seine Sprache, die Sprache Paul Gerhardts oder Martin Luthers.

Eine Sprachinsel ist in der Tat auch unsere Realität als Kirche, also der Evangelisch-Lutherischen Kirche in Italien, der ELKI. Inseln haben zuweilen die Tendenz, um der Verbesserung ihrer Logistik willen zum Festland zu werden. Im Bild bleibend bedeutet dies, die Sprachinsel einer deutschstämmigen Kirche verlandet mit dem italienischen Kontinent. Darum gilt es stark zu sein, und streitbar. Zum »Wert der Muttersprache« äußert sich der bayerisch-österreichische Volksdichter Martin Greif:

> »Vieles kann ein Volk entbehren, wenn dazu die Not es zwingt;
> doch dem Feinde muss es wehren, der es um die Sprache bringt.
> In ihr wurzelt unser Leben und erhält durch sie Bestand;
> wer sich ihrer hat begeben, der verlor sein Vaterland.«[10]

Die deutsche Sprache will sich verteidigen. In ihr wurzelt das Leben, und das Leben wird durch die Sprache eigentlich erst das, was es ist. Heimat-

---

9 Seit Cleo Altenhofen wird die Bezeichnung Muttersprache als unpräzise eingestuft. Ohne den Sachverhalt näher zu untersuchen, gehe ich von der Bedeutung der Muttersprache als der zuerst erlernten und an der Bildung der Persönlichkeit/Identität beteiligten Sprache aus.

10 *Martin Greif* alias Hermann Frey, 1839–1911. Das hier abgedruckte Gedicht ohne Angabe.

los, wirklich heimatlos wird man dann, wenn man die Muttersprache verliert. Die Kirche, der Gottesdienst, das sind Orte, an denen man vor diesem Verlust Rettung findet. Gemeindeaktivitäten können für mich eine Gelegenheit werden, Dinge und Inhalte, die Mutter mir einmal beibrachte, auch an meine Nachkommen im Ausland weiterzugeben. Kulinarische und traditionelle Gepflogenheiten, die man damals in Deutschland vielleicht verpönte, werden einem zum lieben und wertvollen Ausgleich für das Zuviel an Pizza, Pasta, und Pomodori: Kaffetrinken und Kuchen werden zum Gegenprogramm, wo dann natürlich Deutsch gesprochen wird. Auch die Kleinen sollen in Sprachkursen nicht nur ihre Zweisprachigkeit zelebrieren und den Müttern über ihr schlechtes Gewissen weghelfen, dass sie die Kinder ihrer Heimat entrissen haben, sie sollen vor allem ihr Deutsch verbessern, und dies möglichst Hand in Hand mit dem Nikolaus, der Martinslaterne oder dem Osterhasen tun.

Ist die Sprache des Gastlandes – das Land der Sehnsucht, Italien, Arkadien – in der Lage, Ähnliches zu leisten? Kann das Italienische spezifisch deutsche Emotionen, auch religiöse Emotionen, Ergriffenheit und den Sinn von Traditionen überhaupt nachahmen oder gar ersetzen? Oder braucht es dazu die Muttersprache? Gibt es eventuell andere Institutionen als die der Eltern, die sich in die Mutterrolle gerufen sehen: die Mutter Erde, oder die Mutter Kirche?

Kenner der Voraussetzungen zu einer gelungenen zweisprachigen Erziehung erlegen dem jeweils muttersprachlichen Elternteil auf, konsequent und ohne einzuknicken, mit seinem Kind in der eigenen Sprache zu reden. Auch und vor allem dann, wenn das Kind in der anderen Sprache antwortet. Und die Kinder wandeln hin und her zwischen dem einen und anderen, sprechend, plappernd, mühelos zu kleinen Italienerinnen und Italienern werdend, im Zählen wie im Beten.

Jetzt sind wir beim Thema: Zählen und Beten. In den beiden Termini kann man Grundelemente menschlicher Kommunikation entdecken, Synonyme für rationales und emotionales Kommunizieren. Man könnte noch ein drittes als mögliches Korrektiv befragen: das Träumen. Zählen – also rationales Denken, Beten – also emotional sich transzendierendes Denken, und Träumen – unterbewusst sich selbst wahrnehmendes und interpretierendes Denken: Elemente menschlichen Wesens tief drin in uns, zu deren Aktualisierung wir uns der Sprache bedienen. Einer bestimmten Sprache.

Wer sich beim Beten und Zählen – anders als er es in dem kulturellen Kontext, in dem er lebt, mit der dort angetroffenen »starken« Sprache tut – der Muttersprache bedient, der schert somit aus, kehrt in einer Sprachheimat, auf einer Sprachinsel ein, kehrt zurück, um wieder anders zu sein. Erblicken wir hier eine Aufgabe von Religion und Glaube? Eine Aufgabe von liturgischer Sprache, die dazu verhilft, das Andere in mir als Eigentliches aufzudecken? Meine Sprache der Innerlichkeit gegen eine Sprache von außen zu verteidigen, damit ich durch sie etwa wieder – oder endlich – in jenes Land gelange, wo ich hingehöre? Interessante Impulse, die sich hier auftun.

Ein etwas schlichtes Kindergottesdienstlied, das ich zu Zeiten meines Schulvikariats kennen lernte, gedacht zum Einüben völkerverständigender Grundkompetenzen aus der Reihe »Gott hat alle Kinder lieb«, ging so: »Uno, due, tre, am Anfang sag ich: Nee![11] – Und dann hört das Kind auf dem Schulhof mal zu, lernt ein paar Worte in der fremden Sprache, das fremde Kind lernt ein paar Worte in meiner Sprache und alles wird gut. Pfingstwunder auf dem Schulhof. Bewusstseinserweiterung durch Spracherweiterung. Kompetenzstärkung durch Lernen von Fremdsprachen, also die Durchdringung der Muttersprache durch Elemente und Stimmungen der Gastsprache, ist das für die Deutschen in Italien denkbar? Findet die sehnsuchtsvolle Italianisierungstendenz, die wir an uns selbst und in unserem eigenen Land vornehmen, eine Konkretion in der Realität des Sozial- und Kulturgefüges Italien? Wie müssen Sie sich überhaupt diese evangelisch-lutherische Kirche in Italien denken, welche Konnotationen zu ihrem Sprachverhalten und ihrer Sprachidentität spielen eine Rolle?

Einige wenige Erwägungen zum Sprachverhalten und dem damit verbundenen Heimatgefühl in unseren Gottesdiensten bilden den Anfang. Hier erlebt der Auslandsdeutsche in exemplarischer Weise die Spannung und stellenweise Unvereinbarkeit zweier Sprachen und Kulturen, die im so genannten zweisprachigen Gottesdienst offen miteinander in Konkurrenz treten.

Die Sprachidentitäten derer, die Liturgie gestalten, und derer, die sie erleben, stehen ebenfalls in einer gewissen Spannung zueinander. Oft haben wir als deutschsprachige Liturgen in den Gottesdiensten Menschen zu Gast, die unsere Sprache nicht verstehen und deren Sprache nicht die unsere ist, auch wenn wir sie sprechen können: italienische Angehörige, Freunde, Zufallsbesucher. Wenn in der Eröffnung kurze entschuldigende

---

11 Text von *Josef Redung*, Melodie von *Ludger Edelkötter*, in: Mein Liederbuch 2. Ökumene heute, Düsseldorf 1992, Nr. C 40.

Sätze fallen, die um Verständnis für diese Lage bitten, ist das wenig einladend oder gar den Glauben stärkend. Auch italienische Übersetzungen von vertrauten deutschen liturgischen Stücken holpern mitunter, sind inkohärent und nicht authentisch.

Im Blick auf aktives Beteiligungsverhalten zeigen die durchschnittlichen deutschen Gottesdienstbesucher einer gewisse Entwöhnung bei der Vertrautheit im Gebrauch von Formeln der Liturgie. Responsorien werden nicht gekannt und darum auch nicht gekonnt. Wenn schon nicht im Deutschen, dann umso weniger in italienischer Übersetzung.

Bei aus dem römisch-katholischen Kontext stammenden Gästen oder Konvertiten ist hingegen die Bereitschaft, auf liturgische Formeln zu antworten, ungleich höher entwickelt.

Das wesentliche Verkündigungselement Predigt wird in zweisprachigen Gottesdiensten, wenn in beiden Sprachen vorgetragen, mühsam und zu einem zerdehnten langatmigen Etwas. Die Alternative der Predigt zum Mitlesen erlaubt keine emotionale Einbindung der Hörer, manifestiert bei ihnen vielmehr eine Barriere, die durch die vorgetragene, fremde Sprache noch unterstrichen wird.

Eine Tendenz, die diesem dargestellten Dilemma abhelfen will, ist die zunehmende Bereitschaft, rein italienisch-sprachige Gottesdienste zu feiern. Damit passt sich die Kirche den gewandelten Ansprüchen und Bedürfnissen an, wird von einer Auslandsgemeinde zu einer Gemeinde mit ausländischer Tradition und Theologie, die ihr religiöses Erbe in den neuen Kontext übersetzt und neue Bedeutungselemente schafft.

In einem zweiten Schritt unternehme ich einen kurzen Rückblick auf die historische Realität unserer Gemeinden. Dieser zeigt einen interessanten Sachverhalt: Im 19. Jahrhundert waren vor der Deklaration der Religionsfreiheit landeseigene muttersprachliche, also italienische Gottesdienste und Veranstaltungen, z. B. im Königreich beider Sizilien, verboten; natürlich auch, um potentiellen Interessenten den Zugang zur häretischen Konfession des Protestantismus zu verunmöglichen.

Noch zu Zeiten des Kaiserreiches werden in Italien Kirchengebäude errichtet, die vor allem der Pflege der deutschen Kultur und Sprache dienen. Dieses Ansinnen und seine Pflege werden Grundbestand des Selbstbewusstseins auch der evangelischen deutschsprachigen Gemeinden in Italien. Die deutsche Sprache wird also auch zum Identitätsmerkmal einer kulturellen und konfessionellen Zugehörigkeit. Deutsch ist protestantisch, italienisch ist katholisch.

Die Generationenentwicklung von bi-nationalen Ehen und Familien im Land, vor allem das Aufwachsen der zweiten und dritten Generation in der Landessprache, führt im Laufe der ersten Hälfte des 20. Jahrhunderts zu einer fortschreitenden Inkulturalisierung und Italianisierung der Gemeindemitglieder. Besonders in der Zeit nach dem II. Weltkrieg wird diese Tendenz verstärkt. Auch politisch findet eine zunehmend intensive Anlehnung an die Konditionen und Erfordernisse des Gastlandes statt. Bereits die Gründung der ELKI im Jahre 1949 in Florenz berücksichtigt die politische Notwendigkeit, die Kenntnis und Nutzung des Italienischen stark zu fördern, eine Verortung im nationalen Kontext, sozial und kulturell zu stärken.

Die Anwendung der italienischen Sprache ist die Voraussetzung der Evangelisationsrelevanz unserer Diasporakirche. Nur wer uns versteht, kann sich mit den gelebten und angebotenen kirchlichen Inhalten auseinandersetzen und diese als für sich bedeutsam erkennen und anerkennen. »Vieles kann ein Volk entbehren, wenn dazu die Not es zwingt; doch dem Feinde muss es wehren, der es um die Sprache bringt.«

Eine solche Handlungsanweisung hat da keinen Sinn, wo wir als Kirche unsere religiöse und geistige Identität veröffentlichen wollen, wo wir einladend und an die kulturellen Bedürfnisse des »Gast«-Landes angepasst Mitglieder gewinnen wollen. »Vieles kann ein Volk entbehren, wenn dazu die Not es zwingt; doch dem Feinde muss es wehren, der es um die Sprache bringt.«

Dieses Handeln und Bewusstsein wird aber da eingefordert, wo Menschen in unseren Gemeinden als Deutschsprachige zu Recht ein Stück Heimat erleben, sich in ihr aufhalten und mit ihr erbauen wollen. Die deutsche Sprache in der Liturgie ist wegen ihres besonderen Emotions- und Sinngehaltes ein Vehikel, das dem religiösen Empfinden förderlich ist und es zu tragen scheint. Vor allem deutlich wird das unseren Gottesdienstbesuchern, wenn es zum Heiligen Abend darum geht, die Weihnachtsgeschichte im Lutherdeutsch zu hören, oder am Karfreitag die Passionsgeschichte. Und natürlich: beim Singen.

»Wie soll ich dich empfangen und wie begegn ich dir?« (Com'è che si conviene ch'io ti riceva allor) »Tut mir auf die schöne Pforte« (Su, aprite mi la porta della casa del Signor) »O du fröhliche, o du selige« (O tu splendida, tu dolcissima notte della natività)

Solche warmherzigen, Frömmigkeit stiftenden Texte werden leider spröde, schlagerhaft und Werbetext-dumm, wenn man sie ins Italienische bringt. Trotz intensiven Arbeitens an den italienischen Texten des neuen

ELKI-Gesangbuches haben die Übersetzungen ihren Haken. Auch atmosphärisch. Bei der Präsentation des neuen italienischen Gesangbuches hat eine Mitarbeiterin des LVH von der Redaktionsarbeit berichtet und begeistert erzählt: Bei ihnen auf der Lektorats-Etage sei im Rahmen der Lektoratsarbeit zum neuen ELKI-Gesangbuch »die italienische Oper« ausgebrochen. Für mich ist das eine zwar freundliche, in ihrem Gehalt aber eher Besorgnis erregende Auskunft. Denn das ist es nicht, was wir wollen.

2 Das Sprachprestige des Deutschen

Deutsch wird in Italien mehr als in anderen europäischen Ländern gesprochen: 300 000 Südtiroler sind muttersprachlich Deutsche; dennoch genießt Deutsch im weiten Land Italien keinen guten Ruf. Die Tatsache, dass populär verbreitete Begriffe wie Sturmtruppen, Achtung und Deutschland über alles am meisten bekannt sind, gibt einen unmittelbaren Einblick in das Bewusstsein der Italiener von uns. Die aktuelle politische Situation Italiens ist nicht geeignet, um diesbezüglich entscheidende Veränderungen erwarten zu lassen. Eine Perspektive: Vielleicht wird in Kürze der Begriff Mülltrennung in die italienische Umgangssprache einfließen …

Interessiert und amüsiert betrachten Italiener das deutsche Wesen und Reden, wenige finden Anlass, es trotz Respekt zu verinnerlichen und in den internen Bereich des persönlichen Fühlens und Denkens einzulassen. Da ist der italienischen Familie, vor allem dem italienischen Ehemann trotz deutscher Frau, »la moglie tedesca«, der cugino, die sorella, der amico (Cousin, Schwester, Freund) doch immer noch näher – und vor allen anderen natürlich: la mamma, Stifterin und Hüterin der lingua madre. Sicher viel mehr, als das eine deutsche Mutter mit ihren Kindern in Italien je zuwege bringen kann.

Die Sprache der Deutschen findet wenig Anklang, wohl aber ihre Lebenshaltung, ihre Kultur, ihre Gründlichkeit und Klarheit; sagen wir religiös: ihr Tiefgang und ihre Innerlichkeit. Überraschend und nachdenklich zugleich ist die Tatsache, dass im 16. Jahrhundert es vor allem die (natürlich lateinischen und anonym verbreiteten) Schriften Melanchthons und Luthers waren, die ein intellektuelles Publikum gierig las, und dann im 18. Jahrhundert natürlich der Werther, der dafür sorgte, dass Goethe bei seiner italienischen Reise bereits bekannt war und bewundernd aufgenommen wurde. Ob man den Werther in seiner Ursprache gelesen hatte, darf zu Recht bezweifelt werden.[12]

Wenn die Sprache der Deutschen eine Sprache der Innerlichkeit ist, kann dann der Antipode Italienisch eine Sprache der Äußerlichkeit sein? Und was bewirkt diese Bezogenheit auf das Äußerliche, das Oberflächliche? Vielleicht kann man die steile Behauptung wagen: Weil in Italien so wenig öffentliches Bewusstsein und Selbstbewusstsein herrscht, muss vor allem die Sprache eine immense Integrationsleistung vollbringen. Das Nationalgefühl der Italiener definiert sich über ihre Sprache – und über die Liebe zu ihr. So verliebt wie in sich selbst ist er verliebt in seine Worte, sein Gesten, seine Melodie, die theatralische Feier seiner Existenz. Ciao, espresso, bella figura, ci vediamo, un bacio.

Auch das öffentliche religiöse Reden ist getragen von dieser Art des Darstellenden. Ist ein deutsches Gebet eher Innerlichkeit, Nachdenken – vielleicht Sehnsucht; so ist das italienische gekonnte performativ-emotionale religiöse Ästhetik, man muss immer ein wenig übertreiben, umschreiben, ausmalen, um zur Sache zu kommen, den Kern zu treffen.

Nun ist solche zweigleisige Fahrt natürlich nie so idealtypisch wahrnehmbar. Das blumige, emotionsgeladene des Italienischen, das Klare, Nachdenkliche des Deutschen. In der Liturgischen Realität der Gottesdienste in der ELKI hat sich die Zweisprachigkeit eingebürgert. Noch geschieht dies nebeneinander und versetzt, auch deshalb, weil unsere Kirche als junge europäische Kirche noch nicht in die Reife und Dichte der italienischen Sprache eingedrungen ist. Natürlich ist es auch eine Frage der Bildung und der Begabung, ihre Errungenschaften auf den Alltag, auch den religiösen Alltag anzuwenden. Wenn die Menschen in der ELKI – in Kenntnis der deutschen Wurzeln und der deutschen Seele – mit dem Sprachzauber eines Petrarca, eines Dante, eines Manzoni oder Leopardi vertrauter sind und diesen Reichtum auf das geistig-theologische Erbe der Frömmigkeit Luthers anzuwenden verstehen, wird vielleicht als Verbindung beider eine neue Sprachgestalt des »protestantischen Italienisch« das Ergebnis sein.

---

12 Die erste italienische Übersetzung des Werther kam bereits 1782, sechs Jahre nach dem Erscheinen, heraus. Eine Arbeit von *Gaetano Grassi*, Werther. Opera di sentimento del dottor Goethe celebre scrittor tedesco tradotta da Gaetano Grassi milanese. Con l'aggiunta di un'apologia in favore dell'opera medesima, Poschiavo 1782.

Dazu bedarf es in der ELKI einer verstärkten Wertschätzung der Kulturbedeutung der Sprache unseres Gastlandes, damit die Durchdringung derselben uns hilft, die eigenen Inhalte evangelisch-lutherischer Frömmigkeit authentisch zur Sprache zu bringen. Dann kann das Lied von der Sehnsucht nach Heimat auch ein italienisches werden und die Sprache des Glaubens wird unsere gemeinsame Muttersprache sein.

Praxis

»Simple, fresh, relevant, not too doctrinal in tone or unreal in expression.«

Über die Sprache des Gebets im Reformierten Gottesdienstbuch und über betendes Sprechen am Beispiel von Slam Poetry

Ilona Nord

Einleitung

»Simple, fresh, relevant, not too doctrinal in tone or unreal in expression.«[1] So soll liturgische Sprache, besonders die Sprache des Gebets gestaltet sein, wenn man dem Gottesdienstbuch der Reformierten Kirche folgt. Die programmatische Formulierung stammt ursprünglich aus dem ›Book of Common Order‹ der Schottischen Reformierten Kirche. Doch dies bedeutet nicht, dass sie nur für die reformierte Liturgie Geltung besäße.

Seit den fast zeitgleichen Veröffentlichungen des ›Evangelischen Gottesdienstbuches‹ (EGB) und der ›Reformierten Liturgie‹ (RL) ist vielmehr sichtbar, dass es viele Korrespondenzen zwischen beiden gibt.[2] So heißt es in der Einleitung der RL, dass man sie selbst als ein unpolemisches Buch verstehe und dass man die Nähe zur liturgischen Arbeit anderer protestantischer Kirchen suche.[3] Wer das Evangelische Gottesdienstbuch und die RL miteinander vergleicht, dem wird z. B. auffallen, dass die »Erste Form« des Gottesdienstes in der RL nahezu identisch ist mit der Grundform II im EGB.[4]

---

1 *Peter Bukowski / Arend Klompmaker / Christiane Nolting / Alfred Rauhaus / Friedrich Thiele* (Hrsg.), Reformierte Liturgie. Gebete und Ordnungen für die unter dem Wort versammelte Gemeinde, Wuppertal / Neukirchen-Vluyn 1999, 17.

2 Vgl. *Michael Meyer-Blanck*, Gottesdienstlehre, Tübingen 2011, 398. Meyer-Blanck hält es so z. B. für ein Markenzeichen evangelischer Agendenarbeit, dass beide Gottesdienstbücher sich von einer Ordnungsagende hin zu einem Werkbuch entwickelt hätten.

3 *P. Bukowski* u. a., Reformierte Liturgie (Anm. 1), 16.

4 Darauf weist auch *M. Meyer-Blanck*, Gottesdienstlehre (Anm. 2), 406, hin.

Bezüglich der Sprache der Liturgie ist weiterhin bemerkenswert, dass die RL einen Schwerpunkt auf die Weiterentwicklung des jüdisch-christlichen Dialogs in der eigenen Gottesdienstkultur legt. Explizit wird auch die Arbeit an inklusiver Sprache genannt, die zum einen geschlechtergerechte Sprache im Gottesdienstgeschehen intendiert, zum anderen aber über die Geschlechterfrage hinausweisen soll, um einen achtsamen Umgang mit An-den-Rand-Gedrängten und Minderheiten zu fördern.[5] Die Aktualität dieser fast zwölf Jahre alten Formulierung aus der RL zeigt sich nicht nur in Erfolgen, die die Einführung geschlechtergerechterer Sprache im Gottesdienst bereits zeigt. Ein weiteres, anderes Feld stellt ebenfalls eine Herausforderung dar: Es ist die Umsetzung der Behindertenrechtskonvention der Vereinten Nationen für die Gottesdienstkultur in den Gliedkirchen der EKD.[6] Hier liegt von der Verbreitung der Gebärdensprache bis hin zur Option für ›leichte Sprache‹ ein Feld für die Reflexion der Gottesdienstkultur brach, das zukünftig intensiv bearbeitet werden sollte. Erste Anregungen lassen sich in Referenz zum Motto der RL »simple, fresh …« entwickeln; dieses Motto soll zunächst ausführlich entfaltet werden. Der zweite Teil des Beitrags geht auf die Frage ein, inwiefern liturgische Sprache als öffentliche Poesie verstanden und entwickelt werden kann. Dazu kann an hermeneutische Eckdaten des Politischen Nachtgebets angeknüpft werden. Ein Blick in die aktuelle Diskussion um so genannnte riskante Liturgien ist ebenfalls weiterführend. Für die materiale Gestaltung gottesdienstlicher Sprache, insbesondere der Gebetssprache, schlage ich schließlich eine Methode aus der Jugendliteraturszene vor. Es handelt sich um ›Slam Poetry‹, eine spezifische Art der Entwicklung und Performance von Poesie. Aber zunächst zur Rekonstruktion des programmatischen Mottos aus der Reformierten Liturgie.

---

5 *P. Bukowski* u. a., Reformierte Liturgie (Anm. 1), 17.

6 Vgl. die Arbeitshilfe der Evangelischen Kirche im Rheinland zum Thema Inklusion, in der Sprache allerdings nicht als eigenes Thema aufgenommen worden ist, dennoch http://www.ekir.de/www/handeln/inklusion-14434.php (Stand 28.12.2011).

1 REKONSTRUKTIONEN: »SIMPLE, FRESH, RELEVANT, NOT TOO DOCTRINAL IN TONE OR UNREAL IN EXPRESSION.«

Peter Bukowski, Christiane Nolting und andere haben für den Reformierten Bund Liturgievorschläge erarbeitet. In der Einleitung schreiben sie: »Wir stellen uns damit der Aufgabe, heutiges Leben theologisch verantwortet und wirklichkeitsgerecht betend vor Gott zu bringen.«[7] Den bereits eingeführten Leitsatz aus dem ›Book of Common Order‹ der Church of Scotland fanden sie beim Verfassen, Auswählen und Überarbeiten von Gebeten besonders hilfreich. Zeitgemäße Gebetssprache solle ›simple, fresh, relevant, not too doctrinal in tone or unreal in expression‹ sein. Im Folgenden gehe ich die einzelnen Attribute durch:

›SIMPLE‹

Das Wörtchen ›simple‹ meint keinesfalls, dass liturgische Sprache schlichter und anspruchsloser werden sollte, als sie bislang war. Vielmehr fordert es Liturginnen und Liturgen dazu heraus, ihre Aussagen zu rekontextualisieren. Theologumena wie Sünde, Erlösung, Jenseits und Ewiges Leben erschließen sich verkündigend nicht ›einfach‹ begrifflich. Gert Otto entwickelte in dieser Orientierung eine rhetorische Homiletik.[8] Er formulierte: »Wir brauchen die Sprache der Bilder, weil die Inhalte, mit denen wir es zu tun haben, die Begriffe übersteigen.«[9] Einfach zu sprechen, das heißt dann z. B., in einem Bild zu sprechen. Einfach zu sprechen bedeutet mehr ausdrücken zu können, und nicht weniger. Dies zeige auch Günther Eichs Büchner-Preis-Rede, die über 50 Jahre alt ist, aber dennoch relevant geblieben ist: »Von Gott kann man nicht reden, wenn man nicht weiß, was Sprache ist. Glaube, der Inhalte der Tradition immer wieder neu sagen muss […] braucht poetische Sprache. Sie ermöglicht, in Bildern zu denken und auszudrücken, was unsere Hoffnungen und Erfahrungen sind. Glaube wird steril, wenn er abstrakt-begrifflich bleibt. Von Gott reden kann man nur in konkreten Situationen und Widerfahrnissen des Lebens.«[10] Martin Nicols »Einander ins Bild setzen. Dramaturgische Ho-

7 *P. Bukowski* u. a., Reformierte Liturgie (Anm. 1), 17.
8 Vgl. auch *Gert Otto*, Rhetorische Predigtlehre, Mainz 1999.
9 *Gert Otto*, Grundlegung der Praktischen Theologie, München 1986, 126.
10 Ebd.

miletik«[11] verweist 35 Jahre später wieder auf Günter Eich und eben auf die Aufforderung, in Bildern zu sprechen. Die praktisch-theologische Diskussion um Wahrnehmung gelebter Religion könnte zu der Illustration des Wörtchens ›simple‹ als ›einfach in einem Bild sprechen‹ weitere Beiträge liefern.[12] Schließlich sind gegenwärtige Ansätze zu nennen, die im Anschluss an die Gestaltung von Rundfunkandachten entstanden sind. Auch sie favorisieren den Umgang mit Bildern; sie rekontextualisieren theologische Begriffe, indem sie vom Glauben in (Lebens-)Geschichten erzählen.[13] So bietet die Homiletik Anregungen, um auch innerhalb der Liturgik ›einfache Sprache‹ zu reflektieren.

Daneben aber gibt es den oben bereits erwähnten weiteren Kontext, der zur Aufschlüsselung einfacher Sprache beitragen kann. Er liegt in der gegenwärtigen Bewegung, die die Behindertenrechtskonvention der Vereinten Nationen bei Behindertenbeauftragten von Kirchen sowie vor allem Gehörlosengemeinden in der Evangelischen Kirche auslöst. Sie setzen sich mit konkreten Empfehlungen zur ›einfachen Sprache‹ im Alltag auseinander, die Behindertenrechtskommissionen entwickelt haben.[14] Die Gehörlosenseelsorgerinnen und -seelsorger der Nordkirche haben auf diesem Hintergrund eine Liturgie in einfacher Sprache entworfen.[15]

Die RL betont, dass zwischen alltäglicher und liturgischer Sprache möglichst wenig Differenz entstehen soll. So fördert sie eine liturgische Sprache, die wenig Voraussetzungen setzt, die einfach und darin faszinierend formuliert. Reformierte Liturgen, so könnte man sagen, lie-

---

11 *Martin Nicol*, Einander ins Bild setzen. Dramaturgische Homiletik, Göttingen 2002, 65.

12 Vgl. zum Verhältnis von Wort und Bild *Ilona Nord*, Realitäten des Glaubens. Zur virtuellen Dimension christlicher Religiosität, Berlin / New York 2008, 81–84.

13 Ein Beispiel ist *Claus Eurich / Imme de Haen* (Hrsg.), Hören und Sehen – Die Kirche des Wortes im Zeitalter der Bilder, Stuttgart 1991.

14 Vgl. zu den Richtlinien für leichte Lesbarkeit z. B. http://www.inclusion-europe.org/documents/101.pdf., insbesondere 15–17.

15 Das Formular kann bei Pfarrerin Systa Ehm, Gehörlosenseelsorgerin in Hamburg, erfragt werden. Die Gottesdienstordnung in leichter Sprache wurde vom Gottesdienst-Fachausschuss des Nordelbischen Konventes der Gehörlosen- und Schwerhörigenseelsorger entworfen. Das Besondere daran war, dass auch die beiden damaligen Gehörlosenseelsorger Mecklenburgs und Pommerns dem Ausschuss angehörten, das Formular also eine nordkirchenweite Gottesdienstordnung aus dem Jahr 2006 ist.

ben das Understatement. Gleich zu Anfang heißt es im Gottesdienstbuch: »›Wir Reformierte haben keine Liturgie‹, sagen manche.«[16] Man will sich auf das Wesentliche konzentrieren und das ist das Hören auf die Schrift: »Das Wort Gottes im Alten und im Neuen Testament, das unverwechselbare Evangelium, die lebendige Verkündigung befreien zu solcher Sammlung.« Weiter heißt es: »Das Hören und Reden, das Singen und Schweigen im Gottesdienst sind höchst anspruchsvoll und doch keine Bürde. Sie sind reich auch in gelegentlich schlichter Form, setzen so das Denken und Fühlen, das Tun in Bewegung, führen Menschen in der Gegenwart des göttlichen Geistes zueinander.«[17] Die Sprache der Liturgie ist eine Sprache, die Menschen und Gott in eine Beziehung treten lässt und dieser Beziehung einen expliziten Ausdruck gibt. Dass man zu Gott zu sprechen vermag, ist auf die Wirkung des Heiligen Geistes in der Beziehung zwischen Gott und Mensch zurückzuführen.

Es ist bezeichnend, dass das hier ausgelegte Motto »Simple, fresh …« insbesondere für die Gebetssprache gelten soll. »Das Gebet gilt seit Friedrich Heiler (1918) als ›die charakteristischste und am weitesten verbreitete rel. motivierte Handlung‹ […]. Es ist Ausdruck einer personalen Beziehung zwischen Mensch und Gottheit.«[18] Im Gebet verdichtet sich die Kommunikation des Evangeliums in besonderer Weise. Im liturgischen Genre ›Gebet‹ versprachlichen Menschen jeweils persönlich ihre Beziehung zu Gott. Einerseits wird in dieser dialogischen Struktur religiöser Kommunikation deutlich, wie regressiv, wie distanziert, wie schwierig der Glaube wahrgenommen wird. Andererseits wird im Gebet sichtbar, wie wichtig es Menschen ist, überhaupt zu beten, wie sehnsüchtig sie sich Gott zuwenden können, wie einzigartig die Kommunikationsform Gebet für Menschen ist. Auf Grund dieser Ambivalenzen ist es besonders schwer, im Gebet einfach und nicht banal zu sprechen.

›FRESH‹

Gebete von Huub Oosterhuis, Lothar Zenetti, Dieter Trautwein, von Kurt Marti und Hans-Dieter Hüsch, von Dorothee Sölle, Fulbert Steffensky und aus dem Kölner Politischen Nachtgebet, Gebete auch von französischen

16 *P. Bukowski* u. a., Reformierte Liturgie (Anm. 1), 7.

17 Ebd.

18 *Hans-Jürgen Fraas*, Art. Gebet VI. Religionspsychologisch, in: ^{4}RGG 3 / 2000, 497.

Theologen wie Lucien Jerphagnon[19] und Michel Quoist[20], die Reihe könnte fortgesetzt werden, beeindrucken darin, dass sie eine Atmosphäre aufbauen, in der der Dialog mit Gott vorstellbar wird. Sie teilen mit, dass sie zur Zeit ihrer Formulierung imstande waren, von der Beziehung zwischen Gott und Mensch und zugleich auch in der Beziehung von Mensch zu Gott so zu sprechen, dass diese Beziehung lebendig wird. Man könnte auch sagen, dass in diesen Gebeten das eigene Leben in den Horizont Gottes gehoben wird, dass die eigene Lebenszeit die Zeit Gottes tangiert, dass der Chronos am Kairos partizipiert.[21] Frische Formulierungen wären demgemäß nicht nur solche, die in den Codes von Jugendsprachen zuhause sind, sondern vielmehr solche, die sich intensiv mit der Situation, in die sie hineingesprochen werden, auseinandersetzen. Frisch wirken Formulierungen, wenn sie es erreichen, Gottes Präsenz in der gerade geteilten Situation glaubhaft zum Ausdruck zu bringen. Freie Gebete bzw. eine im Gottesdienst etwa bei Taufen initiierte Gebetssammlung aus der Gemeinde lösen diesen Anspruch zum Teil eher ein als die von einer Liturgin oder einem Liturgen vorformulierten Worte. Auch freikirchliche Gebetspraxen spiegeln das Bemühen wider, möglichst persönlich und authentisch zu beten. Genau dieses persönliche Element im Gebet, das es letztlich zum Bittgebet macht, ist aber in der Tradition aufklärerischer Kritik als infantile Regression abgelehnt worden. In der neueren Systematischen Theologie ist es allerdings fundamentaltheologisch auch wieder rehabilitiert worden. Paul Tillich sprach vom Gebet als dem Grundakt des Glaubens.[22] Gerhard Ebeling ging davon aus, dass Gottes Wirklichkeit nur darin bewiesen werden kann, dass man betet.[23]

Aber es kommt im Zusammenhang der Kommunikation zwischen Gott und Mensch trotzdem nicht allein darauf an, dass Gebete ›frisch‹ formuliert werden, also gerade entstanden sind. Auch Gebete, die in geprägter Sprache formuliert sind und Tradition haben, können frisch wirken, wenn Gestik, Mimik, kurz die gesamte stimmliche und körperliche Haltung den Worten Lebendigkeit verleiht. Das ist dort der Fall, wo Men-

---

19 *Lucien Jerphagnon*, An unerträglichen Tagen, Wien/Graz, [4]1963, vgl. z. B. das Gebet an Pechtagen, 13.

20 *Michel Quoist*, Herr, da bin ich, Graz/Wien/Köln [31]1963.

21 Vgl. ähnlich auch *M. Meyer-Blanck*, Gottesdienstlehre (Anm. 2), 120.

22 *Werner Schüßler / A. James Reimer* (Hrsg.), Das Gebet als Grundakt des Glaubens, Münster 2004.

23 *Gerhard Ebeling*, Dogmatik des christlichen Glaubens 1, Tübingen 1979.

schen sich z. B. den Text eines Psalms aneignen, bis er zu ihren Worten geworden ist. Dies geschieht beim Auswendiglernen, das einem ›learning by heart‹ entspricht, beim gemeinsamen lauten Sprechen im Gottesdienst ebenso wie bei einer Vertonung eines Psalms zu einem Rap, die ein Jugendlicher damit im Kontext seines Musikstils vorträgt. Die Jugendlichkeit der Person und die altersgemäße Ausdrucksweise unterstützen, dass alt Bekanntes neu und darin frisch gehört werden kann. Doch Frische hängt nicht allein am Alter einer Person, sondern ist vor allem eine Wirkung der Performanz.

›RELEVANT‹

Innerhalb der Kommunikationswissenschaften nimmt die Wirkungsforschung einen großen Raum ein.[24] Relevant zu sprechen, heißt hier öffentlich zu kommunizieren. Ein Kriterium dabei ist, wie viel oder wie wenig Zustimmung oder Ablehnung eine Rede erhält, welche Veränderungen von Wissen, Meinungen, Einstellungen und Verhalten sie zeigt.[25]

Hier nun geht es darum, welche Wirkungen liturgische Sprache hat. Die Erwartungen an die Wirkung liturgischer Sprache spitzen sich im Gebet besonders zu. Bereits zum Stichwort ›fresh‹ zeigte sich dies. Hier geht es noch einmal um die Frage, inwiefern ein Bittgebet theologisch verantwortet werden kann. Denn im Bittgebet droht sich ein magisches Verständnis vom Beten in die Beziehung zu Gott einzuschleichen, mit der sich abergläubische Vorstellungen aus der populären Frömmigkeit breitmachen könnten. Letztlich geht es um die Verhältnisbestimmung von Magie und Religion. Gott soll das menschliche Selbstbewusstsein, seine Personalität nicht mit magischen Mitteln zerstören; der Mensch soll Gott nicht mit magischen Praktiken beeinflussen wollen. Mitte bis Ende der 90er Jahre des vergangenen Jahrhunderts gab es eine sozusagen jüngere Diskussion um das Verhältnis von Magie und Theologie. Hans-Günter Heimbrock und Heinz Streib sowie Dietrich Zilleßen u. a. erörterten die magische Dimension von Religion, zum Teil in Auseinandersetzung mit Paul Tillichs Theologie.[26] Magie wird als ein Wirkungsfaktor

24 Vgl. *Klaus Merten*, Einführung in die Kommunikationswissenschaft, Münster / Hamburg 1999.

25 Vgl. http://www.its-best.de/data/downloads/Wirkung.pdf (Stand 28. 12. 2011).

26 Vgl. z. B. *Paul Tillich*, Systematische Theologie 3, Berlin / New York 1966, 222-224; *Hans-Günter Heimbrock / Heinz Streib* (Hrsg.), Magie. Katastrophenreligion und Kritik des Glaubens, Kampen 1994.

eines Sprachprozesses selbst verstanden. Hatte die Sprechakttheorie zunächst herausgearbeitet, dass Sprache Wirkungen zeigt und deshalb nicht nur als Wort, sondern als Handlung zu verstehen ist, wird hier fokussiert, wie diese Wirkung religiös beschrieben werden kann.[27]

Dietrich Zilleßen weist darüber hinaus aus, wie die magische Wirkung von Sprache grundsätzlich unumgänglich ist und wie diese zugleich immer wieder zu überwinden ist: »Jede Überwindung von Magie bringt sie neu, anders zum Leben. Darin liegt der unaufhörliche Wechselprozeß von Entzauberung und Wiederverzauberung. Insofern ist Magie notwendig und problematisch. Wir sind ihr nicht ausgeliefert, wenn wir mit ihr zusammen ein Spiel spielen, statt zu erstarren.«[28] Mit Zilleßen zeigt sich, dass liturgische Sprache keinesfalls dem Zusammenhang von Sünde und Entfremdung enthoben ist. Sprache kann nie ganz und gar heilig, ganz und gar sakral sein. Liturgische Sprache ist in ihrer Relevanz stets zweideutig. Ästhetisch ausgedrückt heißt dies, liturgische Sprache trägt dazu bei, die Welt verzaubert und dann auch wieder entzaubert wahrzunehmen. Kommunikationstheoretisch ausgedrückt heißt dies, liturgische Sprache ist relevant, wenn sie das Wechselspiel zwischen Verzauberung und Entzauberung zu inszenieren versteht. Denn dies entspricht einem Gottesverständnis, das nicht vergisst, dass Gott den Gott des Theismus übersteigt.[29] Relevant wird ein Gebet erst, wenn es Ambivalenzen in der Gottesbeziehung zulässt.

›NOT TOO DOCTRINAL IN TONE‹

Mit dieser Leitformulierung sind mindestens zwei interessante Orientierungen verbunden. Doctrinal, dieses Adjektiv ist von dem lateinischen Substantiv ›doctrina‹ abgeleitet und bedeutet Lehre. Insofern ist in dieser Formulierung eine Kurskorrektur gegenüber einer liturgischen Sprache enthalten, die im Gebet immer wieder Wendungen aus den Bekenntnissen aufgreift, um die Orthodoxie des Glaubens sicherzustellen.[30]

---

27 Zur Sprechakttheorie vgl. z. B. *Wilfried Engemann*, Einführung in die Homiletik, Tübingen ^{2}2011, 224 und *Karl-Heinrich Bieritz*, Liturgik, Berlin / New York 2004, 266.

28 *Dietrich Zilleßen*, Sicherung und Bedrohung des Körpers im Ritual. Spuren sakramentalen Handelns, in: H.-G. Heimbrock / H. Streib, Magie (Anm. 26), 222.

29 Vgl. *Paul Tillich*, Der Mut zum Sein, in: Ders., Sein und Sinn. Gesammelte Werke XI, Stuttgart 1969, 137.

Darüber hinaus ist aber der Verweis auf den Ton liturgischer Sprache bedeutsam. Der Ton einer Stimme, die stimmliche Varianz, der Tonfall und das Volumen einer Stimme sind für die Wirkung liturgischer Sprache von kaum zu überschätzender Bedeutung. Das populäre Sprichwort »Der Ton macht die Musik« bringt diese Einsicht auf den Punkt. Die in den letzten Jahren in vielen Landeskirchen eingeführten Kurse zur Stärkung der liturgischen Präsenz, wie sie etwa mit Thomas Kabel durchgeführt wurden, sind eine praktische Konsequenz. Bei Kabel sind zwar nur spärliche Hinweise auf die Wirkung von Sprache verbucht, aber die Übungen zum Körper- und Stimmtraining[31] machen klar, welche Bedeutung die Stimme und ihre Entfaltung im Raum für die Liturgie hat. Mehr Fundstellen bietet die performative Gottesdienstlehre. Es geht um eine Gottesdienstlehre, die den Umgang mit dem leiblichen Gegebensein menschlichen Daseins erforscht. So wird die Liturgie als ein Phänomen verstanden, das vor allem sinnlich wahrgenommen wird und das sinnlich wahrnehmbar inszeniert werden muss. Ein Beispiel für diesen Ansatz bietet der Beitrag von David Plüss und Andrea Bieler, die die performative Gestalt liturgischer Sprache herausgearbeitet haben.[32] Zunächst betonen sie, dass liturgische Sprache mündliche Sprache ist. Ob ein Gottesdienst von den Teilnehmenden als stimmig, berührend und schön oder als peinlich und verstaubt erlebt werde, hänge nicht nur von der kognitiven, informationsvermittelnden sprachlichen Dimension ab. Wesentlich wirksamer zeige sich vielmehr die stimmliche und klangliche sowie die energetisch-dynamische Gestaltung. Sie komme auch über die Stimme zu Gehör. Bieler und Plüss machen darauf aufmerksam, dass, wenn man das Gottesdienstgeschehen einmal ausschließlich als ›Hör-Ereignis‹ betrachte, deutlich werde, wie sehr eine Liturgie eine umfassende Stimm- und Klang-Performance darstelle. Zur näheren Erläuterung stellen sie die so genannte Primal Pattern Theorie vor. Diese Theorie verhilft dazu, vier verschiedene basale Energiemuster zu identifizieren, »die die leiblich-energetische Präsenz, den körperlichen Ausdruck und darin auch die Art

30 *K.-H. Bieritz*, Liturgik (Anm. 27), 265 f.

31 *Thomas Kabel*, Handbuch Liturgische Präsenz, Gütersloh 2002, z. B. 89 u. 92.

32 Vgl. *Andrea Bieler / David Plüss*, Der Klangraum des Wortes. Die performative Gestalt liturgischer Sprache, in: Uwe Gerber / Rudolf Hoberg (Hrsg.), Sprache und Religion, Darmstadt 2009, 181–194: 181; vgl. auch *Andrea Bieler / Hans-Martin Gutmann*, Embodying Grace. Proclaiming Justification in the Real World, Minneapolis 2010.

und Weise, wie gesprochen wird, maßgeblich prägen.«[33] Die vier Energiedynamiken heißen Thrust (Schub), Hang (Schwebe), Shape (Form) und Swing (Schwung). Man geht davon aus, dass Menschen sich in allen vier Energiedynamiken bewegen bzw. ausdrücken. Wer im Muster des Thrust Liturgie feiert, will Veränderungen bewirken. Gewohnte Einstellungen, Verhaltensweisen und gesellschaftliche Verhältnisse werden in Frage gestellt. Die Liturgin oder der Liturg wirken charismatisch und impulsiv. Die Hang-Energie breitet sich aus, wenn Liturgen die Kraft der Gelassenheit und Entspannung vermitteln. Die Shape-Dynamik steht für Energien, die Ordnung, Struktur, Form und Begrenzung vermitteln. Sie bewahre das Bewährte und scheue das Experiment. Sie resümmieren: »Das In-Szene-Setzen der Sprache mancher Gottesdienst-Agenden und überlieferter Gebete strahlt oftmals eine solche Shape-Energie aus.«[34] Die vierte Energie ist die Swing-Energie, sie ist in Gospelfeiern und charismatischen Gottesdiensten anzutreffen, in reformierten Predigtgottesdiensten fehle sie nahezu. Die Swing-Sprache sei responsiv angelegt, was aber hier nicht eine geprägte Sprache liturgischer Responsorien meine, sondern vielmehr spontane Dialoge wie zum Beispiel ein improvisiertes Hin und Her zwischen Prediger und Gottesdienstteilnehmerinnen. Not too doctrinal, dies meint im Zusammenhang der Muster performativer Gestalten liturgischer Sprache ›not too thrust‹. Mit Hilfe dieses Modells kommt in den Blick, dass es mindestens auf vierfache Weise möglich ist, liturgisch zu sprechen, dass jeder Liturg und jede Liturgin mutmaßlich eine Vorliebe für eine Energieform hat und dass sie gut daran tun, ihre Sprachkompetenz zu erweitern.

Schließlich seien noch einige Bemerkungen zu der Beschreibung *not too unreal in expression* gegeben. Liturgische Sprache soll im Ausdruck nicht unrealistisch wirken. Man könnte fortsetzen und fragen, wie wirklich wirkt liturgische Sprache? Damit stellt die reformierte Liturgie die Kernfrage nach der Weltwahrnehmung im Gottesdienst. Gottesdienst ist immer auch ein Sprachereignis, in dem Menschen sich Realität und Wirklichkeit erschließen. Wie diese voneinander unterschieden werden können und welche Bedeutung sie jeweils in liturgischer Sprache haben, werde ich weiter unten anhand eines Gebets erörtern. Doch zuvor möchte ich noch grundsätzlicher festhalten: Im gottesdienstlichen Sprechen geht

33 *A. Bieler / D. Plüss*, Der Klangraum des Wortes (Anm. 32), 189.
34 Ebd. 190.

es darum, das zu vergegenwärtigen, was sozusagen bislang nicht sichtbar, nicht andauernd wahrnehmbar, kurz: was abwesend war. Sprache ist ein Medium, das zu vergegenwärtigen, was bislang verborgen war. Dieses Verständnis von Sprache ist nicht auf theologische und kirchliche Kontexte begrenzt. Die Literaturwissenschaftlerin und Altorientalistin Aleida Assmann versteht Sprache als Medium, mit dem Abwesendes anwesend gemacht wird, mit dem Abwesendes in die Wirklichkeit der Gegenwart hereingeholt wird, und zwar immer unter den Bedingungen der Wahrnehmung der Sprechenden.[35] Obwohl Assmanns Beschreibung eines Mediums für heute verbreitete Computer-vermittelte Kommunikationen nicht ausreichend differenziert ist, macht ihr Ansatz im liturgischen Zusammenhang zunächst einmal deutlich, dass Sprache eine anamnetische, eine Dimension der Erinnerung hat. In der Perspektive reformierter Liturgie könnte man sagen, dass im Gottesdienst sprechend Erinnerungsarbeit geleistet wird, damit die Realitäten Gottes wahrnehmbar werden. Das Lesen biblischer Texte und ihre Auslegung dienen dazu, sich erinnernd immer wieder neu zu vergegenwärtigen, in welcher Realität Christenmenschen leben.

2 Exemplarische Lektüre eines Gebets

Im Folgenden wird ein Eingangsgebet aus der RL exemplarisch erörtert. Bereits die kommunikationstheoretischen Axiome von Watzlawick weisen darauf hin, dass die Analyse z. B. eines Gesprächs neben der Sachebene auch die Beziehungsebene zu reflektieren hat. Für ein Eingangsgebet ist die Situation kennzeichnend, dass es längere Zeit keine (gottesdienstliche) Kommunikation mit Gott, Christus und im Heiligen Geist gab. Es gilt nun, den gemeinsamen Referenzrahmen wieder aufzubauen, alte Verbindungen und gemeinsame Erfahrungen zu vergegenwärtigen. Wenn man beobachtet, wie Menschen miteinander sprechen, wenn sie einander lange nicht gesehen haben, etwa bei einem Familienfest, an dem die Verwandtschaft zusammenkommt, hört man wie Erinnerungen ausgetauscht werden und darüber gesprochen wird, was man Gemeinsames bislang oder seit dem letzten Treffen erlebt hat. In diesem Sinne schafft auch das Ein-

35 Vgl. z. B. *Aleida Assmann*, Der lange Schatten der Vergangenheit. Erinnerungskultur und Geschichtspolitik, München 2006.

gangsgebet Gemeinschaft zwischen Gemeinde und Gott, indem die gemeinsame Geschichte (neu) erzählt wird. Somit heißt liturgisch zu sprechen, mit Gott darüber zu sprechen, was in der gemeinsamen Geschichte bedeutsam war. Das Eingangsgebet bringt Gott und die Gemeinde sozusagen wieder auf einen gemeinsamen Stand. Dabei wird eingeräumt werden müssen, dass das christliche Gottesbild von einem Gott ausgeht, der – im Gegensatz zur Gemeinde – auf diese Erinnerung nicht angewiesen ist, sich ihr aber um der Gemeinde willen stellt. Bedeutsam ist für das Gebet im Gottesdienst auch, dass es seiner Form nach ein öffentliches Gespräch mit Gott ist. In ihm sprechen Liturgen stellvertretend für die Gemeinde. Die Herausforderung besteht darin, diese Eingangssituation treffend zu beschreiben. Wortwahl, der Gestus des ganzen Körpers, Stimme und Ton tragen dazu bei, dass im Gottesdienst eine Gesprächssituation hergestellt wird, in der mit dem dreieinigen Gott kommuniziert werden kann. So gehören Sprache und die Konstruktion von Wirklichkeit zusammen. Doch auch wenn Sprache, in dieser performativen Gestalt verstanden, Wirklichkeit umfassend zu konstituieren vermag, ist noch längst nicht gewährleistet, dass ein Gebet sowohl realistisch als auch wirklich wirkt.[36]

Das hier exemplarisch ausgewählte Gebet ist keines, das besondere konfessorische Merkmale böte, es ist sozusagen ein ganz normales Gebet aus einer Agende bzw. präziser aus einem Werkbuch für den Gottesdienst:

»Gott des Himmels und der Erde!
Wir danken dir,
dass du mitten in der Zeit der Welt
diesen Tag für uns gemacht hast.
Wir danken dir, dass du uns an ihm erinnerst,
wie freundlich du uns an der Ruhe teil gibst,
die Leib und Seele erfrischt.
Dein Wort hat die Welt geschaffen.
Mit deinem Wort erhältst du uns.

---

36 Unter ›realistisch‹ verstehe ich eine intersubjektive Korrespondenz, der gemäß eine Formulierung der ›Res‹ entsprechend wirkt, also eine sachgemäße Gestalt gefunden hat. Unter ›wirklich‹ verstehe ich ein subjektives Gefühl, dass das Gesprochene für mich persönlich wahrhaftig wirkt. Insgesamt verlangten diese Topoi eine ausführlichere Erläuterung, die weiter unten dann zumindest begonnen wird.

Von deinem Wort leben wir.
Vor dir breiten wir aus,
wodurch wir dich vergessen,
was uns erschreckt,
wo wir meinen, uns sei Unrecht geschehen und wo wir Unrecht an anderen getan haben.
Lass uns Abstand gewinnen von dem, was hinter uns liegt
Und neues Vertrauen zu dir fassen.
Überströme uns mit deinem heiligen,
heilmachenden Geist.«[37]

Das Gebet beginnt mit der Anrede »Gott des Himmels und der Erde«. Für die reformierte Tradition ist der Bezug zum biblischen Text hoch bedeutsam, daher ist diese Formulierung in Anlehnung an den Schöpfungsbericht Gen 1 zu verstehen. Dabei kann die Anrede kaum frisch und relevant wirken. Denn gegenwärtig diskutierte Weltbilder rekurrieren nicht auf diese Zwei- bzw. Dreiteilung der Welt in Unterwelt, Erde und Himmel, wie sie in Anlehnung an das babylonische Weltbild formuliert ist. Aber ›Himmel und Erde‹ bilden darüber hinaus zusammen noch immer ein metaphorisches Gebilde für die ganze bekannte Welt Gottes. Für die interne Kommunikation von Kirche kann dieser Ausdruck also immer noch Sinn vermitteln. Es ist eine vertraute, gern gehörte Anrede Gottes. In der populären Kultur trifft man den Himmel und das Himmlische ebenfalls an. Es wird also im Energie-Muster des Shape gesprochen, das Ordnung symbolisiert und Bewährtes erinnert.

Das Gebet setzt fort mit: »Wir danken dir, dass du mitten in der Zeit der Welt diesen Tag für uns gemacht hast. Wir danken dir, dass du uns an ihm erinnerst, wie freundlich du uns an der Ruhe teilgibst, die Leib und Seele erfrischt.« Der analytische Blickpunkt liegt nun auf dem Verständnis von Realität und Wirklichkeit. Wirklichkeit benennt ideengeschichtlich das, was einen Menschen sozusagen unbedingt angeht. Realität benennt das, was sachlich, dinglich gegenständlich vorhanden ist. Die Sache, die Res, und die Tat, die Wirkungen erzielt, treten gegeneinander an. Man könnte auch sagen: »Wirklichkeit verbindet sich … mit individueller Wahrnehmung, mit Rezeption, mit vereinzelter Interpretation. Sie ist ein stark affektiv gestimmter Wahrnehmungsvorgang und ein eben-

37 *P. Bukowski*, Reformierte Liturgie (Anm. 1), 55f.

solcher Ausdrucksvorgang. In ihr verbindet sich wahrnehmendes Denken mit spekulativem, ästhetischem, poetischem Denken, wenn mit ihm gemeint ist, dass hier Wirklichkeit gesetzt wird.«[38] Die Wendung »wir danken dir« kommt im Gebet zwei Mal vor und ist sicherlich gegenwärtig repräsentativ für liturgische Sprache. Dem Menschen kommt es zu, dankend zu Gott zu kommen. Dank ist das deutsche Wort für ›Charis‹. Es bedeutet Dank, Geschenk und Gnade. Damit ist ausgewiesen, dass es sich beim Danken um das zentrale Motiv des evangelischen Gottesdienstes handelt. Es ist die Antwort auf das Rechtfertigungsgeschehen, das im Glauben vom Menschen angenommen wird. Doch gemessen an einer Res, an einer Sache, die von einer Hand in eine andere geht, ist hier das Geben und das Empfangen in einer innerlich subjektiven Sphäre angesiedelt. Die Gnade empfangen zu haben, das ist eine Wahrnehmung, die allein durch die Wirklichkeit des Glaubens, also intrasubjektiv bestätigt werden kann. So kann dieser Satz von außen, sozusagen aus dem Status des Unglaubens betrachtet, nur als spekulativ bezeichnet werden. In der Sprache des Gebets werden Wirklichkeiten des Glaubens ausgewiesen. Die Gebetssprache ist durchdrungen von Interpretationen, die ›Welt‹ in spezifischer Weise deuten. Eine erste Schlussfolgerung ist zu ziehen: *Liturgische Sprache gebraucht vor allem Formulierungen, die von der Wirklichkeit des Glaubens sprechen.*

Im vorliegenden Gebet werden nun in dreifacher Dimension die Heilstaten beschrieben, die auf Gottes Wort zurückgeführt werden. Es ist eine Form schlichter, aber dennoch poetischer Sprache, einer Sprache, die Gott als Schöpfer, als Erhalter und Bewahrer lobt: ›Dein Wort hat die Welt geschaffen. Mit deinem Wort erhältst du uns. Von deinem Wort leben wir.‹ Wiederum geht es also um Taten Gottes, die Wirklichkeit konstituieren. Fragt man nach dem Energiemuster, wird die Hang-Energie, die Gelassenheit ausbreitet, kommuniziert. *Weiter wird in diesen Formulierungen Wirklichkeit in Gestalt einer induktiv erzeugten Treue zu Gott aufgebaut.* Als eine Konsequenz aus diesem Treue(ver-)sprechen lässt sich verstehen, dass Eingangsgebet und Sündenbekenntnis zusammengehören. Alles, was in dieser Kommunikationssituation nun noch irritiert, muss angesprochen werden. So zum Beispiel, dass man doch nach dem letzten Zusammentreffen sich noch einmal hätte melden können. Gute Freunde tun dies, sie erzählen einander auch, wo sie sich selbst ungerecht behandelt

---

38 *Manfred Faßler*, Was ist Kommunikation?, München ²1997, 100.

fühlen oder wo sie ungerecht zu anderen waren. Stattdessen war man mit so vielem beschäftigt, was wichtiger war. In diesem Sinne heißt es nun im Gebet: *»Vor dir breiten wir aus, wodurch wir dich vergessen, was uns erschreckt, wo wir meinen, uns sei Unrecht geschehen und wo wir Unrecht an anderen getan haben.«*

Wieder handelt es sich um Wirklichkeiten, die innersubjektiv konstruiert werden. Es wird nichts davon gesagt, dass Gott ein objektives Anrecht auf Aufmerksamkeit gehabt hätte, dass der Mensch intersubjektiv nachvollziehbare Regeln und Verabredungen verletzt hat. Dies wären Aspekte der Dimension von Realität. Auch im Abschluss des Gebets bleibt die innersubjektive Perspektive leitend. Wiederum handelt Gott. Für alles Handeln wird Gott in Anspruch genommen: *»Lass uns Abstand gewinnen von dem, was hinter uns liegt. Und neues Vertrauen zu dir fassen. Überströme uns mit deinem heiligen, heilmachenden Geist.«* Es geht um innere Prozesse der Annäherung an Gott. Zudem wird mit der kollektiven Sprechweise »Lass uns Abstand gewinnen« eine Aufforderung an die Betenden verbunden, dass auch sie selbstverständlich Abstand gewinnen müssen. Das Hang-Muster wird für den gottesdienstlichen Energiefluss aktiviert. So fällt auf, dass Gottesdienstbesucherinnen und -besucher vor allem in ihrem Befinden für Shape und Hang angesprochen werden, Nähe und Vernetzung, Impulse für sachliche Veränderungen werden (zumindest in diesem Eingangsgebet) nicht gesetzt. Soweit man aus diesem kurzen Durchgang Schlüsse ziehen kann, lässt sich festhalten, dass Gebetssprache ganz überwiegend durch Formulierungen geprägt wird, die Gottes Handeln thematisieren und darin spekulative Setzungen vornehmen. Ordnung und Entspannung sind die bestimmenden Orientierungen für die Stimmungsregulierung der Gemeinde. Dabei steht die Gebetssprache in der Gefahr, eine Sonderwirklichkeit aufzubauen, weil sie subjektive Glaubensaussagen und Voraussetzungen für Glaubensaussagen miteinander verbindet. Zugespitzt formuliert handelt es sich darum, dass sich innerhalb von Gebetssprache ein Wirklichkeitsstau ergibt und ein Realitätsverlust erlitten wird.

3 Zur programmatischen These, liturgische Sprache sei öffentliche Poesie

Liturgische Sprache als öffentliche Poesie zu bezeichnen, versteht sich nicht von selbst. Der Begriff der Öffentlichkeit ist in medienwissenschaftlichen Kontexten, aber auch bis hinein in die Theologie diskussionswürdig. Das Verständnis von Öffentlichkeit ist nicht unabhängig vom Strukturwandel, den die Medien, insbesondere das Internet, für Kommunikation und Kommunikationsverhalten bewirken. Es ist von vielen verschiedenen Öffentlichkeiten auszugehen und das Adjektiv ›öffentlich‹ ist sicherlich darin unterbestimmt, legte man es auf das Gegenteil von ›privat‹ fest. Vor diesem größeren Diskussionshorizont beziehe ich mich nun auf das Verständnis von ›öffentlich‹ als ›relevant‹, wie ich es oben ausgeführt habe. Zumindest ein hartes Kriterium ist hiermit verfügbar: Öffentliche Kommunikation zeichnet sich darin aus, dass sie von strittigen Resonanzen begleitet wird. Zustimmung und Ablehnung sind ihre Charakteristika. Denkt man an den Sonntagsgottesdienst innerhalb einer Kirchengemeinde, gilt für ihn, dass er mit theologischen Gründen als eine öffentliche Veranstaltung zu bezeichnen ist. Konkret ist aber noch auszuweisen, ob er tatsächlich auch als öffentliche Veranstaltung wahrgenommen wird. So sind nur selten diskursive Meinungen zu ihm zu hören.

Für den Zusammenhang besonderer Gottesdienste verhält sich dies durchaus anders. Thomas Klie und Kristian Fechtner haben Reflexionen auf Gottesdienste anlässlich von Katastrophen publiziert. Unter dem Titel »Riskante Liturgien. Gottesdienste in der gesellschaftlichen Öffentlichkeit«[39] werden Gottesdienste wie anlässlich des Tsunamie in Südostasien 2005, der Trauerfeiern nach den Amokläufen von Winnenden und Erfurt sowie für den Fussballspieler Robert Enke analysiert. In diesen und weiteren Reflexionen auf öffentliche Gottesdienste wird klar, dass es durchaus eine Alternative zu dem verbreiteten Diktum von der ›Religion als Privatsache‹ gibt. In öffentlichen Liturgien geht es um das, was ein Gemeinwesen betrifft und was es an die Grenzen des eigenen Selbstverständnisses führt. Dabei ist sozusagen das Setting hochriskant. Die Kirchen sind allenfalls Co-Inszenatorinnen, denn sie arbeiten mit verschiedenen weiteren gesellschaftlichen Akteurinnen und Akteuren zu-

39 *Kristian Fechtner / Thomas Klie* (Hrsg.), Riskante Liturgien, Stuttgart 2011.

sammen. Liturgie liegt nicht mehr allein in kirchlicher Hand. Wird Liturgie als öffentlicher Dienst verstanden, setzt Kirche sich – wie Klie und Fechtner schreiben – fremden Zwecken aus, um das zu sagen, was ihr aufgegeben ist.[40] Ob es tatsächlich fremde Zwecke sind, denen sich Kirche aussetzt, muss diskutiert werden. Aber Kirche verlässt auf jeden Fall das ihr vertraute Terrain. Bemerkenswert ist auch, dass, soweit ich sehen konnte, in keinem der zwölf Beiträge Gebete abgedruckt waren. Hier ist nach den Gründen zu fragen. Gaben die Gebete keine Beispiele für öffentliche Poesie?

Ob die Sprache des Gebets in einem älteren Beispiel, dem politischen Nachtgebet, ein Mehr an öffentlicher *Poesie* enthält, müsste noch einmal eigens thematisiert werden. Fest steht allerdings, dass hier ›vor Gott‹ gebracht wurde, was einen Bezug zu öffentlichen Diskussionen hatte. Insofern ließe sich an ihnen zeigen, wie sie zum Teil sogar ein Übermaß an Realitätsbezug aufweisen und deshalb heute in manchen Ohren ›völlig übertrieben‹ klingen. Da heißt es z. B. in einem Nachtgebet, das humanem Strafvollzug gewidmet war: »Wir haben von einer Welt gehört, von der wir bisher viel zu wenig gewusst haben und um die wir uns so gut wie gar nicht gekümmert haben. Vergib uns, dass wir uns so schlecht informiert haben.«[41] Dem entspricht, dass für das Gebet ein ›Handlungsbezug‹ eingefordert wird. So folgte auf es immer die Frage ›Was können wir tun?‹. Dorothee Sölle war der Meinung, ein religiöses Gebet ohne politische Konsequenzen sei eine Heuchelei.[42] Fulbert Steffensky verankerte diese Position in der biblischen Tradition des Exodus. »Die Kraft der christlichen Sprache ist die Erinnerung. An die Erinnerung dessen, was Menschen als Befreiung erfahren haben, knüpft sich die Hoffnung. Bei jüdischen und christlichen Gebeten stoßen wir oft darauf, dass Gott belangt wird bei dem, was er in der Vergangenheit (an den Vätern) getan hat: ›Führe uns heim … denn du hobst aus Ägypten einen Weinstock aus […]‹ (Ps 79,9)«[43]

Die Referenz zur biblischen Tradition ermöglicht der Sprache des Gebets einen Bezug zu Realitäten des Glaubens, die intersubjektiv dis-

40 Vgl. ebd. 13.

41 *Dorothee Sölle / Fulbert Steffensky*, Politisches Nachtgebet in Köln (hrsg. im Auftrag des ökumenischen Arbeitskreises ›Politisches Nachtgebet‹), Berlin / Mainz 1970, 205.

42 Vgl. ebd. 229.

43 Ebd.

kutiert werden können. Die Bibel als Urdokument christlichen Glaubens wird sozusagen zum Container für aktuelle Gebete. Auch im Gebet bezieht sich der Glaube auf die Erinnerung an Gottes Heilstaten. So wird die Anrede Gottes konkreter und vielfältiger als das aktuell moderne ›Guter Gott‹. Jetzt kann die Beterin oder der Beter sich auf eine erfahrene Situation so beziehen, wie sie in den biblischen Schriften kommuniziert wird.

Diese Überlegung führt zu dem Schluss, dass es auch in der Formulierung von Gebeten angeraten ist, sich in den Texträumen biblischer Schriften zu bewegen, Perspektiven einzunehmen, die die Protagonistinnen und Protagonisten in ihnen anbieten, und sie aus heutiger Sicht auszufüllen. Man kann hierfür liturgiedidaktisch an das Konzept des Bibliologs anknüpfen, das Uta Pohl-Patalong ausgehend von jüdischer Auslegungstradition für die evangelische Predigtpraxis entwickelt hat.[44] Predigen wird hier sozusagen sozialisiert, indem die Anwesenden sich in das Geschehen eines biblischen Textes hinein imaginieren. Aber die Kommunikationsstruktur des Gebets verlangt m. E. neben der Bindung an die biblischen Texte nach einem weiteren Modell, Gebetssprache zu schulen.

Hierzu kann aus dem Kontext der Film- und Theaterwissenschaften auf Formen öffentlicher Kommunikation zurückgegriffen werden, die gerade auch poetische Sprache fördern. Eine dieser Formen ist die Slam Poetry, eine Kommunikationsform für lyrische Texte. Jugendliche kommen zusammen, verfassen kurze Gedichte oder bringen Kurzgeschichten mit, die sie dann einander selbst vorstellen. Das Modell öffentlichen literarischen Engagements ist aus den Jugendszenen heraus bis in die Didaktik des Deutschunterrichts eingewandert. Slam Poetry fördert insbesondere performative Kompetenz. Man lasse Worte tanzen, Grooves begönnen zu sprechen.

Nun ist es nicht beabsichtigt, dass Liturginnen und Liturgen Slam Poetry Master werden oder dass sie selbst Wettkämpfe gestalten, in denen religiöse Slam Poetry entwickelt wird. Aber Studium und Vikariat sind, soweit ich sehe, nahezu frei von Bildungsangeboten für liturgische Sprache; nach meiner Erfahrung wird das Formulieren von Gebeten nicht reflektiert. Slam Poetry bietet hierzu mindestens drei Möglichkeiten:

---

44 Vgl. z. B. *Uta Pohl-Patalong*, Predigt als Bibliolog, in: Dies. / Frank Muchlinsky (Hrsg.), Predigen im Plural. Homiletische Aspekte, Hamburg 2001, 258–268.

a) Der Fundus traditioneller Texte kann durch die Arbeit an der Performance neu in Szene gesetzt werden. Genau dies intendiert das literarische Genre. »Slam Poetry entsteht selten spontan. Die auftretenden Poeten verfügen über ein Textrepertoire, das aus meist auswendig gelernten und mit hoher Konzentration performten, d. h., aufgeführten Texten besteht …«[45] Auch das öffentliche Gebet wird nicht nur laut vorgelesen, sondern (darin auch) immer – gleich welche Form gewählt wird – inszeniert. Gestik, Mimik und Körperhaltung zeigen dies stets an. Nun kann mit der Methode der Slam Poetry auch an den Texten des Gebets inszenatorisch gearbeitet werden. Dies ist überdies für die Gebetskultur in der evangelischen Kirche nichts völlig Neues. Generationen von Pfarrer hatten ein beachtliches Repertoire auswendig gelernter Lied- und Gebetstexte, die ihnen in den verschiedensten beruflichen Situationen zur Verfügung standen und die in dieser Weise zu ihnen gehörten, die sie zum ›Vortrag‹ brachten oder stellvertretend für alle sprachen.

b) Die zweite Möglichkeit besteht in der Fortbildung von Theologiestudierenden und Vikarinnen und Vikaren im Genre der Slam Poetry. Protagonistinnen und Protagonisten der Slam-Szene bieten selbst solche Workshops an und haben Leitfäden hierzu verfasst.[46] Das Ziel dieser Workshops sollte es sein, eine Wahrnehmungsschule für die literarischen Schätze der eigenen Tradition zu unternehmen, darüber hinaus Performance-Strategien für den Gottesdienst oder andere Gelegenheiten zu entwickeln und, sofern die Ressourcen hierzu reichen, auch an eigenen Texten zu arbeiten. Man kann an Slam Poetry-Texten lernen, religiöse Themen in ästhetisch gebildete Miniaturen zu fassen.

c) Da Slam Poetry bereits für den Deutschunterricht didaktisch und methodisch aufgearbeitet wurde, können Workshops für den Religions- und Konfirmandenunterricht leicht von hier aus adaptiert werden. Dabei können Jugendliche ihre Sprachen sprechen, ihren eigenen Wortschatz verfeinern und gezielt einsetzen. Sie werden also z. B. für eine Mitgestaltung im Gottesdienst nicht auf die Spur geführt, ihren Gestus, ihre Mimik oder ihre Haltungen den vorgeblich zur Gottesdienstkultur gehörenden Verhaltensweisen einfach nur anzugleichen. Innerhalb einer festen Gruppe von Jugendlichen kann die gewachsene Kommunikationsstruktur

---

45 *Petra Anders*, Slam Poetry. Texte und Materialien für den Unterricht, Stuttgart 2008, 5.

46 Vgl. z. B. *Xóchil A. Schütz*: http://www.xochillen.de/ (Stand: 30. 12. 2011).

dazu genutzt werden, dass Mädchen und Jungen kooperativ schreiben, sich über ihre Texte austauschen, sie gegenseitig korrigieren oder Impulse zur Weiterarbeit geben: Poiesis fürs Beten.

Im Allgemeinen werden fünf Merkmale für Slam-Texte genannt, die sich vor allem an Kennzeichen oraler Dichtung orientieren, die aber auch wieder Energiemuster der Primal Pattern Theorie aufnehmen:

»1. Aktualität: Slam Poetry nimmt aktuelles Tagesgeschehen auf, überformt Alltägliches und reflektiert aus einer scheinbar authentischen, da auf der Bühne verkörperten Perspektive heraus Themen, die gesellschaftliche Relevanz bzw. Nähe zum menschlichen Leben haben.
2. Klanglichkeit: Durch einen fließenden Lese- oder Vortragsstil wirken deutschsprachige Slam-Texte oft wie ihre amerikanischen Spoken-Word-Vorläufer liedartig.
3. Interaktion: Hörerbezug kann einerseits explizit durch den Poeten initiiert werden, indem dieser die Zuhörer zum Mitsprechen oder Zurufen von Buchstaben oder Worten animiert oder einen ›kämpferischen Ton‹ anschlägt. Andererseits gelingt die Interaktion thematisch, wenn wieder erkennbare Gefühle oder Situationen das Publikum den Plot miterleben lassen …
4. Intertextualität: Slam Poetry speist sich weniger aus einem Archiv aus Alltagsbegriffen, sondern spielt vielmehr verfremdend mit mündlichen wie schriftlichen Genres (z. B. Märchen, Fabel, Zeitschriftenartikel, Telefongespräch, Gebet, Hymne, Ode) …
5. Kürze: … Als Kurztext ist Slam Poetry wiederum ein hervorragend zu rezipierendes Medium innerhalb des Medienverbundes Internet (MySpace, Youtube), Film (Poetry Clip), TV (WDR-Slam ab 2006), Buch (Anthologien) und Bühne (Live-Slam).«[47]

Slam Poetry eröffnet für die Liturgik, genauer für die Arbeit an der Sprache des Gebets, viele an die gegenwärtige Praxis der gottesdienstlichen Ausbildung anschlussfähige Perspektiven. Darüber hinaus ist zu erwarten, dass auch die Inhalte der Gebete sich mit der veränderten Herangehensweise an das Formulieren verändern werden.

Es heißt, dass Menschen viel und oft beten, nur nicht im Gottesdienst. Slam Poetry unterstützt und schult die Arbeit an der gottesdienstlichen

47 *P. Anders*, Slam Poetry (Anm. 45), 7 f.

Sprache des Gebets, damit ein Gebet ›simple, fresh, relevant, not too doctrinal in tone or unreal in expression‹ wirkt. Dies ist dann auch eine Weise, wie sich erneut Korrespondenzen zwischen dem gottesdienstlichen und dem alltäglichen Gebet ergeben können.

Mein Sprachlehrer Fulbert Steffensky

Siegfried Eckert

1 Mundgerechte Brötchen

Fulbert Steffenskys Charisma ist eine Sprache, die auf dem Resonanzboden eines glaubwürdigen Lebens und in der Art seiner Betonung einzigartig klingt. Steffenskys Sprache lässt sich gut hören und lesen. Sie berücksichtigt den Grundsatz: »Ich muss nicht alles sagen, ich habe Zeit. Es bleibt etwas nicht ungesagt, nur weil ich es heute nicht gesagt habe. Wir sind im Gottesdienst nicht die Retter unserer Gemeinde. Gott rettet sie.«[1]

Steffenskys Anliegen befreit ihn von Totalitätszwängen. Narzisstisch anfällige Predigertypen leiden unter Perfektionszwang; nur die Vollkommenheit verspricht ihnen Anerkennung. Steffensky ist bescheidener. Er muss nicht alles sagen. Er ist nicht der Retter seiner Gemeinde. Gott rettet! Damit lässt sich leben. Probleme bleiben dennoch. »Es gibt eine neues Problem und einen neuen Trend. … Es ist die Auflösung der Totalität der christlich-jüdischen Tradition in leichtmünzige Sagbarkeiten. Ich möchte das erklären an einer Predigt über Jakobs Kampf mit dem Engel, die ich vor kurzem gehört habe. Die Pfarrerin hat den Text mit den großen archaischen Bildern vorgelesen, die ihre Größe gerade in ihrer Rätselhaftigkeit haben: der geheimnisvolle Fremde, der Feind; Verwundender, Versprechender und Segnender zugleich. Nun backt die Pfarrerin kleine, mundgerechte Predigtbrötchen. Die Predigt verlegt die Szene am Jabbok an den Frühstückstisch eines muffelnden Ehepaars. Er sitzt da und liest Zeitung. Sie versucht eine Aussprache. Er grunzt gelegentlich. Sie wird ärgerlich und erklärt in einer längeren Rede, wie ihre Beziehung nur

---

1 *Fulbert Steffensky*, Der alltägliche Charme des Glaubens, Würzburg 2002, 102.

durch Auseinandersetzung, Beredung und Aufarbeitung gelingen könne; wie man sich nicht durch Schweigen und Ausweichen schützen dürfe, sondern sich verwundbar machen müsse, wie Jakob sich vor dem Engel verwundbar gemacht hat. Erst daraus entstände der Segen, wie in jener Geschichte von Jakob und seinem nächtlichen Kampf. Der geheimnisvolle Text war plötzlich ›bis zum Gähnen deutlich‹ (Herder).«[2] Das Klagelied über die banale Enträtselung eines großartigen Textes geht weiter: »Die Wahrheit der Rede entstand nicht ernsthaft im Gespräch und in der Auseinandersetzung mit dem Text. Das eigene Süppchen ist schon lange gekocht und wird am Text höchstens noch einmal lau angewärmt. Die Auseinandersetzung mit dieser Tradition überrascht und befremdet nicht, sondern erleidet höchstens das immer schon Gewusste. Menschen bekommen zwar Lebensratschläge für bestimmte Situationen, werden aber im Horizont des eigenen Verstandes gelassen … Ich ärgere mich über die Willkür und über den theologischen Narzissmus, in dem die alten Texte der christlich-jüdischen Tradition nicht mehr ernsthaft ins Gespräch gezogen werden, sondern nur noch beiläufiges und beliebiges Material zur Ausschmückung irgendwelcher Gängigkeiten sind … Ich bin nicht frei, mir die Geschichten und die Bilder dieser Tradition so einzumanschen, dass sie eingehen wie Butter. Ich bin nicht frei, mir Gott zurechtzuschaben, bis er so ein kleines, nettes, gemütliches, flauschiges, antiautoritäres Kerlchen ist wie ich selber.«[3] Ein Textliebhaber fühlt sich hier auf seinen Lieblingsschlips getreten. Die Predigerin hat sich an der Tradition vergriffen. Befremdliche Seiten des Textes wurden bis zur Unkenntlichkeit eingedampft, Irrationales in den begrenzten Horizont des eigenen Verstandes gepresst. Steffenskys heiliger Zorn blitzt und donnert darüber. Die wunden Punkte seiner protestantischen Leiden wurden voll getroffen: Willkür, Denkfaulheit, theologischer Narzissmus lauten seine Vorwürfe.

Steffensky wehrt sich mit Händen und Füßen gegen eine Sprache, die den Text in seiner Fremdartigkeit nicht ernst nimmt. Die Auseinandersetzung mit dem ganz Anderen wird verweigert. Stattdessen werden sperrige Worte in leichtmünzige Sagbarkeiten eingetauscht. Diese mundgerechten Predigtbrötchen bleiben dem Sprachlehrer im Halse stecken. Er fordert in seiner Sprechstunde eine Sprache, die durch die Lehranstalt

---

2 *Fulbert Steffensky*, Das Haus, das die Träume verwaltet, Würzburg 1988, 21.

3 Ebd. 21f.

der christlich-jüdischen Tradition hindurchgegangen ist. Er fordert eine Glaubenssprache, die ihre eigene Sprachschule, die ihre Tradition ernst nimmt. In ihr werden Geheimnisse aufbewahrt. Bei ihr darf Fremdes fremd bleiben. Übersetzungsarbeit über den garstigen Graben der Geschichte hinweg will geduldig und langsam geleistet werden. Wer voreilig Verständigungsprobleme einebnet aus Gründen vermeintlicher Verständlichkeit, landet bei diesem Rabbi im Graben seines Missmutes.

Tipp für die Praxis: Du darfst die alten Texte der christlich-jüdischen Tradition ernst nehmen. Lass Dich überraschen.

2 Gestischer Analphabetismus

Was in der Liturgie gilt, gilt bei Steffensky für die Predigtsprache auch. Er will die fremde Körpersprache alter Texte nicht für den modernen Menschen zurechtbiegen. Sprache beschreibt mehr als eine Wirklichkeit. »Warum braucht Sinn die Sinnlichkeit? … weil dort, wo unser Glaube und unsere Hoffnung auf dem Spiel stehen, immer mehr erwartet wird und immer mehr versprochen werden muss, als in einer beschreibenden Sprache ausgedrückt werden kann.«[4] Das Wort hat einen hohen Stellenwert im Protestantismus wie im Judentum. Der Glaube braucht jedoch mehr. Er bedarf der Gesten, der erotischen Zeichensprache Christi. Jesu größte Erzählung vom Reich Gottes bedurfte seiner Gesten, Zeichen und Gleichnisse, um den Mehrwert des ausstehenden Reiches zur Sprache zu bringen. »Wir erobern die Welt auf zwei Weisen: einmal, indem wir sie versprachlichen, indem wir gegen die chaotische, stumpfe Sprachlosigkeit kämpfen, indem wir lernen, uns auszudrücken … zum anderen, indem wir über das in Worten schon Eingedeichte hinaus, Zeichen und Gesten versuchen, die nach mehr ausgreifen und die mehr erwarten, als was schon erreichbar ist.«[5]

Wir müssen nicht alles sagen! Weil wir nicht alles sagen können! Nicht alles lässt sich in Worte eindeichen. Dafür gibt es den Mehrwert der Zeichensprache in Gesten und Inszenierungen. Für Steffensky ist Jesus das beste Beispiel einer anderen Sprache: »Er hat nicht nur neue Begriffe und Wörter gefunden. Er hat das Leben neu inszeniert. Er ist nicht

4 *Fulbert Steffensky*, Feier des Lebens. Spiritualität im Alltag, Stuttgart 1984, 80.
5 Ebd.

ohne die Dramaturgie des neuen Lebens ausgekommen. Er hat nicht nur gesagt: Gott liebt euch und liebet einander. Er hat dieser Liebe seinen Pathos gegeben, seinen Tanz, seinen Ausdruck und seine Sinnlichkeit. Er war ein Prediger und Dramaturg.«[6]

Einmal mehr gönnt Steffensky sich die Liebe als Anwältin seiner Ansichten. Sie führt ihn aus sprachlichen Engführungen heraus. »Wenn sich zwei Menschen lieben, dann wird ihre Liebe nur dauern, wenn sie sich ihre Gefühle ausdrücken … Das wäre die notwendige Versprachlichung der Liebe. Aber Liebende brauchen auch Tänze und Bilder. Gerade in der Sprache der Liebenden sehen wir, wie die Sprache selber ins Bild und in die Geste drängt, weil sie mit sich selber nicht auskommt.«[7] Einmal mehr äußert sich Steffensky zum gesten- und bildarmen Protestantismus. Wiederholungen schaden nicht, weil sie den Herzschlag seiner Anliegen wiedergeben. »Einer meiner Vorbehalte dem deutschen Protestantismus gegenüber ist sein gestischer Analphabetismus.«[8]

Das fängt schon im protestantischen Gottesdienstraum mit der Zentrierung auf die Kanzel an. Es ist ein zentralistischer Raum, der nicht zum Handeln, sondern nur zum Hören einlädt. In ihm fehlt die Bewegung. »Da die Gemeinde vor allem hörende Gemeinde ist, gewinnt der Pfarrer, der die Gemeinde in der Predigt und Gebet formuliert, ein größeres Gewicht, als der Priester. Die Gemeinde ist ihm … mehr ausgeliefert als im Katholizismus.«[9]

Dieser sitzenden, hörenden, predigt-, wort- und pfarrerzentrierten Gemeinde fehlen die Symbole. Ihnen haften stärkere Affekte an und sie ermöglichen eine verdichtetere Form von Gemeinschaft. »Es ist ein Unterschied, ob Menschen in Worten bekennen, dass sie Gemeinde Jesu Christi sind, oder ob sie im Namen Christi miteinander essen und trinken und damit ihre Gemeinschaft gestisch ausdrücken.«[10] Symbole haben noch andere Vorteile. »Das Symbol ist in seiner Bedeutung nie ganz genau. Es ist in seinem Inhalt weniger klar umrissen und bestimmt als die Sprache. Darum kann es eine Gemeinde als ganze anerkennen und verstehen, jeder einzelne aber färbt es mit seinen eigenen Lebenserfahrungen. Es

6 Ebd. 78.
7 Ebd. 81.
8 Ebd.
9 Ebd.
10 Ebd. 86.

lässt dem Subjekt also einen breiten Spielraum.«[11] Symbole schützen die Gemeindeglieder vor der puren Wortmächtigkeit protestantischer Gottesdienste. Sie schützen vor den originellen Sprachversuchen der Geistlichkeit. Sie lassen die Gemeinde in Ruhe. Da haben wir den katholischen Christen wieder, den mit Weihrauch sozialisierten.

Tipp für die Praxis: Du darfst die Zeichensprache der Gesten und Symbole in der Liturgie für sich sprechen lassen. Sprache ist mehr als Worte.

3 Plauderkultur

Es ist die Sprache, die jede Kultur prägt und ihr Ausdruck verleiht. Im Land der Reformation darf die bildende Kraft der Predigt, als öffentliche Rede, nicht unterschätzt werden. Eine Predigt geht weit über das in Funk und Fernsehen erlaubte Redeerlebnis hinaus. Dort haben die Redebeiträge im Sekundentakt stattzufinden. Sie sind umzingelt von bestimmten Interessen. »Aber Gottesdienste sind Veranstaltungen, in denen die Sprache geehrt und zu Sprache erzogen werden soll. Gottesdienste sind auch Gegenveranstaltungen gegen die Plauderkultur.«[12] Gottesdienste ehren Gott und die Sprache, die Gott ehren will. Sie sind gegenkulturelle Bildungsveranstaltungen einer anderen Sprachkultur. Trotzdem färbt die Plauderkultur der Medien auf den Sprachraum Kirche ab. Steffensky will dieser schleichenden Kulturrevolution das Feld nicht kampflos überlassen. »Es ist die Anpassung dieser Sprache an allgemeine Gängigkeiten bis zur Selbstauflösung. Dies ist am deutlichsten an den Verkündigungssendungen im neu entstanden privaten Rundfunk zu beobachten … Es sind in Musik eingelegte Gedanken. Musik arbeitet nicht mit dem Gedanken und dem Argument, sie macht Eindruck. Und so ist das Interesse dieser Konzeption, eher Eindruck zu machen, als zu überzeugen … Das Wort wird Eindruck. Welcher Verrat an protestantischer Auffassung vom Wort!«[13]

Besonders im Charakter der Sprache hat für Steffensky der Glaube Gesicht zu zeigen und der Protestantismus viel zu verlieren, wenn er sich sprachlich mit den allgemeinen Gängigkeiten gemein macht. Die Kultur

11 Ebd.

12 *Fulbert Steffensky*, Schwarzbrot-Spiritualität, Stuttgart 2005, 86.

13 *Fulbert Steffensky*, Wo der Glaube wohnen kann, Stuttgart 1989, 140ff.

protestantischer Rede, die an ihren Gedanken und Argumenten zu arbeiten weiß, geht verloren, wenn in Zukunft nur der Eindruck zählt, wenn Worte in ›Musik eingelegt werden‹, wie saure Gurken. Steffensky trifft hier den Nagel auf den Kopf. Er versteht sich nicht als Retter der Gemeinde, aber er möchte Protestantisches gerettet wissen angesichts einer Dampfplauderei, in der die Bedeutsamkeit klar formulierter Worte zu verschwimmen droht. Andere sehen das anders, nicht nur Autoren der Privatradios. »Das Heil erwartet der Autor von der Banalität. Die Sprache hat kaum Stilhöhe und ist formlos, eben Allerweltssprache oder zumindest das, was der Autor für Allerweltssprache hält … Eine Kollegin nannte diese Verbilligung der Sprache die Verhaustierung des Evangeliums. Aber es gibt keinen ernsthaften Gedanken ohne eine ernsthafte Form … Der Bibeltext scheint ja keiner weiteren Überlegung zu bedürfen, und so geht die ganze Mühe auf die Überlegung der Vermittlung, eine neue Verblödung durch die Dominanz der Didaktik!«[14] Auf die Verpackung, nicht mehr auf die Inhalte, kommt es dieser Plauderkultur an. Als Sprachlehrer des Glaubens leidet Steffensky daran, wenn die Fremdsprache der Bibel zum Schoßhund der Didaktik wird. Zugestanden, es ist ein gewagtes Unternehmen, heutzutage in den zu großen Schuhen dieser uralten Tradition gehen zu wollen. Anderseits kann Kirche nicht aus diesen Pantoffeln herausspringen, weil andere bequemer erscheinen, moderner aussehen oder gar besser riechen. Und sie zur Altkleidersammlung für Bethel zu geben, wäre auch keine Lösung, auch wenn das Gewissen sich dabei besser fühlen würde.

Tipp für die Praxis: Schäme Dich der Sprache Kanaans nicht. Lass Dich von ihrer Ausdruckskraft heute noch anstecken.

4 Weiterdichten!

»Unsere Enkelkinder, als sie noch klein waren, schlappten gern in den Schuhen und Pantoffeln von uns Großeltern durchs Haus, und sie versanken beinahe darin. Sie spielten, sie wären wir. Was tun wir, wenn wir in unseren Gottesdiensten das Glaubensbekenntnis sprechen? Wir schlappen in der Sprache und in den Bildern unserer Toten durch diese Kirche. Nein, es passt uns nicht. Es sind zu große Worte für unseren kleinen

14 Ebd.

Glauben, für unsere karge Hoffnung und für unser beschränktes Verstehen. Es ist uns so fremd, wie unsere Schuhe den Enkeln fremd sind. Es ist uns so nahe, wie unsere Schuhe den Enkeln nahe sind. Ein Glück, dass ich eine Fremdsprache habe, wo meine eigene Hoffnung zu klein ist! Wenn ich das Glaubensbekenntnis spreche, berge ich mich in eine Sprache, die mir die Toten vorgewärmt haben.«[15] Bei einer Predigt über Jakobs Kampf am Jabbok geht es für Steffensky um die gleiche ›vorgewärmte‹ Sprache wie bei massentauglichen Rundfunkandachten. Er legt gleiche Qualitätsmerkmale an. »Wie dürftig ist die Beschränkung auf das Zeitgemäße und auf die Sagbarkeiten. In den Formeln und der fremden Sprache der Toten springe ich weit hinaus über mein eigenes Sprachvermögen. Ich spiele Clown in der Sprache der anderen, und ich lese die Hoffnung ab von ihren Lippen … Die Toten haben uns mit ihrer Sprache die Mäntel ihres Glaubens hinterlassen.«[16]

Die Sprache der Toten ist mitzusprechen und mitzudenken für jeden, der heute den Mund aufmacht und vom Glauben spricht, wo auch immer der Empfänger dieser Sendung sitzt und wer er auch sein möge. Kundenorientiertheit ist für Steffensky kein Kriterium. Modernität kann auch nicht heißen, eigene Wurzeln zu kappen und die zu groß gewordenen Schuhe der Tradition im Keller stehen zu lasen. Das bedeutet nicht, in kindlicher Naivität unkritisch nachzuplappern, was uns an Erbe hinterlassen wurde. »Wir verstricken uns so oft in lächerliche Fragen: Geboren aus der Jungfrau Maria: Gab es die jungfräuliche Empfängnis Mariens oder nicht? Ich muss sagen, es ist mir so egal, dass ich nicht einmal etwas dagegen sage.«[17] Steffensky buchstabiert am Glaubensbekenntnis drei Aufgaben durch, die uns beim Erlernen der Fremdsprache ›Tradition‹ helfen könnten: »die erste – es ist eher ein Glück als eine Aufgabe: sich bergen in die Sprache der Toten. Die zweite: aus dem Geist der Tradition ihren Ungeist entlarven. Die dritte: Die Sprache der Überlieferung weiterdichten.«[18] Dieser Dreisatz erlaubt nach dem Erlernen der Fremdsprache sogar die eigene Weiterdichtung. Endlich öffnet Steffensky den unruhigen Geistern der eigenen Sprachakte eine Tür und speist sie nicht nur mit Argwohn ab. »Wer die Sprache der Toten nur wiederholt, lebt nicht

---

15 *Fulbert Steffenski*, Schöne Aussichten. Einlassungen auf biblische Texte, Stuttgart 2006, 213.

16 Ebd. 214.

17 Ebd. 218.

18 Ebd. 216.

im Geist der Toten. Weiterdichten! So ist es schön, dass unsere Konfirmanden ihre Bekenntnisse schreiben und weiter dichten an den alten Vorlagen. Es ist allerdings nur schön, wenn es mehr ist als die eigenen Seelenergüsse; wenn sie sich messen lassen und sich vergleichen mit den alten Überlieferungen. Es muss mehr sein als Produkte aus der eigenen religiösen Hausmetzgerei.«[19] Die eigene Dichterexistenz wird bei Steffensky sofort an die Leine gelegt. Als Messlatte stellt er ihr das bisher Gesagte zur Seite. Darauf hätte man sich bei Steffensky einzulassen, denn unkontrollierte Selbstergüsse aus der eigenen Hausmetzgerei bieten keine Garantie, dass die neue Wurst besser schmeckt als die nach Omas Rezept hergestellte. Für Steffensky läuft es sich in den Schuhen der Alten nach wie vor besser als in den neu gedichteten Liedern, Texten und Segensformeln. Beide Seiten, die Sympathisanten alter wie neuer Rezepturen, bedürfen eines: Humor! Verbissenheit, purer Traditionalismus oder Modernismus, helfen nicht weiter. »Wir brauchen Humor! Humor uns selbst gegenüber, die wir dem Vergangenen nachweinen und in der Gefahr sind, das Alte für das einzig Richtige zu halten. Wir brauchen Humor unseren jüngeren Geschwistern gegenüber, die sich das Recht auf ihre eigene Sprache und auch auf ihre eigenen Irrtümer nehmen … Aber wir bergen uns auch in den hilflosen Glauben unserer jungen Geschwister, obwohl sie so oft den Konjunktiv falsch gebrauchen. Es ist schön, Kinder zu haben, und es ist schön, Väter und Mütter zu haben, obwohl beide manchmal strapaziös sind.«[20]

Tipp für die Praxis: Es gibt ein Recht auf eigene Sprache; dichte weiter! Lass Dir den Humor nicht nehmen.

5 Unsagbarkeiten sagen

»Die Frage ›alte Sprache oder neue Sprache‹ interessiert mich nicht besonders. Es gibt ein anderes Sprachverderbnis: Das ist der Auszug der Leidenschaft aus der religiösen Sprache. Es gab eine Urform des Glaubensbekenntnisses, einen einfachen Ruf: Christus ist der Herr: Kyrios Christos. Es war ein gefährlicher Ruf. Wer ihn wagte, verweigerte dem Kaiser das Opfer. Zu diesem Bekenntnis gehört Mut. Die Bekenntnisse in

19 Ebd.
20 Ebd. 217.

unseren Volkskirchen bedeuten keine größere Gefahr. Die Frage an das Glaubensbekenntnis ist nicht nach seiner theologischen Korrektheit. Es ist die Frage, wofür wir stehen.«[21] Mangelnde Risikobereitschaft und Leidenschaftslosigkeit im Bekenntnis zu Christus benennt Steffensky als einen modernen Mangel unserer religiösen Sprachversuche. Sie sind weitere Gründe für die gähnende Langeweile auf Kanzeln und Synoden. Steffensky vermisst die Bereitschaft, sich selbst aufs Spiel zu setzen, und zwar um der Sache willen. Eine Sprache, die sich zu dem bekennt, was sie glaubt und sagt, wofür sie steht, setzt sich dem Risiko aus, nicht nur Zustimmung zu ernten. Wer stellt sich heute noch um seines Glaubens willen in den Wind? Steffensky wünscht sich die Sprache einer Kirche, die trotz Mitgliederschwund, Kirchensteuerrückgang und Weltuntergangsstimmung anders von der Zukunft spricht. »So wünsche ich mir die Sprache der Kirche. Sie soll nicht fasziniert sein von den Visionen des Untergangs, fasziniert soll sie sein von der Stimme des Rechts und der Güte. Auf diesem Weg können Menschen ihr folgen. In der Ikonographie wird Johannes oft asketisch verhärmt, mit langen Haaren dargestellt und mit Flügeln wegen seiner engelsgleichen Lebensweise. Jesus hatte keine Flügel. Er war ein Mensch.«[22] In einer Zeit der Sprach- und Hoffnungslosigkeit appelliert Steffensky an mehr Mut in den Kirchen, das Unsägliche und Unsagbare zu sagen. »Was mich in den letzten Jahren zunehmend stört, ist der geringe Mut zur großen und ins Unsägliche ausgreifenden Sprache; die Bescheidenheit, in der wir uns darauf beschränken, das aus der Bibel herauszulesen, was man mit menschlicher Stimme sagen kann, ein bisschen Moral und ein bisschen Menschlichkeit. Moral und Menschlichkeit sind viel, aber die Bibel ist das Buch der Unsagbarkeiten, es ist das Buch, das Gott und Christus nennt.«[23] Das klingt widersprüchlich zu anderen Äußerungen Steffenskys, die bisher Bescheidenheit statt Vollmundigkeit gefordert haben. Doch der Wunsch Unsagbarkeiten zu sagen, ist nur die andere Seite der gleichen Medaille einer Glaubenssprache, die das Reden schwer macht. »Schwer wird die Sprache, wenn wir angesichts des Tsunami und angesichts der Fluten von Pakistan die Verheißungen nach der Sintflut sagen … Eine gute theologische Sprache ist eine schwere Sprache, die uns nicht leicht von den Lippen

---

21 Ebd.

22 *Fulbert Steffensky*, Der Schatz im Acker, Stuttgart 2010, 45.

23 Ebd. 197.

geht.«[24] Mit zunehmendem Alter gehen Steffensky immer schwerer die hoffungsvollen Unsagbarkeiten von den Lippen. Erfahrungen von Endlichkeit und die Sorge um die voranschreitende Zerstörung der Schöpfung lassen sein Schweigen lauter werden. Gut, dass es die Poesie gibt, eine Sprachform, die es trotzdem vermag, Schweres leichter zu sagen und dem Schweigen Flügel zu verleihen. »Ich glaube, dass die religiöse Sprache wie die Sprache der Liebe ein Spezialfall der Poesie ist. Religiöse Sprache ist formal nach den Regeln der Poesie zu beurteilen, religiöse Geste mit den Regeln poetischer Dramatisierung. (Wir könnten für die Gestaltung unserer Gottesdienst viel lernen, wenn wir die Theatertheorie von Peter Brook studierten.) Wer poetisch redet, der beabsichtigt nicht, und er verzichtet auf die Frage der Wirkung seiner Rede und seiner Geste.«[25] Religiöse Sprache ist absichtslose Sprache. Sie trägt die Grammatik des Gebetes in sich, das Gott lobt und anbetet. Deshalb darf der Mund manchmal voller genommen werden, als der Verstand und die Weltlage es erlauben. »Eine Sprache, die intellektuell genau kontrolliert und bilderfrei geworden ist, ist keine poetische Sprache mehr und somit nicht mehr eine Sprache des Glaubens.«[26]

Tipp für die Praxis: Bete und predige leidenschaftlich. Lass Dir den Mund und die Poesie nicht verbieten.

6 Gott in den Ohren liegen

Das Gebet wird bei Steffensky zur Sprach- und Glaubensschule, mal mit mehr, später mit weniger Worten, stets mit Grundsätzen, die an eine Trainingsanweisung erinnern. »Dann erfordert das Gebet einige trockene Tugenden. Regelmäßigkeit, Pünktlichkeit, Ausdauer. Ein flammendes Gefühl ist nicht erfordert. Im Gegenteil, es ist einem ja meistens unwohl in der Mitte flammender Beter … Beten ist ein Stück Arbeit. Meistens ist Beten wie das Arbeiten langweilig, und man ist froh, wenn es vorbei ist. Dagegen ist nichts zu sagen. Und doch entflammt das Gebet langsam das Herz. Der Beter lernt das Wünschen, er wächst in die Gabe des Zorns gegen Unrecht, er verliert seine Gleichgültigkeit. Er lernt den Willen Gottes. In

24 Ebd.

25 *F. Steffensky*, Das Haus, das die Träume verwaltet (Anm. 2), 39.

26 Ebd. 58.

diesem Sinne bildet beten. Bildung ist aber ein langfristiger und eher trockener Vorgang.«[27] Das ›ora et labora‹ des ehemaligen Benediktiners verschmilzt mit dem Verständnis einer Tätigkeit, die langweilig sein kann, wie eine Arbeit langweilig sein kann und erlernt werden will, wie ein Handwerk erlernt werden muss. Beten ist keine Frage des Gefühls und der guten Laune. Im Gegenteil, Steffensky wird unwohl im Kreise flammender Beter. Zu viel Erregtheit im Religiösen ist seine Sache nicht. Beten ist eine nüchterne Bildungsveranstaltung, die das Herz von außen nach innen bildet, wenn es regelmäßig, pünktlich und ausdauernd praktiziert wird. Konzentration und Versenkung sind gefordert. »Denn Gott ist nicht abgelenkt von seiner Welt, sondern in sie versunken. Dem Gott in diese Versunkenheit zu folgen, das wäre das Herz der Frömmigkeit.«[28] Die trockene Angelegenheit des Betens eröffnet Steffensky Freiräume, die er nicht missen möchte. Das Gebet kann mehr sein als eine Nachfolge in die Versunkenheit Gottes. Wer betet, besucht eine Sprachschule der Freiheit. »Nirgends gibt es so wenig Sprachverbot wie im Gebet. Die Freiheit, die uns als Angeredete gegeben ist, erlaubt uns jede Sprache, auch die des Zweifels.«[29] Gute Freunde Steffenskys erzählen, er verabschiede seine Gäste gegen 22.00 Uhr, damit er am nächsten Morgen früh aufstehen könne, um seine Gebetszeit zu halten. Der einstige Maria Laacher Klosterrhythmus wurde fragmentarisch in den Hamburger Zeiten beibehalten. Und Menschen, die bemüht waren, an ihren Gebeten weiterzudichten, erfuhren von ihm Ermutigung, trotz bleibender Rückfragen. »Warum aber genügen die alten Gebete nicht? Wir haben doch die Psalmen, das Vaterunser, die klassischen Gebete der Liturgie?«[30] Steffensky räumt den überlieferten Texten einmal mehr eine Priorität auch für das eigene Gebet ein. In ihnen ist er Gast wie in fremden Zelten. »Die Gebete sind das Gottesgespräch unserer Väter und Mütter – weit, weit, zurück. Wir sind nicht allein mit unserem Glauben, das sagen mir jeder Psalm und jedes Vaterunser, in das ich einstimme.«[31] Steffensky gesteht dennoch zu, dass es mehr geben kann. »Das aber ist nicht alles, und wir sind nicht nur Nach-Beter. Beten heißt nachsprechen, was andere und Glaubensstärkere ge-

---

27 Ebd. 49.

28 *F. Steffensky*, Wo der Glaube wohnen kann (Anm. 13), 51.

29 *F. Steffensky*, Das Haus, das die Träume verwaltet (Anm. 2), 43.

30 *Siegfried Eckert*, Gott in den Ohren liegen. Gebete. Mit einem Vorwort von Fulbert Steffensky, Stuttgart 2008, 5.

31 Ebd.

sprochen haben, und es heißt seine eigene Stimme suchen.«[32] Es ist erlaubt, die eigene Stimme zu suchen. Steffensky benennt Leitplanken, in denen diese sich bewegen sollte. In seinem Vorwort zu meinem Gebetbuch verbindet er Würdigung und Lehre. »Der Glaube kommt nicht mit der Fremdsprache aus, er muss Muttersprache werden. Die Farbe unseres gegenwärtigen Glücks und Unglücks muss erkennbar sein. Siegfried Eckert holt den Glauben heim, indem er mit ihm auf unsere Straßen geht und die Gebete neu spricht aus unseren gegenwärtigen Leiden und aus unseren heutigen Hoffnungen und Befürchtungen.«[33]

Das Gebet der Gegenwart ist Heimholung des Glaubens, aufgelesen auf den staubigen Straßen der Menschen, mitten in ihrem Leben. Im Gebet bilden sich das Leid und die Hoffnung der Gegenwart mit ab. »Es ist in seinen Gebeten vom Reichtum der einen und der Armut der anderen die Rede; von der Schönheit der Erde und von ihrer Gefährdung durch das Werk unserer Hände; es wird von der Kraft und dem Versagen der gegenwärtigen Kirche geredet.«[34] Schließlich kommt Steffensky zu seinen Themen. Das Gebet bleibt einer Gradwanderung zwischen der Tradition und der Freiheit eigener Formulierungen. »Eckert lehnt die meisten seiner Gebete an die alten Gebete der Kirche an. Es sind die Psalmen und viele biblische Bilder, die man aus ihnen heraushört. Er steht nicht unter dem Zwang, Original und Erster zu sein – welche Befreiung für den Pfarrer und seine Gemeinde!«[35] Gebete, die sich an die Sprache ihrer Vorbeter und Vorbeterinnen anlehnen, sind Steffensky erträglich und ein Zugeständnis wert. »In der neuen Stimme hören wir die Stimmen mit, die schon lange vor uns erklungen sind. Dies macht neue Gebete erträglich und schön … Die neuen Gebete erinnern die Gemeinde an die alten Gebete, die schon einmal getröstet und hoffen gelehrt haben. So sind die Lebenden und die Toten verbunden.«[36] Gebetversuche Steffenskys sind in seinen Büchern kaum belegt. Am Ende einer Bibelarbeit zu Gen 1,26–2,3 ist unter der Überschrift »Und siehe, es war sehr gut!« von ihm ein Psalm überliefert. Er wurde gebetet auf dem 1. Ökumenischen Kirchentag 2003 in Berlin, wenige Wochen nach Dorothee Sölles Tod. Er liest sich als klei-

32 Ebd.

33 Ebd. 5 f.

34 Ebd. 6.

35 Ebd.

36 Ebd.

nes Kompendium Steffenskyscher Glaubenssätze. Es ist ein Gebet, das zum Mitbeten einlädt.

Wir loben dich, Gott, im Tanz des Windes, der über das
  Gras streicht.
Wir loben dich, Gott, im Brüllen des Meeres und in der
  Stille der Nacht.
Wir loben dich, Gott, mit allen Wesen, mit denen wir die
  Erde teilen.
Du hast sie geschaffen, und siehe es war sehr gut.
Du hast deinen Namen und deine Güte gelegt in alles,
  was du geschaffen hast.
Lass uns deinen Namen erkennen,
geschrieben im Gesicht eines jeden Menschen,
geschrieben auch im Murmeln des Wassers und in der
  Farbe des Mohns.
geschrieben in die Zärtlichkeit unserer Hände und unserer
  Umarmungen.
geschrieben in den Schmerz und in unseren Tod.

Lehre uns, deinen Trost zu lesen aus der Reinheit des
  Wassers,
aus der Stille des Morgens und aus dem Spiel des Windes!
Lehre uns, dass das Wasser, die Erde und die Luft nicht
  unsere Beute sind!
Sie sind für sich da und für dich, den sie preisen.
Lehre uns, dass wir nicht die Herren des Lebens sind,
  denn Herr bist du!
Lehre uns, für unsere Kinder und Enkel zu sorgen,
dass sie eine Welt haben, in der sie wohnen können;
Luft, die sie atmen können; Wasser, das sie trinken können!
Lehre uns, dass wir sterben werden, dann werden wir
  das Sterbliche ehren!
Wir bitten dich durch Jesus Christus, in dem du Mensch
  und sterblich geworden bist.[37]

---

37 *F. Steffensky*, Schwarzbrot-Spiritualität (Anm. 12), 161 f.

So weit meine Gedankengänge über die mögliche Architektur von Liturgie und Predigt im evangelischen Gottesdienst auf den Spuren Steffenskys. In meiner sonntäglichen Gottesdienstpraxis gestalte ich von der Predigt her die Liedauswahl und das Schreiben liturgischer Texte. Es bleibt ein Wechselbad der Gefühle zwischen Fremd- und Muttersprache, zwischen der eigenen und der Sprache Kanaans; eine Gradwanderung zwischen vorgegebenen Sprachmustern und der Belästigung durch zu viel Originalität. Hauptsache, die Gemeinde kann, wie auch immer, am Ende in das gemeinsame Amen mit einstimmen.

Die Sprache der Liturgie

Bausteine für eine liturgische Schreibwerkstatt

Hiltrud Stärk-Lemaire

Eine Schreibwerkstatt in einen nachlesbaren Beitrag für einen Tagungsband zu überführen, erscheint als eine contradictio in adiecto: Der Versuch einer liturgischen Schreibwerkstatt will theoretische Überlegungen in einer Art Proberaum praktisch werden lassen und lebt ganz wesentlich vom Experimentieren mit der Sprache. Neben der Arbeit an den Werkstücken ist der Austausch, sozusagen das poetologische Gespräch über die Werkstücke, ein wichtiges Element. Die gemeinsame Arbeit in der Schreibwerkstatt zielt also vor allem auf den Prozess des Schreibens und dessen Reflexion, weniger auf die entstehenden Produkte. Gebete und liturgische Stücke müssen ohnehin jeweils neu situationsspezifisch und adressatenorientiert erarbeitet werden. Beides, Schreibprozess und Austausch, kann hier nicht abgebildet werden, wohl aber kann das methodische Repertoire der Schreibwerkstatt dargestellt werden. Die Übungen selber möchten mehr oder minder kreative Zugänge zum Schreibprozess ermöglichen, so dass die Schreibwerkstatt je nach Selbstverständnis der Teilnehmenden zwischen Künstler-Atelier und Handwerker-Manufaktur des Liturgen changieren kann.

Dieser Beitrag folgt nun bei der Darstellung der liturgischen Schreibwerkstatt deren Genese, die ihren Ausgangspunkt beim subjektiven Gottesdiensterleben, also der Rezipientenperspektive nimmt (1). Gefragt wird weiter, ob sich aus diesen Vorüberlegungen auch allgemeine sprachliche Kriterien für das Verfassen liturgischer Texte und damit die Produzentenperspektive formulieren lassen (2). Für die methodische Gestaltung der Schreibwerkstatt werden dann Ideen kreativen und produktionsorientierten Schreibens hinzugezogen (3), und schließlich werden die Bausteine der liturgischen Schreibwerkstatt, wie sie auf der Tagung erprobt wurden, dokumentiert (4).

1 Gottesdiensterleben als Ausgangspunkt

Ausgangspunkt nahmen die Überlegungen für die Entwicklung der liturgischen Schreibwerkstatt beim eigenen gottesdienstlichen Erleben.[1] Der Fokus sollte auf der Sprache der Liturgie liegen, auf den Stücken des Propriums, die die Besonderheiten und Charakteristika der Sprache eines Liturgen hervortreten lassen, insbesondere in Vorbereitungs-, Tages- und Fürbittengebet. Leitend waren folgende Fragen: Was sind aus der Rezipientenperspektive, für mich als mitfeiernden Gottesdienstteilnehmer, neuralgische Punkte? Welche Formulierungen lassen mich aus dem Gottesdienstgeschehen aussteigen? Und andererseits: Welche Formulierungen bewegen mich und sprechen mich an? Welche Sprache bringt mich zum Mitvollzug und Mitbeten?

Die kleine, von persönlichen Vorlieben geprägte Sammlung ergab auf der Seite als problematisch empfundener sprachlicher Wendungen z. B. wiederkehrende typisch-kirchliche Formulierungen, die wahrscheinlich nur im binnenkirchlichen Raum begegnen wie ›wissen um‹ und klischeelastige Fürbitten wie die Bitte für die ›am Rand Stehenden‹. Auch unnötige Inversionen wurden zu Stolpersteinen wie ›Wir wollen beten einen Psalm‹. Ebenso irritierten Brüche der Sprachebene und Unstimmigkeiten, die ohne erkennbare Intention erfolgen. Schließlich boten sowohl hochartifizielle – und damit kaum noch im Gebet mitvollziehbar entschlüsselbare Formulierungen – wie aber auch als naiv oder unterkomplex empfundene Prädikationen Störpotential, z. B. ›Lieber, guter Gott …‹ – Letztere insbesondere in Verbindung mit einem bestimmten Tonfall. Natürlich ließen sich auch leicht die vielgescholtenen Regiebemerkungen und ausufernden Erweiterungen geprägter Formeln ins Gedächtnis rufen, die bereits zum konventionalisierten Repertoire der Kritik gehören.[2]

---

1 Die Planung und Durchführung der Schreibwerkstatt im Rahmen des dritten Bugenhagen-Symposiums erfolgte in fruchtbarer Zusammenarbeit mit Maren Bienert, wissenschaftliche Mitarbeiterin am Lehrstuhl für Reformierte/Systematische Theologie der Universität Göttingen.

2 Solche Problemanzeigen, auch auf die Sprache der Predigt bezogen, finden sich vielfach, z. B. bei *Fulbert Steffensky*, Die katholische und die evangelische Predigt. Eine biographische Skizze, in: Ders., Schwarzbrot-Spiritualität, Stuttgart 2005, 73–89; oder mit weiteren Literaturhinweisen auf Lasterkataloge bei *Frank M. Lütze*, Die forma formans der Predigt. Zur vernachlässigten Rolle der Predigttradition, in: Alexander Deeg / Martin Nicol (Hrsg.), Bibelwort und Kanzelsprache.

Auffällig bei dieser Herangehensweise ist, dass es deutlich leichter fällt, die problematischen Punkte zu benennen, gerade weil sie zum Ausstieg aus dem Beten und Mitvollzug des Gottesdienstes führen und die Aufmerksamkeit auf die Sprache und damit das ›Gemachte‹ – in diesem Fall auf das subjektiv empfunden ›Schlecht-Gemachte‹ – lenken.[3] Aus diesem Grund lassen sich vermutlich auch die als problematisch empfundenen Formulierungen leichter lokalisieren und den verschiedenen Sprachebenen zuordnen, als das bei den noch zu nennenden Best- bzw. Good-Practice-Beispielen der Fall ist: Die genannten Beispiele bewegen sich nicht nur auf der Ebene der Lexik und der semantischen Stereotypen, sondern sie sind auch auf syntaktischer und pragmatischer bzw. prosodischer Ebene auszumachen.

Die sprachlichen Merkmale der als ›stimmig‹ empfundenen Gebetstexte sind demgegenüber nicht so einfach zu benennen, weniger weil diese Gebetstexte nur subjektiv Zustimmung finden würden, sondern eher weil ihrer Begründung etwas Nachträglich-Zergliederndes anhaftet. Zwei Beispiele möchte ich gerne anführen: Immer wieder gerne höre ich im Gottesdienst den Segen für die Eltern von Täuflingen, der schlicht und dennoch in weitgespannter Perspektive Wesentliches zuspricht, dessen ›Stimmigkeit‹ ich also der semantischen Ebene zuschreiben würde.

Gott gebe Euch Augen für das Euch gewährte Glück,
Tapferkeit nach versagten Träumen
und den Mut, Eure Kinder einmal in die Freiheit zu entlassen.[4]

Homiletik und Hermeneutik im Dialog, Leipzig 2010, 115–136: 122. Einen kritischen Blick widmet Hans-Christoph Schmidt-Lauber der »liturgischen Sermonitis«, vgl. *Hans-Christoph Schmidt-Lauber*, Gebetssprache heute – eine kritische Analyse, in: Amt und Gemeinde 53 / 2002, 247–253: 247, und »[d]as ›wilde‹ Präfaminisieren« kritisiert *Thomas Klie*, Fremde Heimat Liturgie. Ästhetik gottesdienstlicher Stücke, Stuttgart 2010, 63.

3 Das beschreibt unter eher soziologischem als psychologischem Aspekt auch *Michael Meyer-Blanck*, Gottesdienstlehre (= Neue Theologische Grundrisse Bd. 1), Tübingen 2011, 542 f.: »[Die] typisch kirchliche Sondersprache [ist] mit Recht immer wieder Gegenstand kabarettistischen Spottes. Das Problematische ist, dass die Hörer bei solchen Wendungen, die man früher als die ›Sprache Kanaans‹ bezeichnete, nicht an die Inhalte denken, sondern in einer Art unbewusster Metareflexion an das jargonhaft Kirchliche denken müssen.«

Der Begriff ›Tapferkeit‹ löst bei genauerem Nachdenken durchaus auch zwiespältige Konnotationen aus und dennoch wünsche ich mir, diesen Segen immer wieder (mit)zuhören. Sicherlich spielt dabei auch die Vertrautheit eine Rolle, die persönliche Vorlieben prägt, die dann in das ästhetische Urteil eingehen.

Demgegenüber habe ich das zweite Beispiel nur einmal gehört. Es handelt sich dabei um ein in meinen Augen gelungenes Tagesgebet. Auch hier kann erst im nachträglichen analytischen Blick nach Begründungen gesucht werden.

Himmlischer Vater,
Du lädst uns ein in Dein Haus, das viele Wohnungen,
viele Räume hat:
Raum für unsere Ängste,
Freiraum für unsere Unsicherheiten,
Ruheraum für unsere kleinen und großen Müdigkeiten.
Du bist ein guter Gastgeber.
Lass uns Dein Haus gestärkt und erfreut verlassen,
gestärkt durch Dein Wort und Sakrament,
erfreut von Deinem guten Geist.

Während das erste Beispiel möglicherweise eher auf der semantischen Ebene anspricht, weil es umfassend die Herausforderungen von Elternschaft zum Ausdruck bringt, ist es im zweiten Beispiel die Stimmigkeit der sprachlichen Bilder, die zwischen Abstraktion und Konkretisierung wechseln und Raum für das Mitbeten eröffnen. Kohärenz gewinnt der Text durch den Bezug auf Joh 14,2a und lexikalisch durch die verwendeten Raum-Metaphern. Auch die angesprochenen ›Müdigkeiten‹, wenngleich es sich dabei um eine eigenwillige Pluralbildung handelt, erscheinen unmittelbar evident und können persönlich gefüllt werden.

Bei allen genannten Beispielen wird man situativ, im Gesamtvollzug eines Gottesdienstes und rezipientenspezifisch auch zu ganz anderen Eindrücken kommen können, ganz davon abgesehen, dass schriftlich fixierte Sprechtexte auf dem Papier Plausibilität gewinnen oder einbüßen können. Dennoch soll nun der Versuch unternommen werden, das aus

---

4 Die Formulierung beruht wohl auf einer Vorlage, die ursprüngliche Quelle konnte aber nicht ermittelt werden.

der Rezipientenperspektive Gesagte so zu reformulieren und zu verallgemeinern, dass es für das Verfassen gottesdienstlicher Texte und damit die Produzentenperspektive fruchtbar werden kann.

2 ›Kohärenz‹ und ›Stimmigkeit‹ als Kriterien für liturgische Sprache?

Um Kriterien für das eigene Schreiben im Rahmen der Schreibwerkstatt zu gewinnen, konzentriere ich mich hier auf die vagen und bisher weitgehend alltagssprachlich verwendeten Kriterien ›Kohärenz‹ und ›Stimmigkeit‹[5]: Was macht die Kohärenz oder Stimmigkeit eines im Gottesdienst aufgeführten liturgischen Sprechtextes aus? Lassen sich Kohärenz und Stimmigkeit als Merkmale der Sprechtexte beschreiben, auch wenn zu konzedieren bleibt, dass diese jeweils situativ im Auge des Betrachters entstehen, also vom Rezipienten abhängen?

In der Gesamtdramaturgie des Gottesdienstes sind die liturgischen Stücke im Gegenüber zu Predigt und Lesungen am ehesten der Großgattung Lyrik zuzurechnen, auch wenn bei genauerer Betrachtung die Textsorten natürlich einer feineren Klassifikation zu unterziehen wären. Als Spezifikum dieser Gattung gilt in der von Strukturalismus und Semiotik geprägten, linguistisch orientierten Literaturwissenschaft die Überstrukturiertheit[6] lyrischer Texte. Jürgen Link entwickelt dieses Differenz-Kriterium vor dem Hintergrund von Roman Jakobsons vielzitierter Bestimmung der poetischen Funktion von Sprache: »Die poetische Funktion projiziert das Prinzip der Äquivalenz von der Achse der Selektion auf die Achse der Kombination.«[7] Die als überstrukturiert geltenden lyrischen Texte realisieren also gleich auf mehreren Ebenen dieses Prinzip, z. B. lautlich im Falle von Alliterationen oder rhythmisch als Metrum oder wie in den Beispielen zur Gottesdienstsprache oben semantisch und lexikalisch: Sie haben »neben sinnvollen ›horizontalen‹ (syn-

---

5 ›Kohärenz‹ fokussiert als linguistischer Terminus die sprachliche Verfasstheit eines Textes, ›Stimmigkeit‹ seine ästhetische Qualität.

6 Vgl. *Jürgen Link*, Elemente der Lyrik, in: Helmut Brackert / Jörn Stückrath (Hrsg.), Literaturwissenschaft. Ein Grundkurs, Reinbek bei Hamburg 1992, 86–101.

7 *Roman Jakobson*, Linguistik und Poesie (1960), in: Ders., Poetik. Ausgewählte Aufsätze 1921–1971, hrsg. von Elmar Holenstein und Tarcisius Schelbert, Frankfurt a. M. 1979, 83–121: 94 (im Original kursiv).

tagmatischen) Bezügen auch sinnvolle ›vertikale‹ [paradigmatische] Bezüge«[8].

Die ursprünglich differenzierende Absicht, nämlich poetische Sprache bzw. lyrische Texte von der Alltagssprache abzugrenzen, scheint allerdings über diese formale Beschreibung nicht möglich. Hier geht es mir aber nur darum, die genannten Kriterien, an denen sich die subjektive Wahrnehmung gottesdienstlicher Sprache orientiert, beschreibbar zu machen, um die Rezipientenperspektive mit der für die Schreibwerkstatt notwendigen Produzentenperspektive zu vermitteln. Vorsichtig könnte man daher vielleicht formulieren, dass die Überstrukturiertheit eines liturgischen Textes den Eindruck von Kohärenz und Stimmigkeit begünstigt oder – bei Wahl heterogener Elemente – verhindert. Dies ließe sich dann auf den einzelnen Sprachebenen am Sprechtext beschreiben, wie oben versucht, und könnte auch für den Schreibprozess methodisch fruchtbar gemacht werden. Gleichzeitig wäre aber auch deutlich, dass das ästhetische Urteil beim Rezipienten liegt, insofern er das Gehörte kontextualisieren und damit als kohärent empfinden oder es als inkohärent und irritierend wahrnehmen kann.

Es zeigt sich, dass der Versuch einer wirkungsästhetischen Operationalisierung von Kohärenz und Stimmigkeit schwerfällt und auf formaler Ebene verbleibt.[9] Für die Schreibwerkstatt und deren praktisches Interesse scheinen daher Merkmalskataloge[10] mit spezifischen Beispielen geeigneter zu sein. Diese ermöglichen dann auch, das eigene Schreiben einer reflexiven Überprüfung zu unterziehen. Ein gewisser Mangel scheint hier allerdings weniger an Laster- als an Tugendkatalogen und Good-Practice-Beispielen zu bestehen. Das formale Merkmal der Überstrukturiertheit lyrischer Texte, das zumindest teilweise auch auf liturgische Texte zutrifft, könnte mit Hilfe solcher Kataloge inhaltsbezogen aus-

---

8 *J. Link*, Elemente der Lyrik (Anm. 6), 93.

9 Theologisch formulieren ließe sich dieser Befund auch durch die Unterscheidung von Intentionalität und unverfügbarer Wirkung.

10 Merkmalskataloge finden sich, wie bereits erwähnt, vielfach und meist auf die Predigtsprache bezogen. Vieles davon kann aber auch auf die liturgische Sprache übertragen werden. Vgl. z. B. *Peter Bukowski*, Predigt wahrnehmen. Homiletische Perspektiven, Neukirchen-Vluyn [4]1999 [1990], Kap. Die Ebene der Sprache, 77–87; *Michael Meyer-Blanck*, Bibel und Predigt aus homiletischer Sicht, in: A. Deeg / M. Nicol (Hrsg.), Bibelwort und Kanzelsprache (Anm. 2), 31–46, Kap. Die Kunst gewagten Redens. Sieben Merkmale guter Kanzelsprache, 40–46.

gearbeitet werden. Um ein Beispiel zu nennen: Die Sprache sollte sich zwischen artifiziell-nebulösen und banal-gegenständlichen sprachlichen Wendungen bewegen, um durch das rechte Maß an Konventionalität und Originalität Möglichkeiten zu eröffnen, eigene Gedanken an die Sprache des Liturgen anzuknüpfen und so am Gottesdienstgeschehen zu partizipieren.

3 Liturgisches Schreiben zwischen Kreativität und Formvorgabe

Nach dem Versuch, von der rezeptionsästhetischen Perspektive zur produktionsästhetischen zu gelangen, sollen nun methodische Vorüberlegungen für die Schreibwerkstatt skizziert werden. In der Schreibdidaktik lassen sich stark vergröbernd zwei große Bereiche ausmachen: das kreative Schreiben und das produktionsorientierte Schreiben, wobei vor allem Letzteres auch literaturdidaktisch genutzt wird. Stark vereinfacht geht es beim kreativen Schreiben darum, mit der eigenen Ausdruckskraft zu experimentieren, also Kreativität zum Beispiel durch die unterschiedlichsten Methoden der Assoziationsgewinnung zu befördern. Demgegenüber greifen produktionsorientierte Verfahren auf den genannten Grundgedanken der Rezeptionsästhetik zurück, dass der Rezipient aktiv an der Sinnkonstruktion eines Textes beteiligt ist. Produktionsorientierte Verfahren sind gegenüber dem kreativen Schreiben auf Formvorgaben bezogen und zielen auf analoges, ergänzendes, ausgestaltendes Schreiben. Gleichzeitig lassen sich aber auch viele Mischformen ausmachen, die sowohl der kreativen Weiterentwicklung der eigenen Ausdrucksmöglichkeiten dienen wollen wie auch textsortengerechtes Schreiben verlangen.

Liturgisches Schreiben scheint selber einer Mischform zu bedürfen, insofern hier sowohl spezifische Textsorten ›bedient‹ werden müssen, wie auch der ›eigene Ton‹ gefunden werden muss, der dann auch noch situations- und adressatengerecht reflektiert sein möchte. Beide Verfahren werden daher in der liturgischen Schreibwerkstatt aufgegriffen.

4 Bausteine der liturgischen Schreibwerkstatt

Bei der Vorstellung der einzelnen Bausteine der liturgischen Schreibwerkstatt soll nun so verfahren werden, dass jeweils einleitend das anlassgebende Problem bzw. die Herausforderung kurz benannt und dann die Impulse bzw. leitenden Fragen dokumentiert werden. Den einzelnen Bausteinen, die im Rahmen der Schreibwerkstatt als Miniatur-Workshops erprobt wurden, waren jeweils Zitate vorangestellt, was hier beibehalten wird.[11]

11 Aus Gründen der leichteren Lesbarkeit werden die Zitate in dieser Sammelfußnote in alphabetischer Reihenfolge belegt und sind über die Namen leicht zuzuordnen:
Elazar Benyoëtz (a), Beten, Herrlinger Drucke 4, Herrlingen bei Ulm 1993 (ohne Paginierung).
Elazar Benyoëtz (b), Worthaltung. Sätze und Gegensätze, München/Wien 1977, 45.
Thomas Erne, Die Kunst der Aneignung in der Aneignung der Kunst. Lebenskunst als Thema der Theologie im Anschluss an Kierkegaard, in: ZThK 93 / 1996, 149–162: 161.
Berthold W. Köber, Die Elemente des Gottesdienstes (Wort Gottes, Gebet, Lied, Segen), in: Hans-Christoph Schmidt-Lauber / Karl-Heinrich Bieritz (Hrsg.), Handbuch der Liturgik, Leipzig ²1995, 689–714: 703.
Martin Mosebach, Häresie der Formlosigkeit. Die römische Liturgie und ihr Feind, hier zitiert nach *Martin Nicol,* Weg im Geheimnis. Plädoyer für den Evangelischen Gottesdienst, Göttingen 2009, 174.
Gottfried Voigt, Allgemeines Kirchengebet, in: Hans-Christoph Schmidt-Lauber / Manfred Seitz (Hrsg.), Der Gottesdienst. Grundlagen und Predigthilfen zu den liturgischen Stücken, Stuttgart 1992, 156–165: 157.
Martin Walser, Halbzeit, hier zitiert nach *M. Nicol,* Weg im Geheimnis (Anm. 11), 61.

4.1 ›Lieber Gott …‹ – Variationen der Gottesanrede

> »Weil der Anrede Gottes im Gebet eine eigene Bedeutung zukommt, sollte sie nicht in einer stets gleichbleibenden, stereotypen Formulierung erfolgen, sondern sich in bewusster Abwechslung auf den Inhalt beziehen und auf diesen vorbereiten.«
>
> Berthold W. Köber

Eine wiederkehrende Frage ist die nach biblischen oder auch poetischen Möglichkeiten der Gottesanrede. Der erste Baustein versucht dieses Problem spielerisch anzugehen: Auf Kärtchen sind einerseits Attribute, andererseits Anreden Gottes notiert, ergänzt durch leere Kärtchen für eigene Ideen.[12] In Form eines Textpuzzles kann mit dem vorgegebenen Material, und damit mit den Spannungen der unterschiedlichen Gottesanrede zwischen deus revelatus und deus absconditus, experimentiert werden.

Durch die Vorauswahl unflektierten Wortmaterials ist diese Methode dem produktionsorientierten Schreiben zuzuordnen.

Impulse

- Das Wortmaterial, das Sie hier auf Kärtchen vorfinden, stammt aus Gebeten. Wählen Sie aus den Worten eine dreigliedrige/trinitarische Anrede für ein Gebet Ihrer Wahl aus.
- Tauschen Sie sich über die gewählten Kombinationen und ihre Wirkung aus. Wie viel Originelles, Paradoxes, Innovatives, Klassisches … verträgt die Anrede im Gebet?

---

12 Attribute: allmächtig, barmherzig, dreieinig, eifernd, einladend, ermutigend, ewig, fern, frei, fremd, geduldig, geheimnisvoll, gerecht, gnädig, groß, großzügig, gut, gütig, himmlisch, höchster, kraftvoll, lebendig, liebend, liebevoll, mächtig, mein, nah, offenbar, stark, treu, undurchdringlich, unerforschlich, unerreichbar, unser, verborgen, versöhnend, verwundbar, wahr, wahrhaftig, weise, wunderbar, zärtlich.
Anreden: Auferstandener, Auferweckter, Befreier, Bewahrer, Bruder, Christus, Du, Einer, Erbarmer, Erlöser, Erneuerer, Ewiger, Freund, Friede-Fürst, Geist, Gott, Heiland, Heiliger, Helfer, Herr, Herrscher, Hirte, Hoffnung, Jesus, Jesus Christus, König, Kraft, Lebendiger, Leibhaftiger, Licht, Liebe, Morgenstern, Mutter, Quelle, Retter, Richter, Schöpfer, Sohn, Tröster, Vater, Wunder-Rat, Zuflucht.

4.2 ›Singt dem Herrn ein neues Lied‹ – Das EG als Sprachhilfe für Gebete

»Aber nicht die Liturgie, die Lieder blieben Sieger …«
Martin Mosebach

Lässt sich – in Absehung von der Musik – die Sprache der Lieder zum Ausgangspunkt des Betens machen? Wie steht es dann um das Mitbeten? Um Wiedererkennungswert oder Ablenkung durch die altbekannte Sprache? Bei diesem Baustein soll kohärentes Wortmaterial, Texte von EG-Liedern[13], für das eigene Schreiben genutzt werden. Die entstehenden intertextuellen Bezüge müssen vom Hörer nicht notwendig entschlüsselt werden, bieten aber die Möglichkeit, sich in vertrauter Sprache wiederzufinden.

Methodisch bewegt man sich hier auf der Grenze zwischen produktionsorientiertem, ausgestaltendem Schreiben und kreativem Schreiben.

Impulse

- Ohne das EG aufzuschlagen: Welches Lied spricht Sie vom Text her besonders an? Schlagen Sie es auf und schreiben Sie das Wortmaterial heraus, das Ihnen besonders gefällt.
- Lesen Sie die entstandene Sammlung: Zu welcher liturgischen Textsorte (z. B. Fürbitten) passt sie? Schreiben Sie einen entsprechenden Text, in dem Sie die Wortbausteine verwenden.
- Stellen Sie sich gegenseitig Ihre Texte vor. Bietet das EG Anregungspotential für die Sprache gottesdienstlicher Gebete oder lenkt die vertraute Sprache vom Mitbeten ab?

4.3 ›Für Frauen, Fremde und Frieden …‹ – Fürbitten zwischen Klischee und Konkretion

»Im Gebet richtet sich das Bewusstsein der Verantwortung auf«
Elazar Benyoëtz (a)

Herausforderung der Fürbitten ist es, sehr konkret und in universalem Horizont aktuelle Bitten vor Gott zu bringen. Damit stehen sie in der Spannung zwischen Konkretion und Klischee auf der einen, Universalität und Abstraktion auf der anderen Seite. Für den Schreibprozess bedeutet

---

13 Als geeignet erwiesen sich beispielsweise EG 360 »Die ganze Welt hast du uns überlassen« und EG 382 »Ich steh vor dir mit leeren Händen, Herr«.

das die Herausforderung, dass sie zwischen poetischer Offenheit und gemeindlich-zeitgenössischen Bezügen anzusiedeln sind. Wie können also Worte gefunden werden, die viele mitsprechen können?

Methodisch wird hier versucht, heterogenes Material für das eigene Schreiben zu nutzen: Für den Weg vom sehr Konkreten zum Gebetstext wurden aktuelle Tageszeitungen bereitgelegt, für den Weg vom Poetisch-Abstrakten zu den Fürbitten geeignet erscheinende lyrische Texte[14] bereitgestellt, um das Anregungspotential beider Textsorten zu erproben.

Auch hier ist wieder beides verlangt: Textsortengerechtigkeit und Kreativität, für die das vorgegebene Material Anregungen bietet.

Impulse

- Ausgangspunkt zum Verfassen von Fürbitten kann
  a) das aktuelle Konkrete oder
  b) das abstrakte Poetische sein.
- Nutzen Sie die ausliegenden Zeitungen oder die literarischen Texte und verfassen Sie Fürbitten für den kommenden Sonntag.
- Tauschen Sie sich aus: Welcher Grad von Konkretion bzw. Abstraktion spricht Sie an? Wie viel ›Klischee‹, wie viel ›Poesie‹, wie viel ›Politisches‹ … sollte sein? Was erleichtert das Mitbeten? Erweitern die anderen Textsorten die eigene/gottesdienstliche Sprache oder irritieren sie?

4.4 ›Verstehen wir uns?‹ – Texte eines Sonntags ins Gespräch bringen

»Wie weh doch ein abgeschnittenes Wort tut.«
Elazar Benyoëtz (b)

Der vierte Baustein greift die Idee eines Schreibgesprächs auf und versucht, den Textraum des Gottesdienstes schreibend zu betreten. Die Texte des Propriums, die dem Sonntag sein Gepräge geben, sollen hier aufeinander bezogen werden: Was haben sie sich gegenseitig in Konsonanz oder Spannung zu sagen?

---

14 *Hanns Dieter Hüsch*, Das Schwere leicht gesagt, Freiburg i. Br. 2007, z. B. Anstoß zum Frieden, 19–20; *Dorothee Sölle*, Gott unser Vater und unsere Mutter …, in: Heidi Rosenstock / Hanne Köhler (Hrsg.), Du Gott, Freundin der Menschen. Neue Texte und Lieder für Andacht und Gottesdienst, Stuttgart 1991 u. a.

Dazu wurden exemplarisch die Texte des 17. Sonntags n. Tr., Reihe III ausgewählt (Evangelium, Epistel, Lesung aus dem Alten Testament, Predigttext Reihe III, Psalm, Wochenspruch, zusätzlich Hallelujavers und Wochenlied).

Auch hier handelt es sich um eine Mischform zwischen produktionsorientiertem und kreativem Schreiben.

Impulse

- Wählen Sie zwei Texte des Propriums und verfassen Sie alleine oder gemeinsam einen Dialog, der die Texte mit ihren spezifischen ›Anliegen‹ ins Gespräch bringt.
- Lässt sich ein solches Gespräch für die Gottesdienstvorbereitung fruchtbar machen?
- Vergleichen Sie, wenn Sie möchten, Ihre Überlegungen abschließend mit der zusätzlich kirchenjahreszeitlich orientierten ›Einführung in das Proprium de tempore‹ von Karl-Heinrich Bieritz aus dem EGb.
- Ausbau-Ideen: Weitere ›klassische‹ Dialogteilnehmer könnten auch die Gemeinde, die Situation usw. sein.

4.5 ›Vom Bild zum Text …‹ – Bilder als Assoziationshilfe nutzen

»Weder bietet die Kunst der Religion ein letztes Refugium, noch ist die Religion der tiefe Sinn aller Kunst.«
Thomas Erne

Der fünfte Baustein greift eine Methode kreativen Schreibens auf, den Imaginationsgewinn durch Bilder: Können durch Bilder angeregte Eindrücke und Stimmungen der Sprachfindung dienen und für die Deutung von Texten fruchtbar gemacht werden? Wie verändern sich das Textverständnis und die Nuancen der Textauslegung, wenn ihr unterschiedliche Bilder zugrunde gelegt werden? Können geeignete Bilder möglicherweise über Schreibblockaden, die mit Assoziationsarmut zusammenhängen, hinweghelfen, wenn, obgleich oder gerade weil Kunst und Religion sich immer auch ein wenig gegeneinander sperren?

Für den Workshop wurde eine größere Postkartensammlung mit unterschiedlichsten Bildern[15] bereitgestellt, mit der Aufgabe, sie zur Kon-

15 Die Auswahl orientierte sich an größtmöglicher Heterogenität, von gegenständlich

kretisation eines Verses zu nutzen und damit eine Möglichkeit zur Erweiterung der eigenen sprachlichen Varianz zu erproben.

Impulse
- Suchen Sie sich eine Postkarte aus und betrachten Sie sie in Ruhe.
- Wie liest sich mit diesem Bild die Jahreslosung für 2012: Meine Kraft ist in den Schwachen mächtig (2. Kor 12,9)?
- (Wie) Kann man die Stimmung des Bildes für das eigene Schreiben nutzen?

4.6 ›Kommt ganz drauf an‹ und ›Alles subjektiv‹? – Kriterien für die liturgische Sprache

»Mein Leben ist in der Gebetssprache nicht mehr unterzubringen.«
Martin Walser

Ein weiterer Baustein diente dem ›poetologischen‹ Austausch: Ähnlich wie oben dargestellt, sollte hier von der eigenen Wahrnehmung von Gottesdiensten ausgegangen werden und nach Merkmalen bzw. Kriterien für gelungene gottesdienstliche Sprache gefragt werden und diese in Form einer Kartenabfrage gesammelt werden (›Mich spricht besonders an …‹ bzw. ›Problematisch finde ich …‹).

In ähnlicher, allerdings stärker wertender Weise gab es an einer Stellwand auch noch die Möglichkeit, im Vorbeigehen Aussagen zur liturgischen Sprache mit Punkten zu versehen oder ein eigenes Statement zu formulieren.[16]

---

bis abstrakt, beispielsweise mit Werken von Caspar David Friedrich, Edward Hopper, Mark Rothko, Quint Buchholz und Lucio Fontana.

16 Zitate zu ›Sprache und Liturgie‹ zur Positionierung durch Bepunktung:
- »Die Sprache drinnen darf anders sein als die Sprache draußen. Warum sonst sollte man sich die Mühe machen und am Sonntagmorgen zur Kirche gehen?« *M. Nicol,* Weg im Geheimnis (Anm. 11), 45.
- »Wenn einem der Inhalt unabhängig von seiner Form von Anfang an als Botschaft, Mitteilung oder Meinung formulierbar ist […], dann braucht's kein Gedicht, sondern eine Aktennotiz oder einen Leitartikel oder einen Leserbrief.« *Christoph Buchwald,* Poetisches Paradox, 2001, zitiert nach *M. Nicol,* Weg im Geheimnis (Anm. 11), 56.

Impulse

- Aus der Perspektive der Gottesdienstteilnehmer gibt es im Gottesdienst manchmal Formulierungen, die das Beten stören, und andere Formulierungen, die (wiederkehrend) zu Herzen gehen. Fallen Ihnen für das eine und/oder das andere Beispiele ein?
- Diskutieren Sie: Können aus der Sammlung allgemeine Kriterien für die liturgische Sprache der Gebete abgeleitet werden? Lassen sich die Kriterien zu ›Regeln‹ für die liturgische Sprach-Praxis konkretisieren? Wenn ja, notieren Sie sie bitte.

- »Die liturgische Sprache ist keine willkürliche Sprachhandlung, sie ist bestimmt und geformt durch Gottes Sprechen selbst, das sie ansagt und dem sie korrespondiert.« *Teresa Berger*, Die Sprache der Liturgie, in: Hans-Christoph Schmidt-Lauber / Michael Meyer-Blanck / Karl-Heinrich Bieritz (Hrsg.), Handbuch der Liturgik. Liturgiewissenschaft in Theologie und Praxis der Kirche, Göttingen [3]2003, 798–806: 802.
- »Da, wo auf dieser Erde die Kirchen voll sind, werden meist einfache Gesänge gesungen und volksnahe Liturgien gefeiert.« *Gotthart Preiser*, Gottesdienst und Evangelisation, in: H.-Chr. Schmidt-Lauber / K.-H. Bieritz (Hrsg.), Handbuch der Liturgik (Anm. 11), 646–653: 651.
- »In der Liturgie gilt die Devise: Parataxe statt Hypotaxe, spannungsvolles Nebeneinander statt logischem Ausgleich, Intertextualität statt Substitution, Wechselspiel von Fremdem und Vertrautem statt einlinig thematischer Gedankenführung.« *M. Nicol*, Weg im Geheimnis (Anm. 11), 202 f.
- »Es sind nicht die verschiedenen Sprachebenen, die uns die Heimat im Gottesdienst zu nehmen drohen, die dichterische Sprache, die Hochsprache, die Sprache Kanaans und selbst […] die saloppe Sprache. […] Aber die Wortlastigkeit unserer Liturgie […] und das unter dem Streben nach immer neuer Aktualität vernachlässigte Moment der Wiedererkennbarkeit der gottesdienstlichen Heimat sind ernste Hindernisse für jene Gottesbegegnung, die der tiefste Sinn der Liturgie ist.« *H.-Chr. Schmidt-Lauber*, Gebetssprache heute (Anm. 2), 253.
- »Längst bemüht sich die Gesellschaft um eine gerechte Sprache, während wir in unseren Gottesdiensten noch immer die ›Sprache Kanaans‹ sprechen. […] Manche alten Texte mögen als historisch-literarische Kostbarkeiten gelten, doch sie reden nicht mehr mit den Menschen unserer Zeit.« *Heidi Rosenstock*, in: Dies. / H. Köhler (Hrsg.), Du Gott, Freundin der Menschen (Anm. 14), 7.

4.7 ›Neukonstruktion‹ – Worte für das Vorbereitungsgebet finden

»Das Gebet soll weder archaisch noch barock noch vulgär noch gesalbt noch sentimental noch deftig sein.«
Gottfried Voigt

Eine klassische Methode des produktionsorientierten Schreibens greift schließlich der siebte Baustein auf: Davon ausgehend, dass sich Texte durch den Austausch einzelner Worte grundlegend verändern lassen, wurde hier ein aus der Textsammlung des EGb entnommenes Bußgebet[17] auf ein ›Wortgerippe‹ verkürzt und kann nun mit eigener Sprache aufgefüllt werden.

Impuls
Zum Ausprobieren: Lässt sich das Gebet neu und kohärent konstruieren? Gibt es überraschende Entdeckungen im Vergleich zur Vorlage?

Wir sind hier ______________________________,
um miteinander ______________________________,
Gott in ______________________________(anzurufen)

Weil wir aber ______________________________
und aus eigener Kraft nicht ______________________________,
lasst uns ______________________________,

Der ____________________[Gottesanrede] erbarme sich unser,
er vergebe uns ______________________________
und führe uns ______________________________.
Amen.

Nimm von uns, ______________[Gottesanrede], ______________
und verleihe uns, dass ______________________________
____
Durch______________________________.

Die liturgische Schreibwerkstatt verstand sich also als ein Angebot, methodisch geleitet das eigene Schreiben zu erproben und den poetologi-

17 Vgl. EGb, 494.

schen Austausch über Schreibstrategien anzuregen. Dabei sollte, bei aller Reflexion über die Komplexität von Sprache und Liturgie, nicht der Anschluss an das Leben aus dem Blick geraten. Vielleicht ist es doch viel einfacher, wie Hanns-Josef Ortheil kürzlich in einem Interview sagte:

> »Schreiben sollte wie ein gelassenes, möglichst genaues Gespräch mit sich selbst sein und daher immer den Kontakt mit Alltag und Leben behalten. Also keine Verrenkung, auch keine abgedrehte Suche nach ›der besonderen Formulierung‹. Sobald das Schreiben derart verkrampft und sich aufspielt, möchte es das Leben dominieren. Ist das Schreiben aber ein hellwaches und klares Gespräch, so erschließt es von allein neue Bereiche des Lebens. Man schreibt und findet dadurch tiefer ins Leben hinein, dann macht man sich auf den Weg und sucht im Leben nach der Fortsetzung des gerade Geschriebenen.«[18]

18 *Hanns-Josef Ortheil*, Interview, in: Die ZEIT. Literatur-Beilage 12 / 2011, 14.

Autorenverzeichnis

PD Dr. Jochen Arnold
Direktor des Michaelisklosters Hildesheim, Evangelisches Zentrum für Gottesdienst und Kirchenmusik, Privatdozent für Systematische und Praktische Theologie an der Universität Leipzig

Jochen.arnold@michaeliskloster.de

Dr. Alexander Deeg
Professor für Praktische Theologie an der Universität Leipzig und Leiter des Liturgiewissenschaftlichen Instituts der VELKD

alexander.deeg@uni-leipzig.de

Siegfried Eckert
Gemeindepfarrer in Bonn, seit 2000 Synodalbeauftragter für den Kirchentag, Landessynodaler der EKiR und seit 2007 geschäftsführender Vorstand der Gesellschaft für christlich-jüdische Zusammenarbeit in Bonn, Autor der Predigtstudien, Göttinger Predigtmeditationen, gibt Pastoralkollegs im Bereich Homiletik und engagiert sich im Bereich Kirche und Kultur

Dr. Erich Garhammer
Professor für Pastoraltheologie und Homiletik an der Universität Würzburg, Schriftleiter der Zeitschrift »Lebendige Seelsorge«, letzte Publikation: Zweifel im Dienst der Hoffnung. Poesie und Theologie, Würzburg 2011

Dr. Hans-Martin Gutmann
Professor für Praktische Theologie und Universitätsprediger an der Universität Hamburg

Dr. h. c. Andreas Mertin
Publizist und Kurator, Hagen

Andreas.Mertin@theomag.de

Dr. Michael Meyer-Blanck
Professor für Praktische Theologie und Religionspädagogik an der Universität Bonn

meyer-blanck@uni-bonn.de

Pfr. Holger Milkau
Dekan der Evangelisch-Lutherischen Kirche in Italien, Rom mit Dienstsitz Neapel

milkau@chiesaluterana.it

Prof. Dr. Ilona Nord
Juniorprofessorin für Praktische Theologie an der Universität Hamburg

ilona.nord@uni-hamburg.de www.ilona-nord.de

Dieter Rammler
Pfarrer der Ev.-luth. Landeskirche in Braunschweig und Direktor des Theologischen Zentrums, Braunschweig

Hiltrud Stärk-Lemaire
wiss. Mitarbeiterin am Lehrstuhl für Praktische Theologie und Religionspädagogik an der Universität Bonn

staerk-lemaire@uni-bonn.de